Karl Kühn

Französische Schulgrammatik

Karl Kühn

Französische Schulgrammatik

ISBN/EAN: 9783743325012

Hergestellt in Europa, USA, Kanada, Australien, Japan

Cover: Foto ©Paul-Georg Meister /pixelio.de

Manufactured and distributed by brebook publishing software
(www.brebook.com)

Karl Kühn

Französische Schulgrammatik

FRANZÖSISCHE
SCHULGRAMMATIK

von

KARL KÜHN.

Dritte Auflage.

BIELEFELD UND LEIPZIG.
VERLAG VON VELHAGEN & KLASING
1896.

Vorwort zur ersten und zweiten Auflage

In vorliegendem Buche ist versucht worden, in möglichst einfacher und übersichtlicher Weise die französische Grammatik in ihren Grundzügen darzustellen. Was die Formenlehre im besonderen betrifft, so ist sie abgesehen vom Einfluſs des Worttones im ganzen nur soweit historisch, als der Unterschied zwischen Laut und Schrift dazu Anlaſs gibt. Es liegt hier die Frage nahe, für welche Art von Schulen eine derartige Behandlung der Formenlehre angemessen ist. Ich bin der Ansicht, daſs in der im Buch befolgten Weise die Formenlehre in allen höheren Schulen gelehrt werden kann. An Lateinschulen kann der unterrichtende Lehrer gelegentlich noch einen Schritt weiter gehen und das Lateinische heranziehen. — In der Syntax besonders war ich bestrebt die sprachlichen Erscheinungen in ihrem Grunde darzustellen. Hieraus erklären sich die Einzelheiten meist von selbst. Ob von letzteren schon soviel ausgeschieden ist, als es das Interesse der Schule verlangt, ist mir zweifelhaft. Es hält häufig schwer, sich von dem Hergebrachten zu trennen.

Bei der Ausarbeitung des Buches habe ich das vorhandene Material vielfach benutzt. Die Lautlehre in Vietors engl. Schulgrammatik diente dem Abschnitt Laut und Schrift zum Teil als Muster. Ferner wurden hierbei und in der Formenlehre benutzt: Vietor, Elemente der Phonetik sowie Rezensionen von Förster, Rambeau und Stengel. Ratschläge von befreundeter Seite haben oft fördernd eingewirkt. In der Syntax habe ich besonders Plattner und Lücking benutzt; im ganzen bin ich dem Gange und häufig auch der Darstellungsweise des letzteren gefolgt.

Die Korrektheit des Textes verdanke ich zum groſsen Teil der freundlichen Unterstützung von Kollegen. Besonderen Dank schulde ich in dieser Beziehung dem Herrn Kollegen Weber, der mit groſser Sorgfalt die Korrekturen besorgte.

Die Änderungen der zweiten Auflage sind ziemlich durchgreifender Natur. Die Lautlehre ist bedeutend vereinfacht; die Lautgesetze sind unter Benutzung der bezüglichen Darstellung bei Ohlert („die Lehre vom Verb" Hannover) deutlicher hervorgehoben. Dann habe ich die Formenlehre völlig umgearbeitet, so daſs jetzt die Darstellung der Formen von der Schrift ausgeht, aber stets die Lautform berücksichtigt. Besonders eingehend und übersichtlicher als in der ersten Auflage ist das Verbum behandelt; an die Übersicht der abweichenden Verbalformen schliefsen sich zur Wiederholung mehrere Zusammenstellungen, welche nicht nur zur Befestigung der Formen dienen, sondern auch die Sprachgesetze besser veranschaulichen sollen. — Auch in der Syntax sind zur Erhöhung der Übersichtlichkeit und Klarheit mannigfache Änderungen eingetreten. Die Beispiele, welche zum gröfsten Teil meinem franz. Lesebuch (Unterstufe) entnommen sind, wurden in der Regel vorangestellt, damit der Schüler unter Anleitung des Lehrers die Sprachgesetze selbst finden lernt. — Die Stellung des attributiven Adjektivs wurde nach der Theorie von Dr. Dühr über diesen Gegenstand (Progr. des Gymn. zu Stendal 1890) gegeben.

Mit Rücksicht auf den Unterricht in den oberen Klassen ist das Buch durch eine kurze Verslehre und eine Übersicht der wichtigsten Synonyma vermehrt worden. Bei letzteren sind die üblichen, oft nichtssagenden Erklärungen möglichst vermieden; statt dessen wird der Unterschied in der Bedeutung der Wörter durch kurze, meist dem Wörterbuch der Akademie entlehnte Beispiele erläutert. Weitere Beispiele bietet die Lektüre, aus welcher die Kenntnis der gewöhnlichsten Synonyma am besten abgeleitet wird. Wenn die Schüler dazu angehalten werden, die in der Lektüre vorkommenden Beispiele mit Seite und Reihe an der entsprechenden Stelle der hier gebotenen Übersicht anzugeben, so kann der Lehrer bei zusammenfassenden Wiederholungen leicht auf die angemerkten Stellen der Lektüre zurückgreifen. Allmählich prägen sich so die Bedeutungsunterschiede sinnverwandter Wörter ein und der Schüler ist im stande, sie beim Schreiben richtig anzuwenden. — Dann ist innerhalb des Buches selbst an zwei Stellen die Wortbildung berücksichtigt worden und zwar eingehend bei den unregelmäfsigen Verben durch Angabe der verwandten Wörter und beim Adjektiv durch einen kurzen Paragraphen. Dadurch lernt der Schüler fast mühelos die Verwandtschaft vieler Wörter und ihren Ursprung kennen; aufserdem vermehrt er ohne grofse Ansprüche an das Gedächtnis recht erheblich seinen Wortvorrat. Da das Interesse für die Verwandtschaft der Wörter einmal in ihm geweckt ist, wird er auch bei der Lektüre darauf achten und die verwandten Wörter leichter behalten. Eine eingehendere Behandlung der Wortbildungslehre in der Schule würde wegen der vielen Beziehungen zum Lateinischen auf zu grofse Schwierigkeiten stofsen.

Nach den eben (Herbst 1891) ausgegebenen neuen Lehrplänen für die höheren Schulen Preufsens wird eine wesentliche Forderung der Anhänger einer Reform des Sprachunterrichts dadurch erfüllt, dafs in Zukunft das Lesebuch bezw. die Lektüre im Mittelpunkte des gesamten Unterrichts stehen soll (vom Verfasser dieser Grammatik in seiner Abhandlung ‚Zur Methode des franz. Unterrichts' Progr. des Realgymnasiums zu Wiesbaden 1882, als Broschüre erschienen bei J. F. Bergmann 1883, ausgesprochen). Infolgedessen wird der grammatische Unterricht im allgemeinen auf das zu den einfachsten Schreibübungen und zum Verständnis der Lektüre unbedingt Notwendige beschränkt. Unter diesem Gesichtspunkt reicht das vorliegende Buch für die mittleren und oberen Klassen der Realgymnasien und Oberrealschulen völlig aus; meine ‚Kleine franz. Schulgrammatik' (Bielefeld 1890) bietet hinreichenden grammatischen Stoff für die Gymnasien und die Realschulen.

Vorwort zur dritten Auflage.

Die Textänderungen dieser Auflage sind nicht erheblich. Dagegen sind die wörtlich angeführten Belegstellen zu den Regeln bedeutend vermehrt worden und zwar so, dafs auch das mittlerweile erschienene Lesebuch Mittel- und Oberstufe (2. Auflage 1896) eine Anzahl Beispiele liefert. Der Übersicht der Synonyma sind bei den einzelnen Gruppen in der Reihenfolge der Überschrift Verweise auf Belegstellen meiner beiden Lesebücher zugefügt worden; freilich werden durch diese Belegstellen nicht immer alle Bedeutungsunterschiede klargestellt. Die weitere Ergänzung mufs sich aus der sonstigen Klassenlektüre ergeben.

Der Anregung, eine kurze Anleitung zum Aufsatz zuzufügen, bin ich nicht gefolgt. Nach meiner Ansicht ist der Aufsatz auf erzählende (vorzugsweise historische) und sehr einfache beschreibende Stoffe sowie Briefe zu beschränken, wenn Erreichbares erstrebt werden soll; dann mufs er aus der Lektüre hervorgehen und sich in der Regel an diese anschliefsen. Werden in einer Anleitung dem Französischen eigentümliche Wendungen zusammengestellt und für Zwecke des Aufsatzes eingeprägt, so ist sehr zu furchten, dafs die Spuren des verflossenen lateinischen Aufsatzes betreten werden.

Wiesbaden, den 16. Juli 1896. **K. Kühn.**

NB. Verweise ohne weiteren Zusatz und mit U. beziehen sich auf das franz. Lesebuch Unterstufe, Verweise mit M. auf die Mittel- und Oberstufe.

Inhalt.

Die Zahlen im fortlaufenden Text geben die Paragraphen an.

Seite

Laut und Schrift 1

Vokale und Konsonanten 1—3. — Die Vokale 4. — Übersicht der Vokale und ihrer Schreibung 5. — Die Konsonanten 6. — Konsonantentafel 7. — Übersicht der Konson. mit eigentümlicher Schreibung 8. — Schreibregeln 9. — Die jetzige Orthographie 10. — Betonung 11. — Sprachtakte, Bindung 12—14. — Lautgesetze 15—17. — Interpunktion 18. — Silbenteilung beim Schreiben 19. — Grofse Anfangsbuchstaben 20. — Sonstige Lese- und Schriftzeichen 21

Formenlehre.

Das Verbum 11

Übersicht der Endungen 22. — Konjugationstabelle *Avoir* 23. — *Être* 24. — *Donner. Finir. Rompre* 25. — Das Passivum 26. — Das Reflexivum 27.

A. Allgemeines vom Verbum 20

1. Arten der Formen 28. — 2 Stamm und Endung 29. — 3. Einteilung in Konjugationen 30. — 4. Die Stammverstärkung *iss* 31.

B. Die einfachen Formen des Indikativs 21

1. Imperfekt 32. — 2. Hist. Perfekt 33. — 3. Präsens 34. — 4. Imperativ 35. — 5. Die Partizipien 36. — Die Formen von *avoir* und *être* 37. — 6. Futur und Konditional 38. — Fut. u. Kond. von *avoir* und *être* 39

C. Die umschreibenden Formen des Indikativs 40 25

Perfekt 41. — 1. Plusquamperfekt 42. — 2. Plusquamperfekt 43. — 2. Futur und 2. Konditional 44.

D. Der Konjunktiv 26

1. Die einfachen Formen 45—47. — 2. Die umschreib. Formen 48—50.

Übersicht der abweichenden und unregelmäfsigen Verba . . . 29

1. Konjugation. Verba auf *er* 51 29

1. Gruppe: *commencer, manger;* 2. Gr.: *employer, appuyer;* 3. Gr. *répéter, protéger, régner;* 4. Gr.: *mener, appeler, jeter;* 5. Gr.: *aller, envoyer.*

2. Konjugation. Verba auf *ir* 32

a) mit Verstärkung 52. *Haïr, fleurir.* — b) ohne Verstärkung 53.

1. Gruppe: *partir, dormir, servir;* 2. Gr.: *fuir, vêtir, bouillir;* 3 Gr. *ouvrir, cueillir,* 4. Gr.: *venir, tenir;* 5 Gr.: *acquérir, mourir, courir.*

3 Konjugation. Verba auf *re* 54 36

1. Gruppe: *rendre, vaincre, battre;* 2. Gr.: *suivre, vivre, écrire;* 3. Gr. *mettre, prendre;* 4. Gr.: *conduire, construire,* Gr. 4a: *luire, nuire;* 5. Gr. *craindre, atteindre, joindre;* 6. Gr. *dire, faire, suffire;* 7. Gr.: *boire, croire, croître;* 8. Gr.: *connaître, paraître, naître;* 9. Gr.: *plaire, taire,* 10. Gr.: *lire, rire, conclure;* 11. Gr.: *résoudre, absoudre, dissoudre,* 12. Gr. *coudre, moudre.*

Verba auf *oir* 55. 45

1. Gruppe: *voir, asseoir;* 2. Gr.: *devoir, recevoir;* 3. Gr. *valoir, falloir,* 4. Gr. *vouloir, pouvoir, mouvoir,* 5. Gr. *avoir, savoir, pleuvoir.*

Seite

Zur Wiederholung 49

I. Zusammenstellung der abweichenden und unregelmäfsigen Verbalformen nach den Lautgesetzen und sonstigen Eigentümlichkeiten 56. — II. Die Mischformen der sog. unregelmäfsigen Verba 57. — III. Übersicht der verwandten Wortformen nach ihrer Bildung bzw. Verwandtschaft 58—59

Artikel und Substantiv 61

1. Geschlecht der Substantiva 60—62. — 2. Pluralbildung der Substantiva und Adjektiva 63—66. — 3. Ersatz der Deklination 67.

Das Adjektiv 65

Pluralbildung 68. — Femininbildung 69—72. — Zur Wortbildung 73. — Steigerung des Adjektivs 74—77.

Das Adverbium 69

Bildung des Adverbs 78—80. — Pronominal-Adverbien 81. — Steigerung der Adverbien 82.

Das Zahlwort 71

Grund- und Ordnungszahlen 83. — Bemerk. zu den Zahlwörtern 84.

Das Pronomen 74

I. Das persönl. und reflex. Fürwort 85—87. — II. Das besitzanzeigende Fürwort 88—89. — III. Das determinative und demonstrative Fürwort 90—91. — IV. Das relative Fürwort 92—93. — V. Das fragende Fürwort 94—95. — VI. Die Indefinita 96.

Die Präpositionen 97—98. Konjunktionen 99—100. Interjektionen 101 79

Syntax (Einteilung 102) 83

Die Stellung 83

1. Der einfache Satz 103. — 2. Die näheren Bestimmungen 104. — 3. Abweichungen von der regelmäfsigen Stellung 105—110. — 4. Die Fragekonstruktion 111—112. — 5. Die Stellung der persönl. Fürwörter und sonstigen Partikeln beim Verb 113. — 6. Allgemeines 114

Die einzelnen Wortarten als Glieder des Satzes.

Das Verbum. I. Arten der Verba 91

1. Persönliche und unpersönliche Verba 115. — 2. Transitiva und Intransitiva 116—117. — Passiv der Verba 118. — Rektion der Verba 119—124. — 3. Die Hilfsverba a) *Avoir* und *être* 125—127. — b) Die sonstigen Hilfsverba 128—129.

II. Konkordanz 130 97

III. Die Tempora des Indikativs 98

Präsens 131. — Perfekt 132. — Imperfekt und hist. Perfekt 133—134. — 1. und 2. Plusquamperfekt 135. — 1. und 2. Futur 136. — 1. und 2. Konditional 137. — Die Konditionalsätze 138. — Zur Anschauung für alle Tempora 139.

IV. Die Modi 105

1. Der Indikativ 140. — 2. Der Konjunktiv 141. — A) In Hauptsätzen 142. — B) In Nebensätzen 143. — 1. Zugeständnis 144. — 2. Affekt 145. — 3. Willensäufserung 146. — 4. Blofse Annahme, Ungewifsheit und Nichtwirklichkeit 147. — Folge der Zeiten 148—149. — 3. Der Imperativ 150.

Die Nominalformen des Verbums. Seite
1. Der Infinitiv 151 115
1) Der blofse Infinitiv 152. — 2) Der Infinitiv mit *à* 153. — 3) der Inf. mit *de* 154. — 4) der Inf. mit *à* oder *de* 155. — 5) der Inf. mit anderen Präpos. 156. — Gebrauch des Inf. statt eines Nebensatzes 157.
2. Das Partizip 122
Erklärung 158. — Veränderlichkeit des Part. Präs. 159—160 — des Part. Perf. 161—162. — Die Partizipialkonstruktion 163—164.
3. Das Gerundium 165 125
Artikel und Substantiv 126
Erklärung u. Einteilung 166. — Der Artikel bei Eigennamen 167—173. — Der Art. bei Stoffn., Abstrakten u. Gattungsn. 174. — Das Subst. als Satzglied 175. — Prädikat 176. — Attribut u. Apposition 177—179. — Sonstiger Gebrauch des Art. 180—183. — Wiederholung des Art. 184.
Das Adjektiv 136
Übereinstimmung des Adjektivs mit dem Substantiv 185—186. — Das Adj. als Präd., Attrib. und Appos. 187. — Das Adj. als Subst. gebraucht 188. — Vertauschung von Adjektiv und Adverb 189. — Stellung des attributiven Adjektivs 190—192.
Das Adverbium 140
Einteilung 193. — Adverbien des Grades 194. — Die Komparativsätze 195—198. — Die Adverbien der Bejahung und Verneinung 199. — Die Negation *ne* 200—203.
Das Pronomen 145
Vorbemerkung 204. — Ia. Das unbetonte Personale und die Adverbien *y* und *en* 205—210. — Ib. Das betonte Personale 211—212. — II. Das besitzanzeigende Fürwort 213—215. — III. Determinativ und Demonstrativ. 1. Das Determinativ 216—218. — 2. Das Demonstrativ: Allgemeines 219—220. — a) das unbetonte Demonstr. 221. — b) das betonte Demonstr. 222. — c) die Neutra *ce, ceci, cela* 223—224. — IV. Das Relativ und die Adverbien *que, dont, où*: Allgemeines 225. — 1. Mask. und Fem. 226—227. — 2. Die Neutra *qui, que, quoi* 228. — 3. Die relativen Adverbien *que, dont* und *où* 229. — V. Das Interrogativ 230—231. — VI. Die Indefinita 232
Von den Präpositionen 160
Erklärung 233. — Die Präposition *de*: Statt des Genitivs 234. — Partitives *de* 235—238. — Sonst *de* 239—246. — Die Präposition *à* 247 bis 250. — *En, dans* und *à* 251—252. — *Devant, avant* und *il y a* 253. *Contre, envers* und *vers* 254. — *Chez, près de* und *auprès de* 255. — *Sous, entre, parmi* 256. — Wiederholung der Präpositionen 257.
Die Konjunktionen. A. Beiordnende 258. — B. Unterordnende 259 169
Anhang 171
I. Kurze Verslehre (S. 171). II. Die wichtigsten Synonyma (S. 173). III. Übersicht der gebräuchl. gramm. Bezeichnungen (S. 185)
Register 188

—

LAUT UND SCHRIFT.

Die Sprachlaute zerfallen in Stimmlaute (Vokale) und Geräuschlaute (Konsonanten). 1

Bei den Vokalen entsteht ein Ton im Kehlkopf durch Schwingungen der Stimmbänder. Die verschiedenen Zungenlagen, unterstützt durch entsprechende Mundöffnungen, geben jedem Vokal die ihm eigene Klangfarbe. — Die Luft strömt bei den Vokalen (wie bei dem im Französischen seltenen und schwachen h) ohne Hindernis aus. 2

Bei den Konsonanten findet die ausströmende Luft ein Hindernis, das durch die Sprachorgane des Mundes gebildet wird; durch die Überwindung dieses Hindernisses entsteht der konsonantische Laut. Ein gleichzeitiges Schwingen der Stimmbänder findet nicht immer statt. 3

Vokaltafel. 4

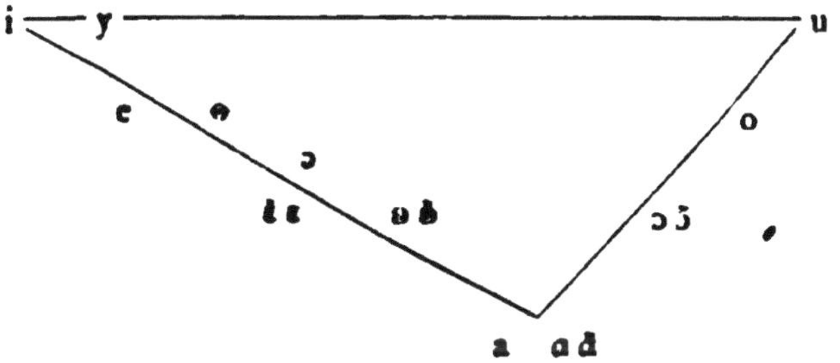

Die Vokale i und y sind im Französischen immer geschlossen.

Bei den nasalen Vokalen strömt die Luft aus Mund und Nase zugleich aus.

Anm. Die Diphthonge waren im Französischen ursprünglich fallend, d. h. auf dem ersten Teil derselben ruhte der Nachdruck, wie es im Deutschen und Englischen der Fall ist. Entsprechend dem im Wort- und Satzton hervortretenden Eilen zum Ende und Hervorheben desselben sind aus den fallenden Diphthongen steigende geworden; nachdem der erste Teil der dahinzählenden Lautverbindungen Reibelaut, also Konsonant geworden ist, gibt es im Französischen Diphthonge im gewöhnlichen Sinn nicht mehr. Beispiel der Entwicklung: ói — óe — oé — oá — wa; geschrieben wird noch *oi*.

In einigen Fällen ist der unbetont gewordene erste Teil des Diphthongen verstummt: áu — aú — aó — o; geschrieben wird noch *au*.

5 **Übersicht der Vokale und ihrer Schreibung.**

	Lautzeichen.		Schriftzeichen.		Beispiele.
1.	i	—	*i*	—	*animal*
	e	—	*é*	—	*donné, étonné*
			e	—	*donner, dernier, escalier*
			ai	—	*j'ai, je donnai, je donnerai*
	ɛ	—	*è*	—	*après*
			ê	—	*forêt*
			e	—	*auberge, fermer, permettre*
					elle, question, escalier
			ai	—	*mais, faible, plaisant*
	a	—	*a*	—	*animal*
	ɑ	—	*a*	—	*pas, sable, éducation*
			â	—	*âge, bâton, château*
	ɔ	—	*o*	—	*voler, fort*
			au	—	*il aura*
	o	—	*o*	—	*mot*
			au	—	*aussi*
			eau	—	*cadeau*
	u	—	*ou*	—	*tout, rouge*
	ø	—	*eu*	—	*feu*
			œu	—	*vœu*
	ə	—	*e*	—	*me, de, le, se, ne, que*
	œ	—	*eu*	—	*neuf, peur*
			œu	—	*sœur*
	y	—	*u*	—	*sur*
2.	ɛ̃	—	*in*	—	*lapin*
			ain	—	*pain, main*
			aim	—	*faim*
			ein	—	*plein*

Lautzeichen.		Schriftzeichen.		Beispiele.
ɑ̃	—	*an*	—	*dans, enfant*
		am	—	*champ, chambre*
		en	—	*vent, enfant*
		em	—	*temps, emporter*
ɔ̃	—	*on*	—	*bon, mon*
		om	—	*compter, triomphe*
œ̃	—	*un*	—	*un, lundi*

Anm. 1. Die Laute ɔ, ɛ und œ kommen gewöhnlich im Innern des Wortes vor; o, e und ø stehen in der Regel im Auslaut und vor s und z, niemals vor r.

2. *in*, *an* etc. vor Vokalen und vor verstummtem *e* lauten (in), (an) etc.; vergl. *un* und *une*, *enfantin* und *enfantine*, *animal*; *nn* und *mm* gelten meist einfach: *année*, *somme*.

3. Durch *m* wird in derselben Weise wie durch *n* der vorhergehende Vokal nasal; die Verbindungen *im*, *eim*, *um*, *eum* und *eym* sind seltener.

4. Die Vokale können kurz, halblang oder lang sein. Lange Vokale (a) kommen in der Regel nur in der letzten Silbe des Wortes (Tonsilbe) vor und zwar vor den Lauten j, r, z, ʒ und v; die nasalen Vokale (b) sind in der Tonsilbe vor allen Konsonanten lang. Auslautende Vokale (c) sind kurz.

Kürze und halbe Länge bleiben hier unbezeichnet. Volle Länge wird durch (:) hinter dem Vokal bezeichnet (*avantage* = avɑ̃ta:ʒ).

Beispiele: a) *oreille*, *père*, *cerise*, *rouge*, *brave* (lang);
b) *chambre*, *triomphe*, *cinq* (lang);
c) *épée*, *lit* (kurz).

Die Konsonanten. 6

Bilden die Sprachorgane des Mundes eine Enge, an der sich der Luftstrom reibt, so entsteht ein Reibelaut. Da der Reibelaut beliebig lange angehalten werden kann, so heifst er auch Dauerlaut.

Wird dagegen ein Verschlufs gebildet, der durch die ausströmende Luft durchbrochen wird, so entsteht ein Explosivlaut (auch Momentan- oder Augenblickslaut genannt, weil er nur einen Augenblick dauert).

Schwingen die Stimmbänder noch mit, so ist der Konsonant stimmhaft, sonst stimmlos.

Die Halbvokale (w, ɥ, j) und Liquiden (l, r, m, n, ŋ) kommen stimmhaft und stimmlos vor; stimmlos sind die Halbvokale nach Stimmlosen *(puis)*, die Liquiden gewöhnlich am Schluſs der Wörter nach Konsonanten *(capable)*.

Die Art der Hervorbringung ergibt sich für die einzelnen Konsonanten aus folgender Tafel.

7 **Konsonantentafel.**

Verschluſslaute		Reibelaute		
stimmlos	stimmhaft	stimmlos	stimmhaft	stimmhaft und stimmlos
p	b			m, w, ɥ
		f	v	
t	d	s	z	n l
		ʃ	ʒ	r
				ŋ
k	g			j
				r

8 **Übersicht der Konsonanten mit eigentümlicher Schreibung.**

	Lautzeichen.	Schriftzeichen.	Beispiele.
1.	j	*i*	*escalier*
			stimmlos in: *pied*
		il	*soleil, travail*
		ill	*bataille*
		ll	*fille, famille*
	jẽ	*ien*	*bien, rien*
	ɥ	*u*	*lui, huit*
			stimmlos in: *puis*
	w	*ou*	*oui*
	wa	*oi*	*trois, bois*
	wẽ	*oin*	*loin*
			stimmlos in: *point*
2.	z	*z*	*zèle*
		s	*plaisant, maison, plaisir*
			nous avons

Lautzeichen.	Schriftzeichen.	Beispiele.
s	*s*	*soleil*
		renverser, escalier
	ss	*chasse*
	c	*commencer, merci*
	ç	*il commença, garçon, aperçu*
ʒ	*j*	*jour*
	g	*manger, logis*
	ge	*mangeant, mangeons*
ʃ	*ch*	*chasse*
g	*g*	*gagner, gorge, aigu, grand*
	gu	*fatigue, guide*
k	*c*	*cadeau, comme, curieux, cri*
	qu	*que, qui*
v	*v*	*brave*
f	*f*	*fort*
	ph	*triomphe*
ɲ	*gn*	*gagner, signe*
ks	*x*	*extrême*
gz	*x*	*exact*

Anm. 1. Gewöhnlich verstummen am Schluſs der Wörter alle Konsonanten auſser *f*, *l* und *r*.

Beispiele: a) *tout*, *mot*, *fort*, *grand*, *trop*, *après*, *curieux*;
b) *neuf*, *animal*, *cœur*; aber: *donner*, *dernier*.

2. Wie aus der Übersicht hervorgeht, hängt der Lautwert des einfachen *s* von seiner Stellung im Wort ab; zwischen zwei geschriebenen Vokalen und in der Bindung ist *s* = z.

3. Ferner richtet sich der Lautwert von *c* und *g* nach dem folgenden Laut, bezw. Buchstaben. Vor *a*, *o*, *u* und Konsonanten sind sie Gaumenlaute (*c* = k, *g* = g), vor *e*, *i* und *y* sind sie Zischlaute (*c* = s, *g* = ʒ).

4. Sollen *c* und *g* den Zischlaut behalten, so wird *ç* und *ge* geschrieben; sollen sie den Gaumenlaut behalten, so wird statt *c* — *qu*, statt *g* — *gu* geschrieben.

Schreibregeln.

1. Am Schluſs der Wörter steht kein Doppelkonsonant, wenn er nicht durch nachfolgendes stumm gewordenes *e* gestützt wird.

mett-re — je mets, il met — je mette, il mette
batt-re — je bats, il bat — je batte, il batte.

2. An derselben Stelle fällt die Endung *t* ab nach *d.*

romp-re — il romp-t
aber *vend-re — il vend.*

3. Nach *au* und *eu* steht *x* statt *s*

tableau — tableaux
feu — feux

Die im Französischen übliche Orthographie entspricht im groſsen und ganzen einer früheren Stufe der Sprache. Seitdem sind, wie aus vorstehenden Übersichten hervorgeht, vielfache lautliche Änderungen eingetreten; insbesondere sind Diphthonge zu einfachen Lauten geworden; ferner sind Konsonanten verstummt. Da die Schrift diesen Änderungen meist nicht gefolgt ist, so dienen oft mehrere Zeichen zur Darstellung eines Lautes; derselbe Laut wird bald durch dieses, bald durch jenes Schriftzeichen dargestellt. Überflüssig gewordene Schriftzeichen sind häufig.

Hieraus ergibt sich die Notwendigkeit einer genauen Unterscheidung zwischen Laut und Schriftzeichen (Buchstabe). Durch eine aufmerksame Vergleichung der Lautsprache mit der Schriftsprache lernen wir zugleich einen Teil der Geschichte der französischen Sprache kennen.

Anm. Die Buchstaben haben im Französischen folgende, zum Teil vom Deutschen abweichende Namen:

a — a	*h* — aʃ	*o* — o	*v* — ve, və
b — be, bə	*i* — i	*p* — pe, pə	*w* — dubləve (və)
c — se, sə	*j* — ʒi, ʒə	*q* — ky, kə	*x* — iks, ksə
d — de, də	*k* — ka, kə	*r* — ɛr, rə	*y* — igrɛk, jə
e — e, ə	*l* — ɛl, lə	*s* — ɛs, sə	*z* — zɛd, zə
f — ɛf, fə	*m* — ɛm, mə	*t* — te, tə	
g — ʒe, ʒə	*n* — ɛn, nə	*u* — y	

Die an zweiter Stelle gegebenen Namen werden in französischen Schulen beim Leseunterricht gebraucht.

Die Betonung. 11

1. Im einzelnen Wort liegt ein jetzt nur noch schwacher Nachdruck auf dem letzten vollen Vokal (Wortton, *accent tonique*). Im Zusammenhang der Rede wird derselbe noch mehr abgeschwächt, sodafs meist nur die letzte Silbe des Sprachtakts (siehe unten) betont wird.

2. Im Satz liegt der Nachdruck auf der Tonsilbe des letzten Wortes (Satzton, *accent phraséologique*).

3. Der sogen. rhetorische Ton (Sinnton, *accent oratoire*) besteht darin, dafs der Sprechende auf einzelne Wörter einen besonderen Nachdruck legt. Da dieser Ton in mehrsilbigen Wörtern gewöhnlich nicht auf der letzten Silbe ruht und musikalisch höher ist, so tritt der Wortton gegen denselben etwas zurück. Beisp.: nachdrucksvoll: *jamais* (ʒa'me).

Aus der häufig verschiedenen Lage des Sinntons und des Worttons sind die verschiedenen Auffassungen und Streitigkeiten über die Frage, welche Silbe im Französischen zu betonen ist, zu erklären.

Sprachtakte. 12

Die dem Sinn nach eng zusammengehörigen Wörter werden beim Sprechen und Lesen nicht getrennt und bilden daher ein Ganzes, einen Sprachtakt, der durch kurze Pausen von dem vorhergehenden und folgenden Sprachtakt geschieden wird.

Einen Sprachtakt bilden besonders das Verb mit seinen Partikeln, das Substantiv mit seinem Artikel und Adjektiv und der etwa vorausgehenden Präposition.

Il ne me l'a pas dit — dans le même temps.

Innerhalb der Sprachtakte werden im Französischen sonst stumme Endkonsonanten vor Vokalen wieder laut: *nous avons* (nuz-avɔ̃). 13

Dieses Lautwerden sonst stummer Endkonsonanten (gewöhnlich ‚Bindung' genannt) beeinflufst nicht selten die Flexion; vgl. *nous avons* (nuz-avɔ̃) und *nous avons eu* (nuz-avɔ̃z-y).

In der Bindung lauten:

s und *x* = z, *d* und *t* = t, *g* = k.

14 **Einzelheiten.**

1. Das *t* von *et* ‚und' bindet nie. — In *nord-est* und *sud-est* bleibt der Laut d. — Bei *neuf* lautet *f* in der Bindung v.

2. Nach nasalen Vokalen einsilbiger Fürwörter und Adverbien wird n gebunden; der Nasal wird etwas abgeschwächt; Beisp.: *on a* (ɔ̃na, fast ɔna). Sonst unterbleibt die Bindung nach nasalen Vokalen. Die Bindung unterbleibt zuweilen des Wohlklangs wegen.

3. In feierlicher Rede wird sorgfältig gebunden, während in der Umgangssprache die Bindung (aber natürlich nicht das Zusammensprechen) oft unterbleibt: *nous sommes arrivés* (nu-sɔm-arive).

Lautgesetze.

In der französischen Formen- und Wortbildung finden folgende Lautgesetze häufig Anwendung.

15 1) Verstummungsgesetz.

Vor konsonantischer, wenn auch stummer, Endung verstummt der Endkonsonant des Stammes und fällt auch meist in der Schrift aus.

romp-re — *je romps* (ʒə-rɔ̃) aber *je rompe* (ʒə-rɔ̃:p)
dorm-ir — *je dors* „ *je dorme*
dev-oir — *je dois* „ *je doive.*

16 2) Betonungsgesetz.

Der Vokal der Stammsilbe erleidet häufig Änderungen, weil er in den Ton oder aus dem Ton tritt.

mener	— *je mène*		
appeler	— *j'appelle*	*étinceler*	— *étincelle*
devoir	— *je dois*	*légal*	— *la loi*
acquérir	— *j'acquiers*	*le matériel*	— *la matière*
mourir	— *je meurs*	*prouver*	— *la preuve*
vouloir	— *je veux*	*avouer*	— *l'aveu.*

Umgekehrt:

faire — *nous faisons* (nu-fəzɔ̃)
je ferai
boire — *nous buvons.*

3) Lautvermittlungsgesetz. 17

a) Konsonanten gleichen sich den folgenden in Bezug auf den Stimmton an.

absence (apsã:s) — *masse de gens* (maz-də-ʒã).

b) Zwischen Vokal und Konsonant sind *l* und *r* oft zu *u* geworden, das mit dem Vokal zu einem neuen Laut verschmolzen ist.

à le — *al* — *au* (o)
de le — *del* — *du* (dy, *e* ist ausgefallen)

also: *au garçon, du garçon*; aber *à l'animal, de l'animal* (zwischen zwei Vokalen ist *l* geblieben).

fol — *fou*
avrai — *aurai*
savrai — *saurai*.

c) l ist in einzelnen Fällen zu j geworden.

valoir — *je vaille* (ʒə-va:j)
aller — *j'aille* (ʒa:j).

d) d und t sind eingeschoben worden.

venir — *je viendrai* schon im Infinitiv:
tenir — *je tiendrai* Stamm *connaiss* — *connaître*[1])
valoir — *je vaudrai*; *craign* — *craindre*.

e) j ist zwischen Vokalen eingeschoben worden.

Stamm *emploi* — *employer* (y = ij)
envoi — *envoyer*
loi — *loyal*.

Interpunktion. 18

Abweichend vom Deutschen sind im Französischen der Gebrauch des Kommas und die Zeichen bei direkter Rede.

1. Das Komma fehlt:
   1) vor Relativsätzen, die eine notwendige Ergänzung zum vorausgehenden Substantiv oder Fürwort bilden (attributiven Relativsätzen), also stets bei *celui qui*;
   2) vor *que* ‚daſs', auſser in Folgesätzen (‚so, daſs');
   3) vor indirekten Fragesätzen: *On n'a jamais su s'il n'a pas été empoisonné* (M. 82, 34);
   4) vor Infinitiven.

[1]) *s* ist nach der Einschiebung des *t* ausgefallen; der Zirkumflex deutet den Ausfall an.

Das Komma steht vor und nach näheren Bestimmungen der Zeit, des Ortes und der Weise.

Zusatz. Das Komma wird vor und nach allen kurzen Relativsätzen überhaupt gern ausgelassen. Auch sonst finden sich Verschiedenheiten im Gebrauch des Kommas.

Beispiele siehe U. S. 82 und M. S. 56 f.

2. Statt der Anführungs- und Schlufszeichen steht in direkter Rede beim Wechsel der Redenden der Gedankenstrich; Beispiele siehe U. S. 51 im Stück *Merlicoquet*.

19 **Silbenteilung beim Schreiben.**

Ein Konsonant wird zur folgenden Silbe gezogen, selten mehr: *rai|son, lais|ser, pas|ser.*

Vokale werden nicht getrennt: *réé|li|re.*

20 **Grofse Anfangsbuchstaben**

werden am Satzanfang und im allgemeinen auch bei Eigennamen gebraucht wie im Deutschen.

Merke mit kleinen Anfangsbuchstaben: *dimanche, lundi* etc., *janvier, février* etc.; ferner die Bezeichnung von Konfessionen: *les catholiques, les protestants* und die Adjektiva von Eigennamen: *allemand, rhénan.*

21 **Sonstige Lese- und Schriftzeichen.**

1) Accente:

´ (Akut) z. B. *été;*

` (Gravis) z. B. *après, là, où;*

^ (Zirkumflex) z. B. *bête, château* etc.

2) Der Bindestrich (-) steht

1. beim Verb mit nachfolgendem Fürwort: *avez-vous? donne-moi;*
2. bei Zahlwörtern zwischen Zehnern und Einern, wenn *et* fehlt: *vingt-cinq,* aber *vingt et un;*
3. in vielen Zusammensetzungen, z. B. *chef-lieu;*
4. zur Verbindung der Vornamen: *Marie-Antoinette, Jean-Jacques Rousseau.*

3) Das Trema (¨) dient zur Trennung zweier Vokale, z. B. *haïr;* es ist überflüssig in *ouïr.*

4) Der Apostroph bezeichnet den Ausfall eines Vokals (meist *e*) *l'homme* statt *le homme.*

5) Die Cedille unter *c (ç)* bezeichnet die Beibehaltung des s-Lautes vor *a, o, u: nous commençons;* vgl. S. 5 Anm. 3 und 4.

DAS VERBUM.

Übersicht der Endungen.

Indikativ. Präsens		Konjunktiv. Präsens	Imperativ.	
1. Konjug.	2. u. 3. Konjug.		1. Konjug.	2. u. 3. Konjug.
e	*s*	*e*		
es	*s*	*es*	*e*	*s*
e	*t*	*e*		
ons		*ions*	*ons*	
ez		*iez*	*ez*	
ent		*ent*		

Imperfekt		Partizip Präsens
ais		*ant*
ais		
ait		
ions		
iez		
aient		

Hist. Perf.		Imperfekt		Part. Perf.
1. Konjug.	2. u. 3. Konjug.	1. Konjug.	2. u. 3. Konjug.	
ai	*is*	*asse*	*isse*	1. Konjug. *é*
as	*is*	*asses*	*isses*	2. Konjug. *i*
a	*it*	*ât*	*ît*	3. Konjug. *u*
âmes	*îmes*	*assions*	*issions*	
âtes	*îtes*	*assiez*	*issiez*	
èrent	*irent*	*assent*	*issent*	

Infinitiv.
1. Konjug. *er* 2. Konjug. *ir*
3. Konjug. *re*.

Futur	Konditional
ai	*ais*
as	*ais*
a	*ait*
ons	*ions*
ez	*iez*
ont	*aient*

Konjugations-Tabelle.

28 **Avoir.**

Indikativ.

Präsens	Perfekt
j'ai (ʒe) ‚ich habe'	*j'ai eu* ‚ich habe gehabt'
tu as	*tu as eu*
il a	*il a eu*
nous avons	*nous avons eu*
vous avez	*vous avez eu*
ils ont	*ils ont eu*
Imperfekt	**Plusquamperfekt 1.**
j'avais ‚ich hatte'	*j'avais eu* ‚ich hatte gehabt'
tu avais	*tu avais eu*
il avait	*il avait eu*
nous avions	*nous avions eu*
vous aviez	*vous aviez eu*
ils avaient	*ils avaient eu*
Historisches Perfekt	**Plusquamperfekt 2.**
j'eus (ʒy) ‚ich hatte'	*j'eus eu* ‚ich hatte gehabt'
tu eus	*tu eus eu*
il eut	*il eut eu*
nous eûmes	*nous eûmes eu*
vous eûtes	*vous eûtes eu*
ils eurent	*ils eurent eu*
Futur 1.	**Futur 2.**
j'aurai (–re) ‚ich werde haben'	*j'aurai eu* ‚ich werde gehabt haben'
tu auras	*tu auras eu*
il aura	*il aura eu*
nous aurons	*nous aurons eu*
vous aurez	*vous aurez eu*
ils auront	*ils auront eu*
Konditional 1.	**Konditional 2.**
j'aurais (–rɛ) ‚ich würde haben'	*j'aurais eu* ‚ich würde geh. haben'
tu aurais	*tu aurais eu*
il aurait	*il aurait eu*
nous aurions	*nous aurions eu*
vous auriez	*vous auriez eu*
ils auraient	*ils auraient eu*

Konjunktiv.

Präsens	Perfekt
j'aie ‚ich habe'	*j'aie eu* ‚ich habe gehabt'
tu aies	*tu aies eu*
il ait	*il ait eu*
nous ayons	*nous ayons eu*
vous ayez	*vous ayez eu*
ils aient	*ils aient eu*

Imperfekt	Plusquamperfekt
j'eusse (ʒys) ‚ich hätte'	*j'eusse eu* ‚ich hätte gehabt'
tu eusses	*tu eusses eu*
il eût	*il eût eu*
nous eussions	*nous eussions eu*
vous eussiez	*vous eussiez eu*
ils eussent	*ils eussent eu*

Imperativ	Partizipien
aie (ɛ) ‚habe'	*ayant* ‚habend'
ayons ‚laßt uns haben'	*eu* (y) ‚gehabt'
ayez ‚habt'	*ayant eu* ‚gehabt habend'

Infinitiv *avoir* ‚haben'
avoir eu ‚gehabt haben'

Fragende und verneinte Formen.

Präsens

Frageform	Verneinte Form
ai-je (ɛːʒ) ‚habe ich?'	*je n'ai pas* ‚ich habe nicht'
as-tu	*tu n'as pas*
a-t-il	*il n'a pas*
avons-nous	*nous n'avons pas*
avez-vous	*vous n'avez pas*
ont-ils	*ils n'ont pas*

Fragend-verneint

n'ai-je pas ‚habe ich nicht?'
n'as-tu pas
n'a-t-il pas
n'avons-nous pas
n'avez-vous pas
n'ont-ils pas

Futur fragend

aurai-je (ɔrɛːʒ) ‚werde ich haben?' *aura-t-il* ‚wird er haben?'

24

Être.

Indikativ.

Präsens	Perfekt
je suis ‚ich bin'	*j'ai été* ‚ich bin gewesen'
tu es	*tu as été*
il est	*il a été*
nous sommes	*nous avons été*
vous êtes	*vous avez été*
ils sont	*ils ont été*
Imperfekt	**Plusquamperfekt 1.**
j'étais ‚ich war'	*j'avais été* ‚ich war gewesen'
tu étais	*tu avais été*
il était	*il avait été*
nous étions	*nous avions été*
vous étiez	*vous aviez été*
ils étaient	*ils avaient été*
Historisches Perfekt	**Plusquamperfekt 2.**
je fus ‚ich war'	*j'eus été* ‚ich war gewesen'
tu fus	*tu eus été*
il fut	*il eut été*
nous fûmes	*nous eûmes été*
vous fûtes	*vous eûtes été*
ils furent	*ils eurent été*
Futur 1.	**Futur 2.**
je serai (– sre) ‚ich werde sein'	*j'aurai été* ‚ich werde gew. sein'
tu seras	*tu auras été*
il sera	*il aura été*
nous serons	*nous aurons été*
vous serez	*vous aurez été*
ils seront	*ils auront été*
Konditional 1.	**Konditional 2.**
je serais (– sre) ‚ich würde sein'	*j'aurais été* ‚ich würde gewesen sein'
tu serais	*tu aurais été*
il serait	*il aurait été*
nous serions	*nous aurions été*
vous seriez	*vous auriez été*
ils seraient	*ils auraient été*

Konjunktiv.

Präsens	Perfekt
je sois ‚ich sei'	*j'aie été* ‚ich sei gewesen'
tu sois	*tu aies été*
il soit	*il ait été*
nous soyons	*nous ayons été*
vous soyez	*vous ayez été*
ils soient	*ils aient été*
Imperfekt	**Plusquamperfekt**
je fusse ‚ich wäre'	*j'eusse été* ‚ich wäre gewesen'
tu fusses	*tu eusses été*
il fût	*il eût été*
nous fussions	*nous eussions été*
vous fussiez	*vous eussiez été*
ils fussent	*ils eussent été*
Imperativ	**Partizipien**
sois ‚sei'	*étant* ‚seiend'
soyons ‚laßt uns sein'	*été* ‚gewesen'
soyez ‚seid'	*ayant été* ‚gewesen seiend'

Infinitiv *être* ‚sein'
avoir été ‚gewesen sein'

Fragende und verneinte Formen.

Präsens

Frageform	Verneinte Form
suis-je ‚bin ich?'	*je ne suis pas* ‚ich bin nicht'
es-tu	*tu n'es pas*
est-il	*il n'est pas*
sommes-nous	*nous ne sommes pas*
êtes-vous	*vous n'êtes pas*
sont-ils	*ils ne sont pas*

Fragend-verneint

ne suis-je pas ‚bin ich nicht?'
n'es-tu pas
n'est-il pas
ne sommes-nous pas
n'êtes-vous pas
ne sont-ils pas

Futur fragend

Sing. 1. Pers. *serai-je* (sə:ʒ) ‚werde ich sein?'
3. Pers. *sera-t-il* ‚wird er sein?'

25

Donner. (1. Konjugation.)	Finir. (2. Konjugation.)	Rompre. (3. Konjugation.)
Das Aktivum.		
Präsens	Indikativ.	
je donn e ‚ich gebe'	*fin i s* ‚endige'	*romp s* ‚breche'
tu donn es	*fin i s*	*romp s*
il donn e	*fin i t*	*romp t*
nous donn ons	*fin iss ons*	*romp ons*
vous donn ez	*fin iss ez*	*romp ez*
ils donn ent	*fin iss ent*	*romp ent*
Imperfekt		
je donn ais ‚ich gab'	*fin iss ais* ‚endigte'	*romp ais* ‚brach'
tu donn ais	*fin iss ais*	*romp ais*
il donn ait	*fin iss ait*	*romp ait*
nous donn ions	*fin iss ions*	*romp ions*
vous donn iez	*fin iss iez*	*romp iez*
ils donn aient	*fin iss aient*	*romp aient*
Histor. Perfekt		
je donn ai ‚ich gab'	*fin is* ‚endigte'	*romp is* ‚brach'
tu donn as	*fin is*	*romp is*
il donn a	*fin it*	*romp it*
nous donn âmes	*fin îmes*	*romp îmes*
vous donn âtes	*fin îtes*	*romp îtes*
ils donn èrent	*fin irent*	*romp irent*
Futur 1.		
je donn er ai (–re) ‚ich werde geben'	*fin ir ai* ‚werde endigen'	*romp r ai* ‚werde brechen'
tu donn er as	*fin ir as*	*romp r as*
il donn er a	*fin ir a*	*romp r a*
nous donn er ons	*fin ir ons*	*romp r ons*
vous donn er ez	*fin ir ez*	*romp r ez*
ils donn er ont	*fin ir ont*	*romp r ont*
Konditional 1.		
je donn er ais (–re) ‚ich würde geben'	*fin ir ais* ‚würde endigen'	*romp r ais* ‚würde brechen'
tu donn er ais	*fin ir ais*	*romp r ais*
il donn er ait	*fin ir ait*	*romp r ait*
nous donn er ions	*fin ir ions*	*romp r ions*
vous donn er iez	*fin ir iez*	*romp r iez*
ils donn er aient	*fin ir aient*	*romp r aient*
Perfekt *j'ai donn é*	*fin i*	*romp u*
Plusqupf. 1. *j'avais donn é*	*fin i*	*romp u*
„ 2. *j'eus donn é*	*fin i*	*romp u*
Futur 2. *j'aurai donn é*	*fin i*	*romp u*
Kondit 2. *j'aurais donn é*	*fin i*	*romp u*

Donner. (1. Konjugation.)	Finir. (2. Konjugation.)	Rompre. (3. Konjugation.)
Das Aktivum.		
Präsens	Konjunktiv.	
je donn e ‚ich gebe'	*fin iss e* ‚endige'	*romp e* ‚breche'
tu donn es	*fin iss es*	*romp es*
il donn e	*fin iss e*	*romp e*
nous donn ions	*fin iss ions*	*romp ions*
vous donn iez	*fin iss iez*	*romp iez*
ils donn ent	*fin iss ent*	*romp ent*
Imperfekt		
je donn asse ‚ich gäbe'	*fin iss e* ‚endigte'	*romp iss e* ‚bräche'
tu donn asses	*fin iss es*	*romp iss es*
il donn ât	*fin ît*	*romp ît*
nous donn assions	*fin iss ions*	*romp iss ions*
vous donn assiez	*fin iss iez*	*romp iss iez*
ils donn assent	*fin iss ent*	*romp iss ent*
Perfekt *j'aie donn é*	*fin i*	*romp u*
Plusqupf. *j'eusse donn é*	*fin i*	*romp u*
	Imperativ.	
donn e ‚gib'	*fin is* ‚endige'	*romp s* ‚brich'
donn ons	*fin iss ons*	*romp ons*
donn ez	*fin iss ez*	*romp ez*
	Infinitiv.	
Präs. *donn er* ‚geben'	*fin ir* ‚endigen'	*romp re* ‚breche'
Perf. *avoir donn é*	*fin i*	*romp u*
	Partizip.	
Präs. *donn ant* ‚gebend'	*fin iss ant* ‚endigend'	*romp ant* ‚brechend'
Perf. *donn é* ‚gegeben'	*fin i* ‚geendigt'	*romp u* ‚gebrochen'
oder *ayant donn é*	*fin i*	*romp u*

Frageformen.

Präsens *donné-je* (dɔnɛ:ʒ) (ungebräuchlich)
donne-t-il

Hist. Perf. *donnai-je* (dɔnɛ:ʒ)
donna-t-il

Futur 1. *donnerai-je* (dɔnrɛ:ʒ)
donnera-t-il
finirai-je (finirɛ:ʒ)
finira-t-il
romprai-je (rɔ̃prɛ:ʒ)
rompra-t-il

Das Passivum.

26 **Indikativ.**

Präsens	Perfekt
je suis défendu ‚ich werde vertei-	*j'ai été défendu* ‚ich bin verteidigt
tu es défendu [digt'	*tu as été défendu* [worden'
il est défendu	*il a été défendu*
elle est défendue	*elle a été défendue*
nous sommes défendus	*nous avons été défendus*
vous êtes défendus	*vous avez été défendus*
ils sont défendus	*ils ont été défendus*
elles sont défendues	*elles ont été défendues*

Imperfekt	Plusquamperfekt 1.
j'étais défendu ‚ich wurde vertei-	*j'avais été défendu* ‚ich war vertei-
tu étais défendu [digt'	*tu avais été défendu* [digt worden'
il était défendu	*il avait été défendu*
elle était défendue	*elle avait été défendue*
nous étions défendus	*nous avions été défendus*
vous étiez défendus	*vous aviez été défendus*
ils étaient défendus	*ils avaient été défendus*
elles étaient défendues	*elles avaient été défendues*

Historisches Perfekt	Plusquamperfekt 2.
je fus défendu ‚ich wurde vertei-	*j'eus été défendu* ‚ich war verteidigt
tu fus défendu [digt'	*tu eus été défendu* [worden'
il fut défendu	*il eut été défendu*
elle fut défendue	*elle eut été défendue*
nous fûmes défendus	*nous eûmes été défendus*
vous fûtes défendus	*vous eûtes été défendus*
ils furent défendus	*ils eurent été défendus*
elles furent défendues	*elles eurent été défendues*

Futur 1. *je serai défendu* ‚ich werde verteidigt werden'
Kond. 1. *je serais défendu* ‚ich würde verteidigt werden'
Futur 2. *j'aurai été défendu* ‚ich werde verteidigt worden sein'
Kond. 2. *j'aurais été défendu* ‚ich würde verteidigt worden sein'

Konjunktiv.

Präs. *je sois défendu* ‚ich werde verteidigt'
Imperf. *je fusse défendu* ‚ich würde verteidigt'
Perf. *j'aie été défendu* ‚ich sei verteidigt worden'
Plusqupf. *j'eusse été défendu* ‚ich wäre verteidigt worden'

Infinitiv.

Präs. *être défendu* ‚verteidigt werden'
Perf. *avoir été défendu* ‚verteidigt worden sein'

Partizip.

Präs. *étant défendu* ‚verteidigt werdend'
Perf. *ayant été défendu* ‚verteidigt worden seiend'.

Das Reflexivum. 27

Präsens	Perfekt
je me défends ‚ich verteidige mich'	*je me suis défendu* ‚ich habe mich
tu te défends	*tu t'es défendu* [verteidigt'
il se défend	*il s'est défendu*
nous nous défendons	*nous nous sommes défendus*
vous vous défendez	*vous vous êtes défendus*
ils se défendent etc.	*ils se sont défendus*
Imperativ	**Mit *ne . . . pas***
défends-toi ‚verteidige dich'	*ne te défends pas*
défendons-nous	*ne nous défendons pas*
défendez-vous	*ne vous défendez pas.*

A. Allgemeines vom Verbum.

28 1. Arten der Formen.

Je donne — j'ai donné.

Die Formen des Verbums sind teils einfache, teils umschreibende.

29 2. Stamm und Endung.

Nous donn-ons.

Die einfachen Formen des Zeitworts bestehen in der Regel aus dem Stamm (dem Träger der Bedeutung) und der Endung, welche die Beziehung ausdrückt.

Je donn-e — il donn-e — ils donn-ent.

Ein grofser Teil der französischen Verbalendungen ist verstummt; in diesen Fällen wird die Form durch das persönliche Fürwort oder den Zusammenhang erkannt.

30 3. Einteilung in Konjugationen.

Da nicht alle Verba in denselben Zeiten gleiche Endungen haben, so unterscheidet man nach der Infinitivendung mehrere Konjugationen, und zwar

a) Inf. *er (donn-er)* 1. Konjugation,
b) Inf. *ir (fin-ir, part-ir)* 2. Konjugation,
c) Inf. *re (romp-re)* 3. Konjugation.

Nur bei wenigen Verben endigt der Inf. auf *oir* (*voul-oir*).

Die 1. Konjugation kann auch lebende genannt werden, weil neugebildete Zeitwörter in dieselbe aufgenommen werden. Beisp. *bismarckiser*. Die übrigen Konjugationen heifsen dementsprechend erstarrte.

31 4. Die Stammverstärkung iss.

Fin-ir — nous fin-iss-ons — il fin-i-t.

Die meisten Verba auf *ir* fügen in den Präsenszeiten und im Imperf. Ind. an den Stamm *iss* (im Sing. des Präs. Ind. *i*).

B. Die einfachen Formen des Indikativs.

1. Imperfekt. 22

Das einfachste Tempus ist das Imperfekt, denn es hat gleiche Endungen in allen Konjugationen und lautlich vier gleiche Formen. Jedoch ist bei *finir* die Stammverstärkung *iss* einzuschieben.

1.	2 a.	2 b.
‚gab'	‚reiste ab'	‚endigte'
*je donn-**ais***	*je part-**ais***	*je fin-**iss-ais***
*tu donn-**ais***	*tu part-**ais***	*tu fin-**iss-ais***
*il donn-**ait***	*il part-**ait***	*il fin-**iss-ait***
*nous donn-**ions***	*nous part-**ions***	*nous fin-**iss-ions***
*vous donn-**iez***	*vous part-**iez***	*vous fin-**iss-iez***
*ils donn-**aient***	*ils part-**aient***	*ils fin-**iss-aient***

3.

‚brach'

*je romp-**ais***	—	*nous romp-**ions***
*tu romp-**ais***	—	*vous romp-**iez***
*il romp-**ait***	—	*ils romp-**aient**.*

Zus. An der Endung sind zu unterscheiden: *ai* bezw. *i* (das Zeichen des Imperfekts) und die verschiedenen Endungen der einzelnen Personen (*s, s, t, ons, ez, ent*).

2. Historisches Perfekt. 23

tu donn-as — tu fin-is — tu part-is — tu romp-is — tu voul-us.

Der Unterschied der Konjugationen tritt besonders im historischen Perfekt hervor; er beruht auf dem Vokal der Endung, auch Kennvokal genannt. Dieser Vokal ist bei den Verben der 1. Konjugation *a*, bei den meisten Verben der 2. und 3. Konjugation *i*, bei nur wenigen Verben *u*.

1.	2.	3.
‚gab'	‚endigte'	‚brach'
*je donn-**ai***	*je fin-**is***	*je romp-**is***
*tu donn-**as***	*tu fin-**is***	*tu romp-**is***
*il donn-**a***	*il fin-**it***	*il romp-**it***
*nous donn-**âmes***	*nous fin-**îmes***	*nous romp-**îmes***
*vous donn-**âtes***	*vous fin-**îtes***	*vous romp-**îtes***
*ils donn-**èrent***	*ils fin-**irent***	*ils romp-**irent***

,wollte'

*je voul-**us** — nous voul-**ûmes***
*tu voul-**us** — vous voul-**ûtes***
*il voul-**ut** — ils voul-**urent**.*

Zus. 1. Der Kennvokal ist das Zeichen des hist. Perf.; in der 1. Konjugation ist er in der 1. Sing. lautlich, in der 3. Plur. auch in der Schrift *e* geworden. Die darauf folgenden Endungen der einzelnen Personen weichen mehrfach von den regelmäßigen Endungen (die beim Imperf. stehen) ab. In der 1. Konjugation 3. Sing. ist *t* ausgefallen, das aber in der Frage wieder eintritt: *donna-t-il?*

2. Infolge der Verwandtschaft zwischen hist. Perf. und Imperf. Konj. besteht in letzterem Tempus derselbe Unterschied im Kennvokal; siehe S. 27 f.

84 **3. Präsens.**

Je donn-e — je par-s — je fin-i-s — je romp-s.

Der Unterschied der Konjugationen zeigt sich ferner im Präsens Sing. Die 1. Konjugation hat andere Endungen als die 2. und 3.; *finir* schiebt zwischen Stamm und Endung die verkürzte Stammverstärkung *i* ein (vergl. unten Zus. 2 und S. 6 Schreibregel 1).

,gebe'	,reise ab'	,endige'
*je donn-**e***	*je par-**s***	*je fin-**i-s***
*tu donn-**es***	*tu par-**s***	*tu fin-**i-s***
il donn-e	*il par-**t***	*il fin-**i-t***
*nous donn-**ons***	*nous part-**ons***	*nous fin-**iss-ons***
*vous donn-**ez***	*vous part-**ez***	*vous fin-**iss-ez***
*ils donn-**ent***	*ils part-**ent***	*ils fin-**iss-ent***

,breche'

*je romp-**s** — nous romp-**ons***
*tu romp-**s** — vous romp-**ez***
*il romp-**t** — ils romp-**ent**.*

Zus. 1. Die 3. Sing. der 1. Konj. hat das *t* der Endung verloren; es tritt wieder ein in der Frageform: *donne-t-il?*

2. *Partir* verliert im Sing. das *t* des Stammes; ebenso hat *finir* im Sing. ein *s* der Stammverstärkung verloren und das noch übrige *s* gilt jetzt als Endung.

85 **4. Imperativ.**

Donn-e — donn-ons — part-ons — fin-iss-ons — romp-ons.

Der Imperativ ist den entsprechenden Formen des Präs. Ind. entlehnt; nur verliert der Sing. der 1. Konj. das *s*.

‚gib'	‚reise ab'	‚endige'	‚brich'
donn-e	*par-s*	*fin-i-s*	*romp-s*
donn-ons	*part-ons*	*fin-iss-ons*	*romp-ons*
donn-ez	*part-ez*	*fin-iss-ez*	*romp-ez*

Zus. Das *s* des Sing. der 1. Konj. ist erhalten in *donnes-en*.

5. Die Partizipien. 86

Das Partizip Präsens wird durch Anhängung von *ant* an den Stamm gebildet; *finir* hat überdies die Stammverstärkung *iss*.

donn-ant *part-ant* *fin-iss-ant* *romp-ant.*

Das Partizip Perfekt ist nach den Konjugationen verschieden:

donn-é *part-i* *fin-i* *romp-u.*

Die Formen von *avoir* und *être*. 87

Die Hilfsverba *avoir* und *être* haben vielfache Abweichungen:

Präs. Ind.		Imperativ	
‚habe'	‚bin'	‚habe'	‚sei'
j'ai	*je suis*	*aie*	*sois*
tu as	*tu es*	*ayons*	*soyons*
il a	*il est*	*ayez*	*soyez*
nous avons	*nous sommes*	Partizip Präsens	
		‚habend'	‚seiend'
vous avez	*vous êtes*	*ayant*	*étant*
ils ont	*ils sont*	Partizip Perfekt	
		‚gehabt'	‚gewesen'
		eu	*été.*

Zus. In der Form *il a* ist das Personenzeichen ausgefallen; in der Frageform tritt es wieder ein: *a-t-il?*

Regelmäfsig ist das Imperfekt; das hist. Perf. beider Hilfsverba hat den Kennvokal *u*.

Imperfekt		Hist. Perf.	
‚hatte'	‚war'	‚hatte'	‚war'
j'avais	*j'étais*	*j'eus*	*je fus*
tu avais	*tu étais*	*tu eus*	*tu fus*
il avait	*il était*	*il eut*	*il fut*
nous avions	*nous étions*	*nous eûmes*	*nous fûmes*
vous aviez	*vous étiez*	*vous eûtes*	*vous fûtes*
ils avaient	*ils étaient*	*ils eurent*	*ils furent.*

88 6. Futur und Konditional.

Je donn-er-ai — ils fin-ir-ont — je romp-r-ais.

Futur und Konditional sind ursprünglich zusammengesetzte Formen; sie bestehen aus dem Infinitiv des Hauptzeitworts und dem Präsens oder Imperfekt von *avoir*.

Av ist in der Zusammensetzung ausgefallen, ebenso bei den Verben der 3. Konjug. das *e* des Inf.; dagegen wird bei den Verben der 1. Konjug. das sonst stumme *r* des Inf. wieder laut.

Je donner-ai heifst also wörtlich: ‚ich (zu) geben habe',
je rompr-ais „ „ „ ‚ich (zu) brechen hatte (oder hätte)'.

Futur.

‚werde geben'	‚werde endigen'	‚werde brechen'
je donn-er-ai	*je fin-ir-ai*	*je romp-r-ai*
tu donn-er-as	*tu fin-ir-as*	*tu romp-r-as*
il donn-er-a	*il fin-i-ra*	*il romp-r-a*
nous donn-er-ons	*nous fin-ir-ons*	*nous romp-r-ons*
vous donn-er-ez	*vous fin-ir-ez*	*vous romp-r-ez*
ils donn-er-ont	*ils fin-ir-ont*	*ils romp-r-ont*

Konditional.

‚würde geben'	‚würde endigen'	‚würde brechen'
je donn-er-ais	*je fin-ir-ais*	*je romp-r-ais*
tu donn-er-ais	*tu fin-ir-ais*	*tu romp-r-ais*
il donn-er-ait	*il fin-ir-ait*	*il romp-r-ait*
nous donn-er-ions	*nous fin-ir-ions*	*nous romp-r-ions*
vous donn-er-iez	*vous fin-ir-iez*	*vous romp-r-iez*
ils donn-er-aient	*ils fin-ir-aient*	*ils romp-r-aient*

Anm. 1. Wie es bei *avoir* in der Frage *a-t-il* heifst, so auch *donnera-t-il? finira-t-il?* und *rompra-t-il?*

2. Futur und Konditional werden jetzt als einfache Zeiten angesehen.

3. Die Art der Entstehung beider Zeiten geht aus der 3. Plur. des Futurs hervor, da die Endung *ont* sonst nicht zu erklären wäre.

Futur und Konditional von *avoir* und *être*. 39

Futur		Konditional	
‚werde haben'	‚werde sein'	‚würde haben'	‚würde sein'
j'aur-ai	*je ser-ai*	*j'aur-ais*	*je ser-ais*
tu aur-as	*tu ser-as*	*tu aur-ais*	*tu ser-ais*
il aur-a	*il ser-a*	*il aur-ait*	*il ser-ait*
nous aur-ons	*nous ser-ons*	*nous aur-ions*	*nous ser-ions*
vous aur-ez	*vous ser-ez*	*vous aur-iez*	*vous ser-iez*
ils aur-ont	*ils ser-ont*	*ils aur-aient*	*ils ser-aient.*

Zus. In *j'aur-ai* ist *aur* der gekürzte Inf. *avoir*, bei welchem *v* in *u* verwandelt worden ist. *Ser* in *je serai* geht nicht auf *être*, sondern auf einen andern Stamm zurück.

C. Die umschreibenden Formen des Indikativs. 40

J'ai donné — tu avais fini — il eut rompu
je suis allé — tu étais parti — il fut arrivé.

Die umschreibenden Formen werden mit den Hilfsverben *avoir* und *être* gebildet, welche vor das Partizip Perfekt treten.

Perfekt. 41

‚habe gegeben'	‚bin gegangen'
j'ai donné	*je suis allé*
tu as donné	*tu es allé*
il a donné	*il est allé*
elle a donné	*elle est allée*
nous avons donné	*nous sommes allés*
vous avez donné	*vous êtes allés*
ils ont donné	*ils sont allés*
elles ont donné	*elles sont allées.*

1. Plusquamperfekt. 42

‚hatte gegeben'

j'avais donné — nous avions donné
tu avais donné — vous aviez donné
il avait donné — ils avaient donné
elle avait donné — elles avaient donné

‚war gegangen'

j'étais allé — nous étions allés
tu étais allé — vous étiez allés
il était allé — ils étaient allés
elle était allée — elles étaient allées

43 **2. Plusquamperfekt.**

‚hatte gegeben'	‚war gegangen'
j'eus donné	*je fus allé*
tu eus donné	*tu fus allé*
il eut donné	*il fut allé*
elle eut donné	*elle fut allée*
nous eûmes donné	*nous fûmes allés*
vous eûtes donné	*vous fûtes allés*
ils eurent donné	*ils furent allés*
elles eurent donné	*elles furent allées.*

44 **2. Futur und 2. Konditional.**

J'aurai donné ‚werde gegeben haben'
j'aurais donné ‚würde gegeben haben'
je serai allé ‚werde gegangen sein'
je serais allé ‚würde gegangen sein'.

Zus. Statt des 2. Konditional kann (wie im Deutschen) auch das Plusquamperfekt Konjunktiv gebraucht werden: *j'eusse donné, je fusse allé.*

Die umschreibenden Formen von *avoir* s. S. 12 f., von *être* s. S. 14 f. — Die Formen des Passivs s. S. 18 f.

---

45 **D. Der Konjunktiv.**

1. Die einfachen Formen.

Je donn-e — tu fin-iss-es — il part-e — nous romp-ions
je donn-ass-e — tu fin-iss-es — il part-î-t — nous romp-iss-ions.

Im Konjunktiv gibt es zwei einfache Zeiten, Präsens und Imperfekt.

Im Präsens treten die Endungen der einzelnen Personen rein auf; es sind: *e, es, e, ions, iez, ent. Finir* hat im Präs. die Stammverstärkung *iss.* — Im Imperfekt tritt vor die Personalendung noch die Bezeichnung des Tempus, welche je nach der Konjugation verschieden ist: 1. Konjug. *ass*, 2. und 3. Konjug. *iss*.

Präsens.

1.	2 a.	2 b.
‚gebe'	‚reise ab'	‚endige'
*je donn-**e***	*je part-**e***	*je fin-**iss-e***
*tu donn-**es***	*tu part-**es***	*tu fin-**iss-es***
*il donn-**e***	*il part-**e***	*il fin-**iss-e***
*nous donn-**ions***	*nous part-**ions***	*nous fin-**iss-ions***
*vous donn-**iez***	*vous part-**iez***	*vous fin-**iss-iez***
*ils donn-**ent***	*ils part-**ent***	*ils fin-**iss-ent***

3.
‚breche'

*je romp-**e***	—	*nous romp-**ions***
*tu romp-**es***	—	*vous romp-**iez***
*il romp-**e***	—	*ils romp-**ent**.*

Anm. In der 1. Konjug. stimmen der ganze Sing. und die 3. Plur. in Ind. und Konj. überein. Die Verba aller Konjugationen haben die 3. Plur. in Ind. und Konj. gleich. — Ferner stimmen die 1. und 2. Plur. des Präs. Konj. fast aller Verba überein mit denselben Personen des Imperf. Ind.

Präsens Konjunktiv von *avoir* und *être*.

‚habe'		‚sei'	
*j'**aie***	*nous **ayons***	*je **sois***	*nous **soyons***
*tu **aies***	*vous **ayez***	*tu **sois***	*vous **soyez***
*il **ait***	*ils **aient***	*il **soit***	*ils **soient**.*

Imperfekt.

1.	2 a.	2 b.
‚gäbe'	‚reiste ab'	‚endigte'
*je donn-**ass-e***	*je part-**iss-e***	*je fin-**iss-e***
*tu donn-**ass-es***	*tu part-**iss-es***	*tu fin-**iss-es***
*il donn-**â-t***	*il part-**î-t***	*il fin-**î-t***
*nous donn-**ass-ions***	*nous part-**iss-ions***	*nous fin-**iss-ions***
*vous donn-**ass-iez***	*vous part-**iss-iez***	*vous fin-**iss-iez***
*ils donn-**ass-ent***	*ils part-**iss-ent***	*ils fin-**iss-ent***

3.

‚bräche'	‚wollte'
je romp-isse	*je voul-usse*
tu romp-isses	*tu voul-usses*
il romp-ît	*il voul-ût*
nous romp-issions	*nous voul-ussions*
vous romp-issiez	*vous voul-ussiez*
ils romp-issent	*ils voul-ussent.*

Zus. 1. Aus der Übereinstimmung des Tonvokals dieses Tempus mit dem Kennvokal im hist. Perf. geht die Verwandtschaft beider Tempora hervor.

2. Eine besondere Personalendung *(t)* hat die 3. Sing., vor welcher auch die Tempusbezeichnung eine Kürzung erfahren hat.

3. Dafs bei *finir* die Übereinstimmung in 5 Formen des Präs. und Imperf. Konj. eine zufällige ist, geht aus den Imperfektformen der Verba *partir* und *rompre* hervor.

2. Die umschreibenden Formen.

J'aie donné — je sois allé — j'eusse donné — je fusse allé.

Die umschreibenden Formen des Konjunktivs werden ähnlich denen des Indikativs gebildet.

Perfekt.

‚habe gegeben'	‚sei gegangen'
j'aie donné	*je sois allé*
tu aies donné	*tu sois allé*
il ait donné	*il soit allé*
elle ait donné	*elle soit allée*
nous ayons donné	*nous soyons allés*
vous ayez donné	*vous soyez allés*
ils aient donné	*ils soient allés*
elles aient donné	*elles soient allées.*

Plusquamperfekt.

‚hätte gegeben'

j'eusse donné	—	*nous eussions donné*
tu eusses donné	—	*vous eussiez donné*
il eût donné	—	*ils eussent donné*
elle eût donné	—	*elles eussent donné*

‚wäre gegangen'

je fusse allé	— *nous fussions allés*
tu fusses allé	— *vous fussiez allés*
il fût allé	— *ils fussent allés*
elle fût allée	— *elles fussent allées.*

Übersicht der abweichenden und unregelmäßigen Verba. 51

1. Konjugation. Verba auf *er*.

1. Gruppe.

Commencer und *manger* (s. S. 5 Anm. 3 u. 4).

Commencer ‚anfangen'

je commence	*nous* **commençons**
tu commences	*vous commencez*
il commence	*ils commencent*
Imperf. *je* **commençais**	Hist. Perf. *je* **commençai**
Part. Präs. **commençant.**	

Manger ‚essen'

je mange	*nous* **mangeons**
tu manges	*vous mangez*
il mange	*ils mangent*
Imperf. *je* **mangeais**	Hist. Perf. *je* **mangeai**
Part. Präs. **mangeant.**	

2. Gruppe.

Employer, *appuyer* (s. Lautges. 3e S. 9).

Stamm *emploi* — **employer** ‚anwenden', ‚gebrauchen'. Futur *j'emploierai*

j'emploie	*nous* **employons**
tu emploies	*vous* **employez**
il emploie	*ils emploient*
Imperf. *j'***employais**	Hist. Perf. *j'***employai**
Part. Präs. **employant**	Part. Perf. **employé.**

Verwandte Wörter:

1. Konjug. 1. Gr. *commencer* — *le commençant* der Anfänger
le commencement der Anfang.
2. Gr. *employer* — *l'emploi* m. der Gebrauch, das Amt
l'employé m. der Beamte

Stamm *appui* — **appuyer** ‚stützen'. Futur *j'appuierai*

j'appuie	*nous* **appuyons**
tu appuies	*vous* **appuyez**
il appuie	*ils appuient*
Imperf. *j'***appuyais**	Hist. Perf. *j'***appuyai**
Part. Präs. **appuyant**	Part. Perf. **appuyé.**

Vergleiche: *la loi* das Gesetz — *loyal* gesetzlich
le roi der König — *royal* königlich.

Payer kann nach *employer* oder regelmäfsig konjugiert werden; also *je paie* oder *je paye*.

3. Gruppe.

Répéter, protéger, régner (s. Lautges. 2 S. 8).

Répéter ‚wiederholen' — *protéger* ‚beschützen' — *régner* ‚regieren'.

je **répète**	*nous répétons*	Futur *je répéterai*
tu **répètes**	*vous répétez*	
il **répète**	*ils* **répètent**	

Ebenso alle Verba, bei denen die letzte Silbe des Stammes *é* hat; aber *créer* ‚schaffen' *je crée*.

Vergleiche: *interpréter* auslegen — *l'interprète* m. der Dolmetscher.

4. Gruppe.

Mener, appeler, jeter (s. Lautges. 2 S. 8).

Mener ‚führen' Futur *je* **mènerai**
appeler ‚rufen' „ *j'***appellerai**
jeter ‚werfen' „ *je* **jetterai**

Verwandte Wörter:

appuyer — *l'appui* m. die Stütze
payer — *la paye* der Sold
le payement (paiement) die Bezahlung
3 Gr. *répéter* — *la répétition* die Wiederholung
protéger — *le protecteur* der Beschützer
la protection der Schutz
le protégé der Schützling
régner — *le règne* die Regierung, Regierungszeit.
4 Gr. *appeler* — *l'appel* m. der Ruf
rappeler — *le rappel* die Zurückberufung
jeter — *la jetée* der Damm

*je **mène***	*j'**appelle***	*je **jette***
*tu **mènes***	*tu **appelles***	*tu **jettes***
*il **mène***	*il **appelle***	*il **jette***
nous menons	*n. appelons*	*n. jetons*
vous menez	*v. appelez*	*v. jetez*
*ils **mènent***	*ils **appellent***	*ils **jettent**.*

Ebenso alle Verba mit dumpfem *e* (ə) in der letzten Silbe des Stammes.

Acheter ‚kaufen' folgt in der Schreibung *mener*.

Vergleiche:

le chandelier der Leuchter — *la chandelle* das Licht, die Kerze
étinceler funkeln — *l'étincelle* f. der Funke
modeler modellieren — *le modèle* das Muster.

5. Gruppe.

Aller, envoyer.

Stämme: *all, va* und *ir* | — *aller* ‚gehen', Futur *j'**irai***

		Präs. Konj.		Imperativ
*je **vais***	*n. allons*	*j'**aille***	*n. allions*	***va***
*tu **vas***	*v. allez*	*tu **ailles***	*v. alliez*	*allons*
*il **va***	*ils **vont***	*il **aille***	*ils **aillent***	*allez*

Envoyer ‚schicken' vgl. *employer* Futur *j'**enverrai***

j'envoie	*nous **envoyons***	Imperf.	*j'envoyais*
tu envoies	*vous **envoyez***	Hist. Perf.	*j'envoyai*
il envoie	*ils envoient*	Part. Perf.	*envoyé.*

Ausdrücke: *Aller chercher* ‚holen'; *envoyer chercher* ‚holen lassen'.

Verwandte Wörter:

acheter — *l'acheteur* m. der Käufer
l'achat m. der Kauf
racheter loskaufen — *le rachat* der Loskauf

5. Gr. *aller* — *l'allée* f. der Gang
l'aller et le retour die Hin- und Rückreise
envoyer — *l'envoi* m. die Sendung
l'envoyé m. der Gesandte
renvoyer zurückschicken, entlassen — *le renvoi* die Entlassung.

II. Konjugation. Verba auf *ir*.

52 a) mit Verstärkung.

Hair, fleurir.

Hair ,hassen'

je hais (32-2) *nous haissons* etc. wie *finir*
tu hais
il hait.

Fleurir ,blühen'.

Die unregelmäfsigen Nebenformen

Imperf. *je florissais* Part. Präs. *florissant*

stehen im bildlichen Sinn.

53 b) ohne Verstärkung.

1. Gruppe.

Partir, dormir, servir (s. Lautges. 1 S. 8).

Partir ,abreisen' s. S. 22.

dormir ,schlafen'		*servir* ,dienen'	
je **dors**	*nous dormons*	*je* **sers**	*nous servons*
tu **dors**	*vous dormez*	*tu* **sers**	*vous servez*
il **dort**	*ils dorment*	*il* **sert**	*ils servent.*

Ebenso: *mentir* ,lügen', *se repentir* ,bereuen', *sentir* ,fühlen', *sortir* ,hinausgehen'.

Répartir ,verteilen' wird wie *finir* konjugiert.

Verwandte Wörter:

2. Konjug. a) mit Verstärkung.

haïr — *la haine* der Hafs
fleurir — *la fleur* die Blume, Blüte (*être en fleurs* blühen)
la fleurette das Blümchen
le fleuron der Zierat.

b) ohne Verstärkung.

1. Gr. *partir* — *le départ* die Abreise
repartir 1. wieder abreisen; 2. erwidern — *la repartie* die Erwiderung
dormir — *s'endormir* einschlafen
se rendormir wieder einschlafen
servir — *le serf* der Knecht
le serviteur der Diener — *la servante* die Dienerin
le service der Dienst
mentir — *démentir* Lügen strafen
le démenti das Dementi
se repentir — *le repentir* die Reue
sentir — *le sentiment* das Gefühl
consentir einwilligen — *le consentement* die Zustimmung
sortir — *la sortie* der Ausfall
ressortir wieder ausgehen.

2. Gruppe.

Fuir, vêtir, bouillir.

Fuir ‚fliehen' vgl. *appuyer*

je fuis — *nous fuyons* — Imperf. *je fuyais*
tu fuis — *vous fuyez* — Hist. Perf. *je fuis*
il fuit — *ils fuient* — Part. Perf. *fui*
j'ai fui ‚ich bin geflohen'

Vêtir ‚kleiden' (s. Schreibregel 1 S. 6).

je vêts — *nous vêtons* — Part. Perf. *vêtu*
tu vêts — *vous vêtez*
il vêt — *ils vêtent*

bouillir ‚kochen' (intransitiv; s. Lautgesetz 1 S. 8)

je bous — *nous bouillons* — *faire bouillir* ‚kochen' (transitiv)
tu bous — *vous bouillez* — *l'eau bout; je fais bouillir de l'eau.*
il bout — *ils bouillent*

3. Gruppe.

Ouvrir, cueillir.

Ouvrir ‚öffnen'

j'ouvre — *nous ouvrons* — Part. Perf. *ouvert, e*
tu ouvres — *vous ouvrez*
il ouvre — *ils ouvrent*

Ebenso: *couvrir* ‚bedecken' (*de* ‚mit'), *offrir* ‚anbieten', *souffrir* ‚leiden' (*de* ‚an').

Cueillir ‚pflücken' Futur *je cueillerai*

je cueille — *nous cueillons*
tu cueilles — *vous cueillez*
il cueille — *ils cueillent.*

Verwandte Wörter:

2. Gr. *fuir* — *la fuite* die Flucht
s'enfuir entfliehen
vêtir — *le vêtement* die Kleidung
bouillir — *le bouilli* das Suppenfleisch
la bouillie das Mus, der Brei
le bouillon die Fleischbrühe.

3. Gr. *ouvrir* — *l'ouverture* f. die Öffnung; das Eröffnungsspiel, die Ouvertüre
rouvrir wieder öffnen
entr'ouvrir halb öffnen
couvrir — *la couverture* die Decke
le couvert das Gedeck (*mettre le couvert, un dîner de 30 couverts*)
découvrir entdecken — *la découverte* die Entdeckung
offrir — *l'offre* f. das Anerbieten
souffrir — *la souffrance* das Leiden
accueillir aufnehmen — *l'accueil* m. die Aufnahme (*faire un bon accueil*)
recueillir sammeln, ernten — *le recueil* die Sammlung.

4. Gruppe.

Venir, tenir (s. Lautges. 2 u. 3 d S. 8 u. 9).

Venir ‚kommen' Futur *je* **viendrai**

	Konj. Präs.	Hist. Perf.	Konj. Imperf.
je **viens**	*je* **vienne**	*je* **vins**	*je* **vinsse**
tu **viens**	*tu* **viennes**	*tu* **vins**	*tu* **vinsses**
il **vient**	*il* **vienne**	*il* **vint**	*il* **vînt**
n. venons	*n. venions*	*n.* **vînmes**	*n.* **vinssions** etc.
v. venez	*v. veniez*	*v.* **vîntes**	Part. Perf.
ils **viennent**	*ils* **viennent**	*ils* **vinrent**	**venu.**

Ebenso: *tenir* ‚halten'.

Vergleiche: *l'entretien, le maintien, le soutien.*

Venir de = soeben s. § 129.

5. Gruppe.

Acquérir, mourir, courir (s. Lautges. 2 S. 8).

Acquérir ‚erwerben' Futur ***j'acquerrai*** (ʒakerre)

Verwandte Wörter:

4. Gr. *venir* = *la venue* das Kommen
convenir (à) passen; *(de)* zugeben, übereinkommen — *la convention* das Übereinkommen
devenir werden
intervenir sich ins Mittel legen — *l'intervention* f. die Vermittelung
parvenir gelangen — *le parvenu* der Emporkömmling
prévenir (qn) zuvorkommen; benachrichtigen — *la prévention* das Vorurteil
revenir zurückkommen
se souvenir sich erinnern — *le souvenir* die Erinnerung, das Andenken
tenir — *la tenue* die Haltung, *la tenue des livres* die Buchhaltung, *en grande tenue* in Gala
appartenir gehören
contenir enthalten — *le contenu* der Inhalt
détenir gefangen halten — *la détention* die Haft
entretenir unterhalten — *l'entretien* m. die Unterhaltung
maintenir aufrecht halten — *le maintien* die Aufrechthaltung *(le maintien de l'ordre public)*
obtenir erlangen
retenir zurückhalten; belegen (einen Platz)
soutenir stützen — *le soutien* die Stütze.

5. Gr. *acquérir* — *l'acquisition* f. die Erwerbung
conquérir erobern — *le conquérant* der Eroberer
la conquête die Eroberung
s'enquérir sich erkundigen — *l'enquête* f. die Untersuchung

	Konj. Präs.	
j'acquiers	*j'acquière*	Hist. Perf. *j'acquis*
tu acquiers	*tu acquières*	Part. Perf. *acquis, e*
il acquiert	*il acquière*	
nous acquérons	*n. acquérions*	
vous acquérez	*v. acquériez*	
ils acquièrent	*ils acquièrent*	

Vergleiche: *le matériel* das Material — *la matière* der Stoff, die Materie.

Mourir ‚sterben' Futur *je mourrai* (ʒə-murre)

	Konj. Präs.	
je meurs	*je meure*	Hist. Perf. *il mourut*
tu meurs	*tu meures*	Part. Perf. *mort, e*
il meurt	*il meure*	
n. mourons	*n. mourions*	
v. mourez	*v. mouriez*	
ils meurent	*ils meurent*	

Vergleiche: *avouer* gestehen — *l'aveu* m. das Geständnis
prouver beweisen — *la preuve* der Beweis.

Courir ‚laufen' Futur *je courrai* (ʒə-kurre)

je cours	*nous courons*	Hist. Perf. *je courus*
tu cours	*vous courez*	Part. Perf. *couru*
il court	*ils courent*	*il a couru* ‚er ist gelaufen'.

Verwandte Wörter:

mourir — *le mort* der Tote — *la mort* der Tod
courir — *le cours* der Lauf, der Kurs; die Vorlesung
la course das Wettrennen; der Geschäftsgang, d. Ausflug
accourir herbeieilen
concourir (à) mitwirken; sich bewerben um — *le concours* die Mitwirkung, die Bewerbung
discourir umständlich sprechen — *le discours* die Rede *(faire un discours)*
encourir sich zuziehen (eine Strafe)
parcourir durcheilen, durchwandern
recourir (à) seine Zuflucht nehmen (zu) — *le recours* die Zuflucht *(avoir recours à)*
secourir (qn) helfen — *le secours* die Hülfe.

III. Konjugation. Verba auf *re*.

1. Gruppe.

Vendre, battre, vaincre (s. Schreibregeln 1 u. 2 S. 6).

Vendre ‚verkaufen'	*battre* ‚schlagen'	*vaincre* ‚besiegen'	Hist. Perf.
je vends	*je bats*		*je vainquis*
tu vends	*tu bats*		Part. Perf.
il vend	*il bat*	*il vainc*	*vaincu*
n. vendons	*n. battons*	*n. vainquons*	Nur hist. Perf. u.
v. vendez	*v. battez*	*v. vainquez*	Part. Perf. sind
ils vendent	*ils battent*	*ils vainquent*	gebräuchlich.

Bemerkung zu *il vend:*

1. In der Frageform ist das t lautlich erhalten: *vend-il* (vɑ̃t-il)?
2. Wie *vendre* bilden fast alle regelmäfsigen Verba der 3. Konjugation die 3. Sing.; z. B. *attendre: il attend, perdre: il perd.*

2. Gruppe.

Suivre, vivre, écrire (s. Lautges. 1 S. 8).

Suivre (qn) ‚folgen'

je suis	*nous suivons*	*je l'ai suivi*
tu suis	*vous suivez*	‚ich bin ihm gefolgt'
il suit	*ils suivent*	

Vivre ‚leben'

je vis	*nous vivons*	Hist. Perf. *je vécus*
tu vis	*vous vivez*	Part. Perf. *vécu*
il vit	*ils vivent*	

Verwandte Wörter:

3. Konjug. 1. Gr. *vendre* — *le vendeur* der Verkäufer
la vente der Verkauf
battre — *la bataille* die Schlacht
le bataillon das Bataillon
combattre — *le combat* der Kampf
le combattant der Kämpfer
vaincre — *le vainqueur* der Sieger
la victoire der Sieg
victorieux, se siegreich
convaincre überzeugen — *convaincant* überzeugend
la conviction die Überzeugung.

2. Gr. *suivre* — *la suite* das Gefolge
poursuivre verfolgen — *la poursuite* die Verfolgung
vivre — *vivant* lebendig
les vivres m. die Lebensmittel
la vie das Leben
vif, ve lebhaft
revivre wieder aufleben
survivre à qn jemand überleben

Stamm: *écriv* — **écrire** ‚schreiben' Futur *j'écrirai*

*j'**écris***	*nous écrivons*	Hist. Perf. *j'écrivis*
*tu **écris***	*vous écrivez*	Part. Perf. ***écrit**, e*
*il **écrit***	*ils écrivent*	

3. Gruppe.

Mettre, prendre (s. Schreibregel 1 S. 6 u. Lautgesetz 2 u. 3 d S. 8 u. 9).

Mettre ‚setzen, stellen, legen'

*je **mets***	*nous mettons*	Hist. Perf. *je **mis***
*tu **mets***	*vous mettez*	Part. Perf. ***mis**, e*
*il **met***	*ils mettent*	

Stamm: *pren* — **prendre** ‚nehmen' Futur *je prendrai*

Verwandte Wörter:

écrire — *l'écrit* m. die Schrift
l'écriture f. die Handschrift
décrire beschreiben — *la description* die Beschreibung
inscrire einschreiben — *l'inscription* f. die Inschrift
prescrire vorschreiben — *la prescription* die Vorschrift, das Rezept
proscrire ächten — *le proscrit* der Geächtete
la proscription die Acht
souscrire subskribieren — *la souscription* die Subskription
dagegen: *signer* unterzeichnen, unterschreiben.

3. Gr. *mettre* — *la mission* die Sendung, der Auftrag
admettre zulassen — *l'admission* f. die Zulassung
commettre begehen (ein Unrecht); auftragen — *le commis* der Kommis
le commissaire der Kommissar
la commission der Auftrag; der Ausschufs.
compromettre bloßstellen — *le compromis* der Kompromifs, der Ausgleich
omettre auslassen — *l'omission* f. die Auslassung
permettre erlauben — *le permis* der Erlaubnisschein
la permission die Erlaubnis
promettre versprechen — *la promesse* das Versprechen (*faire une promesse*)
remettre verschieben; übergeben — *la remise* der Aufschub; die Remise
soumettre unterwerfen — *la soumission* die Unterwerfung
prendre — *la prise (d'une ville)* die Einnahme (einer Stadt)
apprendre 1. mitteilen, lehren; 2. erfahren, lernen (*par cœur* auswendig)
comprendre begreifen
entreprendre unternehmen — *l'entrepreneur* m. der Unternehmer
l'entreprise f. das Unternehmen
se méprendre sich irren — *la méprise* der Irrtum
reprendre 1. wieder nehmen; — *la reprise* die Wiedereinnahme
2. erwidern — *à plusieurs reprises* zu wiederholten Malen
surprendre überraschen — *la surprise* die Überraschung.

	Konj. Präs.	Imperf.	Hist. Perf.
je **prends**	*je* **prenne**	*je prenais*	*je* **pris**
tu **prends**	*tu* **prennes**	Part. Präs.	Part. Perf.
il **prend**	*il* **prenne**	*prenant*	**pris, e**
nous prenons	*n. prenions*		
vous prenez	*v. preniez*		
ils **prennent**	*ils* **prennent**		

Ausdrücke: *mettre, ôter des habits, un chapeau; (se) mettre en fuite, se mettre en route; se mettre en colère; se mettre à.*

prendre une résolution, un parti; prendre une ville (= erobern); *prendre un chemin, une route; prendre sa source* (= entspringen).

prendre du café, du thé, du chocolat.

4. Gruppe.

Conduire, construire, cuire.

Stamm: *conduis* — **conduire** ‚führen' Futur *je conduirai*

je **conduis**	*nous conduisons*	Hist Perf. *je conduisis*
tu **conduis**	*vous conduisez*	Part. Perf. **conduit, e**
il **conduit**	*ils conduisent*	

Ebenso: *construire* ‚bauen' und *cuire* ‚kochen'.

Verwandte Wörter:

4\. Gr. *conduire* — *la conduite* das Betragen; die Führung (eines Heeres etc.)
le conducteur der Führer; d. Kondukteur, Schaffner
introduire einführen — *l'introducteur* m. der Einführer
l'introduction f. die Einführung
produire hervorbringen — *le produit* der Ertrag, das Erzeugnis, Produkt
le producteur der Erzeuger, Produzent
la production das Hervorbringen
productif, ve erzeugend, ergiebig
réduire beschränken, zwingen — *le réduit* das Ruheplätzchen; der Verschlag
séduire verführen — *le séducteur* der Verführer
la séduction die Verführung
traduire übersetzen — *le traducteur* der Übersetzer
la traduction die Übersetzung
construire — *le constructeur* der Erbauer
la construction der Bau, die Konstruktion
constructif, ve aufbauend
reconstruire wieder erbauen — *la reconstruction* der Wiederaufbau
détruire zerstören — *le destructeur* der Zerstörer
la destruction die Zerstörung
destructif, ve zerstörend

Gruppe 4a.

Luire, nuire.

Luire ‚leuchten' und *nuire* ‚schaden' wie *conduire*; nur Part. Perf. *lui* geleuchtet
nui geschadet.

5. Gruppe.

Craindre, atteindre, joindre (s. Lautges. 1 u. 3d S. 8 u. 9).

Stamm: *craign* — *craindre* ‚fürchten' Futur *je craindrai*

je crains	*nous craignons*	Hist. Perf. *je craignis*
tu crains	*vous craignez*	Part. Perf. *craint, e*
il craint	*ils craignent*	

Craindre mit dem Konjunktiv und *ne* s. § 145.

Ebenso: a) *contraindre* zwingen
plaindre beklagen (*se plaindre de* sich beklagen über)
b) *atteindre* erreichen, treffen
ceindre umgürten
éteindre (trans.) auslöschen
s'éteindre verlöschen, aussterben
feindre sich stellen als ob, vorgeben
peindre malen

Verwandte Wörter:

instruire unterrichten, belehren — *l'instructeur* m. der Instruktor
l'instruction f. die Unterweisung, der Unterricht; die Anweisung, Vorschrift
instructif, ve lehrreich, belehrend

cuire — *la cuisine* die Küche
le cuisinier der Koch
la cuisinière die Köchin.

Gr. 4a. *luire* — *luisant* leuchtend, glänzend
la lueur der Glanz, der Schimmer
la lumière das Licht
illuminer beleuchten, illuminieren
l'illumination f. die Beleuchtung, die Illumination

nuire — *nuisible* schädlich.

5. Gr. a) *craindre* — *la crainte* die Furcht
contraindre — *la contrainte* der Zwang
plaindre — *la plainte* die Klage
b) *atteindre* — *l'atteinte* f. die Berührung; Verletzung
ceindre — *la ceinture* der Gürtel
feindre — *la feinte* die Verstellung
peindre — *le peintre* der Maler
la peinture die Malerei; das Gemälde

restreindre beschränken
teindre färben
c) *joindre* verbinden, einholen.

6. Gruppe.

Dire, faire, suffire.

Stamm: *dis* — **dire** ‚sagen' Futur *je dirai*

je **dis**	*nous disons*	Hist. Perf. *je* **dis**
tu **dis**	*vous* **dites**	Part. Perf. **dit, e**
il **dit**	*ils disent*	

Dire mit dem Konjunktiv s. § 147.

Redire wieder sagen: *vous redites* aber:
contredire widersprechen: *vous contredisez*
interdire untersagen: *vous interdisez*
prédire vorhersagen: *vous prédisez*

Maudire ‚verwünschen' lehnt sich an *finir* an.

		Imperf.	Part. Präs.
je maudis	**nous maudissons**	**je maudissais**	**maudissant**
tu maudis	**vous maudissez**	Konj. Präs.	sonst wie *dire*
il maudit	**ils maudissent**	**je maudisse**	

Verwandte Wörter:

restreindre — *la restriction* die Einschränkung
teindre — *le teint* die Hautfarbe
la teinture die Färberei
le teinturier der Färber
c) *joindre* — *la jonction* die Vereinigung (z. B. zweier Heere)
rejoindre wieder einholen.

6. Gr. *dire* — *le dire* die Äußerung, Aussage
dicter diktieren, vorschreiben — *la dictée* das Diktieren, d. Diktat
le dicton das Sprichwort
la diction die Redeweise, der Ausdruck
le dictionnaire das Wörterbuch
le dictateur der Diktator, Machthaber
la dictature die Diktatur
contredire — *la contradiction* der Widerspruch
interdire — *l'interdiction* f. das Verbot
l'interdit m. das Interdikt
maudire — *maudit* verflucht
la malédiction der Fluch
prédire — *la prédiction* die Vorhersagung

Stamm: *fais* — **faire** ‚machen, lassen' (s. Lautges. 2 S. 8) — Futur *je* **ferai** (-f[ə]re)

	Konj. Präs.	Imperfekt	Hist. Perf.
je **fais**	*je* **fasse**	*je* **faisais**	*je* **fis**
tu **fais**	*tu* **fasses**	(-f[ə]zɛ)	Part. Perf.
il **fait**	*il* **fasse**	Part. Präs.	**fait, e**
nous **faisons** (-f[ə]zɔ̃)	*nous* **fassions**	**faisant** (f[ə]zɑ̃)	
vous **faites**	*vous* **fassiez**		
ils **font**	*ils* **fassent**		

Anm. Vgl. *On l'a laissé sortir — on l'a fait sortir;*
laisser ist = ‚zulassen', *faire* = ‚bewirken, veranlassen'.

Ausdrücke:

faire la guerre (à), la paix, un discours, le commerce,
il fait beau (temps), mauvais (temps); il fait chaud, froid.
Quel temps fait-il?

Stamm: *suffis* — **suffire** ‚genügen'

je **suffis**	*nous suffisons*	Hist. Perf. *je* **suffis**
tu **suffis**	*vous suffisez*	Part. Perf. **suffi**
il **suffit**	*ils suffisent*	

confire ‚einmachen' wie *suffire*
nur Part. Perf. **confit, e.**

Verwandte Wörter:

faire — *le fait* die Thatsache
le faiseur der Macher
la façon die Form, Gestalt, Art
facile leicht — *difficile* schwer
le facteur der Briefträger
la faction die Partei
(bien-faire) — *le bienfait* die Wohlthat
le bienfaiteur der Wohlthäter
bienfaisant wohlthätig
la bienfaisance die Wohlthätigkeit
(malfaire) — *le malfaiteur* der Übelthäter
malfaisant bösartig, schlimm
défaire losmachen; besiegen, schlagen — *la défaite* die Niederlage
satisfaire genugthun, befriedigen — *la satisfaction* die Genugthuung, Befriedigung
suffire — *suffisant* genügend; selbstgefällig
la suffisance die Selbstgefälligkeit, der Dünkel
confire — *le confiseur* der Zuckerbäcker
la confiserie die Zuckerbäckerei, der Zuckerladen
la confiture das Zuckerwerk.

7. Gruppe.

Boire, croire, croître (s. Lautges. 1, 2 u. 3 c S. 8 u. 9).

Stamm: *buv* — **boire** ‚trinken' Futur *je boirai*

	Konj. Präs.	
je **bois**	*je* **boive**	Imperf. *je buvais*
tu **bois**	*tu* **boives**	Hist. Perf. *je* **bus**
il **boit**	*il* **boive**	Part. Perf. **bu**
nous buvons	*nous buvions*	
vous buvez	*vous buviez*	
ils **boivent**	*ils* **boivent**	

Croire ‚glauben' (vgl. *employer*)

je crois	*nous* **croyons**	Imperf. *je* **croyais**
tu crois	*vous* **croyez**	Hist. Perf. *je* **crus**
il croit	*ils croient*	Part. Perf. **cru**

Croire mit dem Konjunktiv s. § 147.

Stamm *croiss* — **croître** wachsen

je **croîs**	*nous croissons*	Hist. Perf. *je* **crûs**, *tu* **crûs** etc.
tu **croîs**	*vous croissez*	Imperf. Konj. *je* **crusse**
il **croît**	*ils croissent*	Part. Perf. **crû**, *e*

accroître ‚vermehren' }
décroître ‚abnehmen' } wie *croître*, nur hist. Perf. *j'accrus, je décrus*.

Verwandte Wörter:

7. Gr. *boire* — *la boisson* das Getränk
le buveur der Trinker
la buvette das Erfrischungszimmer (am Bahnhof; vgl. *le buffet*)
croire — *la croyance* der Glaube
croyant gläubig
croyable glaublich — *incroyable* unglaublich
le crédit das Vertrauen, der Kredit
croître — *le croissant* 1. der zunehmende Mond, die Mondsichel
2. das Hörnchen (ein Gebäck)
la croissance das Wachsen, das Wachstum
la crue 1. das Anschwellen (eines Flusses)
2. das Wachstum
accroître — *l'accroissement* m. der Zuwachs, die Vermehrung
décroître — *le décroissement* die Abnahme, die Verminderung

8. Gruppe.

Connaître, paraître, naître (s. Lautges. 1 u. 3 d S. 8 u. 9).

Stamm: *connaiss* — **connaître** ‚kennen'

je **connais**	*nous connaissons*	Hist. Perf. *je* **connus**
tu **connais**	*vous connaissez*	Part. Perf. **connu**
il **connaît**	*ils connaissent*	

Ebenso: *paraître* erscheinen.

Stamm: *naiss* — **naître** ‚geboren werden'

Präsens wie *connaître* Hist. Perf. *je* **naquis** Part. Perf. **né**.

9. Gruppe.

Plaire, taire.

Stamm: *plais* — **plaire** ‚gefallen'

je **plais**	*nous plaisons*	Hist. Perf. *je* **plus**
tu **plais**	*vous plaisez*	Part. Perf. **plu**
il **plaît**	*ils plaisent*	

Ausdrücke:

s'il vous plaît gefälligst
plaît-il? Wie? Was ist gefällig?

Stamm: *tais* — **taire** ‚verschweigen' (*se taire* ‚schweigen')

je **tais**	*nous taisons*	Hist. Perf. *je* **tus**	Part. Perf. **tu**
tu **tais**	*vous taisez*		
il **tait**	*ils taisent*		

Verwandte Wörter:

8. Gr. *connaître* — *la connaissance* die Kenntnis
le connaisseur der Kenner
méconnaître verkennen, nicht anerkennen
reconnaître (an)erkennen — *la reconnaissance* die Anerkennung, Dankbarkeit; d. Rekognoszierung
reconnaissant dankbar (*de* für)
paraître — *disparaître* verschwinden — *la disparition* das Verschwinden
naître — *la naissance* die Geburt
renaître wieder geboren werden — *la renaissance* die Wiedergeburt, Renaissance.

9. Gr. *plaire* — *le plaisir* das Vergnügen; d. Belieben
la plaisance d. Lust (*Plaisance* = Placentia, jetzt Piacenza)
plaisant lustig, spaßig
plaisanter scherzen — *la plaisanterie* der Scherz, Spaß
déplaire mißfallen — *le déplaisir* das Mißfallen, der Schmerz.

10. Gruppe.

Lire, rire, conclure.

Stamm: *lis* — **lire** ‚lesen' Futur *je lirai*

je **lis** *nous lisons* Hist. Perf. *je* **lus** Part. Perf. **lu**
tu **lis** *vous lisez*
il **lit** *ils lisent*

Rire ‚lachen', *se rire de* ‚sich lustig machen über'

je ris *nous rions* Hist. Perf. *je* **ris** Part. Perf. **ri**
tu ris *vous riez*
il rit *ils rient*

Conclure ‚schliefsen, folgern'

je conclus *nous concluons* Hist. Perf. *je* **conclus**
tu conclus *vous concluez* Part. Perf. **conclu**
il conclut *ils concluent*

Ausdrücke:

conclure un traité, la paix, une alliance.

11. Gruppe.

Résoudre, absoudre, dissoudre (s. Lautges. 3 S. 9).

Stamm: *résolv* — **résoudre** 1. ‚auflösen' (eine Aufgabe), 2. ‚beschliefsen'

je **résous** *nous résolvons* Hist. Perf. *je* **résolus**
tu **résous** *vous résolvez* Part. Perf. **résolu** ‚beschlossen'
il **résout** *ils résolvent* **résous, te** ‚aufgelöst'

Verwandte Wörter:

10. Gr. *lire* — *le lecteur* der Leser
la lecture das Lesen, die Lektüre
la leçon die (Unterrichts-)Stunde, die Lehre; der Verweis
relire wieder lesen
élire auslesen, wählen — *l'électeur* m. der Wähler; der Kurfürst
l'électorat m. das Kurfürstentum
l'élection f. die Wahl
réélire wieder wählen — *la réélection* die Wiederwahl
rire — *le rire* das Lachen
sourire lächeln — *le sourire* das Lächeln
conclure — *la conclusion* der Schlufs, die Schlufsfolgerung (auch *la conclusion d'un traité*)
exclure ausschliefsen — *l'exclusion* f. die Ausschliefsung
exclusif, ve adj. } ausschliefslich.
exclusivement adv. }

11. Gr. *résoudre* — *résolu* entschlossen
la résolution die Auflösung; die Entschlossenheit; der Entschlufs *(prendre une résolution)*

Absoudre ‚lossprechen'; *dissoudre* ‚auflösen'
Präs. wie *résoudre* Hist. Perf. fehlt Part. Perf. *absous, te*
dissous, te

12. Gruppe.

Coudre, moudre (s. Lautges. 3 d S. 9).

Stamm *cous* — *coudre* ‚nähen'

je couds	*nous cousons*	Hist. Perf. *je cousis*
tu couds	*vous cousez*	Part. Perf. *cousu*
il coud	*ils cousent*	

Stamm *moul* — *moudre* ‚mahlen'

je mouds	*nous moulons*	Hist. Perf. *je moulus*
tu mouds	*vous moulez*	Part. Perf. *moulu*
il moud	*ils moulent*	

Verba auf *oir*. 56

1. Gruppe.

Voir, asseoir (s. Lautges. 3 e S. 9).

Voir ‚sehen' (vgl. *employer*). Futur *je verrai*

		Imperf.	Hist. Perf.
je vois	*nous voyons*	*je voyais*	*je vis*
tu vois	*vous voyez*	Part. Präs.	Part. Perf.
il voit	*ils voient*	*voyant*	*vu*

Revoir ‚wiedersehen', wie *voir*.

Prévoir ‚vorhersehen'
Futur *je prévoirai*
sonst wie *voir*

pourvoir (de) ‚versehen (mit)'
Futur *je pourvoirai*
Hist. Perf. *je pourvus*
sonst wie *voir*.

Verwandte Wörter:
absoudre — *absolu* unumschränkt, absolut
l'absolution f. die Lossprechung, Freisprechung
dissoudre — *dissolu* ausschweifend
la dissolution die Auflösung (einer Versammlung); die Ausschweifung.
12. Gr. *coudre* — *la couture* die Naht
la couturière die Näherin
découdre auftrennen — *le décousu* das Unzusammenhängende
moudre — *le moulin* die Mühle
le meunier der Müller.
Verba auf *oir*. 1. Gr. *voir* — *la vue* das Sehen, der Anblick, die Ansicht
revoir — *le revoir* das Wiedersehen
la revue die Heerschau, Musterung, Parade; die Zeitschrift
reviser durchsehen, revidieren — *la revision (révision)* die Durchsicht, Revision
prévoir — *la prévision* die Voraussicht

Asseoir ‚setzen‘; *s'asseoir* ‚sich setzen‘. Futur *je m'**assiérai**.* Präs. wie *voir* oder gewöhnlicher:

*je m'**assieds***	*nous nous **asseyons***
*tu t'**assieds***	*vous vous **asseyez***
*il s'**assied***	*ils s'**asseyent***

Imperf.	*je m'**asseyais***	Hist. Perf.	*je m'**assis***
Part. Präs.	*s'**asseyant***	Part. Perf.	***assis, e***

2. Gruppe.

Devoir, recevoir (s. Lautges. 1 u. 2 S. 8).

Devoir ‚schuldig sein, müssen‘. Futur *je **devrai***

	Konj. Präs.	Imperf.	Hist. Perf.
*je **dois***	*je **doive***	*je devais*	*je **dus***
*tu **dois***	*tu **doives***	Part. Präs.	Part. Perf.
*il **doit***	*il **doive***	*devant*	***dû, due***
nous devons	*nous devions*		***dus, dues***
vous devez	*vous deviez*		
*ils **doivent***	*ils **doivent***		

Ebenso: *recevoir* ‚empfangen‘, *apercevoir* ‚bemerken‘, *décevoir* ‚täuschen‘.

Vergleiche: *peser* wiegen — *le poids* das Gewicht
légal gesetzlich — *la loi* das Gesetz
me mich — *moi* ich.

Verwandte Wörter:

asseoir — *être assis* sitzen
l'assise f. d. Lage, Schicht; pl. d. Assisen, d. Geschworenengericht.

2\. Gr. *devoir* — *le devoir* die Pflicht; pl. die schriftlichen Arbeiten
la dette die Schuld (*la dette publique* die Staatsschuld)
dû schuldig, gebührend

recevoir — *le receveur* der Einnehmer
le reçu der Empfangsschein, die Quittung
la recette die Einnahme, das Rezept
la réception die Aufnahme, der Empfang

apercevoir — *l'aperçu* m. der Überblick, der Hauptinhalt

décevoir — *la déception* die Täuschung.

3. Gruppe.

Valoir, falloir (s. Schreibregel 3 S. 6 u. Lautges. 3 b, c u. d S. 9).

Valoir ‚wert sein, gelten'. Futur *je* **vaudrai**

	Konj.	Imperf.	Hist. Perf.
je **vaux**	*je* **vaille**	*je valais*	*je* **valus**
tu **vaux**	*tu* **vailles**	Part. Präs.	*Part. Perf.*
il **vaut**	*il* **vaille**	*valant*	*valu*
nous valons	*nous valions*		
vous valez	*vous valiez*		
ils valent	*ils* **vaillent**		

Falloir ‚müssen, nötig sein, brauchen'. Futur *il* **faudra**

	Konj.	Imperf.	Hist. Perf.
il **faut**	*il* **faille**	*il fallait*	*il* **fallut**
			Part. Perf.
			fallu

Vergl.: *le cheval — les chevaux*
à le — al — au
à les — als — aux.

Il faut mit dem Konjunktiv s. § 146.

4. Gruppe.

Vouloir, pouvoir, mouvoir (s. Lautges. 1, 2 u. 3 S. 8 u. 9; vgl. *mourir).*

Vouloir ‚wollen'. Futur *je* **voudrai**; *je voudrais* = ich möchte.

	Konj. Präs.	Imperativ	Hist. Perf.
je **veux**	*je* **veuille**		*je* **voulus**
tu **veux**	*tu* **veuilles**	**veuille**	*Part. Perf.*
il **veut**	*il* **veuille**		*voulu*
nous voulons	*nous voulions*	**veuillons**	
vous voulez	*vous vouliez*	**veuillez**	
ils **veulent**	*ils* **veuillent**		

Vouloir mit dem Konjunktiv s. § 146.

Verwandte Wörter:

3. Gr. *valoir* — *vaillant* tapfer
la vaillance die Tapferkeit
la valeur der Wert.

4. Gr. *vouloir* — *le vouloir* das Wollen
la volonté der Wille
bienveillant wohlwollend
la bienveillance das Wohlwollen

Pouvoir ‚können'. Futur *je* ***pourrai***

	Konj. Präs.	Imperf.	Hist. Perf.
je ***peux*** (*je* ***puis***)	*je* ***puisse***	*je pouvais*	*je* ***pus***
tu ***peux***	*tu* ***puisses***	*Part. Präs.*	Part. Perf.
il ***peut***	*il* ***puisse***	*pouvant*	***pu***
nous pouvons	*n.* ***puissions***		
vous pouvez	*v.* ***puissiez***		
ils ***peuvent***	*ils* ***puissent***		

Mouvoir ‚bewegen'. Futur *je* ***mouvrai***

	Konj. Präs.	Imperf.	Hist. Perf.
je ***meus***	*je* ***meuve***	*je mouvais*	*je* ***mus***
tu ***meus***	*tu* ***meuves***	Part. Präs.	Part. Perf.
il ***meut***	*il* ***meuve***	*mouvant*	***mû, mue***
nous mouvons	*n. mouvions*		***mus, mues***
vous mouvez	*v. mouviez*		
ils ***meuvent***	*ils* ***meuvent***		

5. Gruppe.

Avoir, savoir, pleuvoir (s. Lautges. 1 u. 2 S. 8).

Avoir ‚haben' s. S. 12, 13 u. 23 ff.

Savoir ‚wissen, können, verstehen'. Futur *je* ***saurai***; *je ne saurais* = ich kann nicht.

	Konj. Präs.	Imperativ	Imperf.	Hist. Perf.
je ***sais***	*je* ***sache***		*je savais*	*je* ***sus***
tu ***sais***	*tu* ***saches***	***sache***	Part. Präs.	Part. Perf.
il ***sait***	*il* ***sache***		***sachant***	***su***
nous savons	*n.* ***sachions***	***sachons***		
vous savez	*v.* ***sachiez***	***sachez***		
ils savent	*ils* ***sachent***			

Verwandte Wörter:

pouvoir — *le pouvoir* die Macht, die Staatsgewalt
puissant mächtig
la puissance die Macht (*les six grandes puissances de l'Europe*)

mouvoir — *le mouvement* die Bewegung
la motion der Antrag

émouvoir — *l'émotion* f. die Rührung
l'émeute f. der Aufruhr.

5. Gr. *savoir* — *le savoir* das Wissen
savant gelehrt
sage weise; artig
la sagesse die Weisheit

Pleuvoir ‚regnen'. Futur *il pleuvra*

	Konj. Präs.	Imperf.	Hist. Perf.
il pleut	*il pleuve*	*il pleuvait*	*il plut*
			Part. Perf.
			plu

Verwandte Wörter:

pleuvoir — *pluvieux, se* regnerisch
la pluie der Regen.

Zur Wiederholung.

I. Zusammenstellung der abweichenden und unregelmäßigen Verbalformen nach den Lautgesetzen (1—5; vgl. S. 8 u. 9) und sonstigen Eigentümlichkeiten (6—10). 56

1. *Rompre* — *je romps* — *ils rompent*
vendre — *je vends* — *ils vendent*
finir — *je finis* — *ils finissent*
partir — *je pars* — *ils partent*
dormir — *je dors* — *ils dorment*
servir — *je sers* — *ils servent*
suivre — *je suis* — *ils suivent*
vivre — *je vis* — *ils vivent*
écrire — *j'écris* — *ils écrivent*
boire — *je bois* — *ils boivent*
savoir — *je sais* — *ils savent.*

Der Endkonsonant des Stammes (bezw. der Verstärkung bei *finir*) verstummt in der Tonsilbe, wenn er nicht durch tonloses *e* gestützt wird. — In vielen Fällen ist dieser Konsonant auch in der Schrift ausgefallen; bei *écrire* und *boire* findet der Ausfall schon im Infinitiv (und daher auch im Futur und Konditional) statt.

2. a) *Répéter* — *je répète* } vgl. *interpréter* — *l'interprète*
mener — *je mène* — *je mènerai*
appeler — *j'appelle* — *j'appellerai* } vgl. *l'appel, le rappel;* ferner *le chandelier* — *la chandelle*
jeter — *je jette* — *je jetterai*
acheter — *j'achète* — *j'achèterai*

venir — *je viens* — *je viendrai*
je vienne
tenir — *je tiens* — *je tiendrai*
je tienne
vgl. *l'entretien*
le maintien
le soutien

acquérir — *j'acquiers* — *j'acquière*
vgl. *le matériel* — *la matière*

mourir — *je meurs* — *je meure*
vouloir — *je veux* — *je veuille*
pouvoir — *je peux* — *je puisse*
(je puis)
mouvoir — *je meus* — *je meuve*
vgl. *vouer* — *le vœu*
avouer — *l'aveu*
prouver — *la preuve*
éprouver — *l'épreuve*
le courage — *le cœur*

devoir — *je dois* — *je doive*
Stamm *buv* — Inf. *boire*
je bois — *je boive*
vgl. *légal* — *la loi*
me — *moi*
te — *toi.*

Der Vokal der letzten Silbe des Stammes wird oft geändert, wenn er in den Ton tritt; in einigen Fällen tritt die Änderung auch im Nebenton (Futur und Konditional) ein.

b) *Donner* — *je donnerai*
envoyer — *j'enverrai*
finir (ī) — *je finirai* (i kurz)
acquérir — *j'acquerrai*
mourir — *je mourrai*
faire — *je faisais* — *je ferai*
devoir — *je devrai*
mouvoir — *je mouvrai*
voir — *je verrai;*

mit Einschiebung von *d* (vgl. unten Nr. 4):
vouloir — *je voudrai*
valoir — *je vaudrai*
falloir — *il faudra.*

Ebenso tritt Änderung ein, wenn der Vokal aus dem Ton tritt; diese Änderung (meist Kürzung oder gänzlicher Ausfall) zeigt sich besonders im Futur und Konditional, die vom Infinitiv abgeleitet sind.

3. *Aller* — *j'aille*
valoir — *je vaux* — *je vaille* — *je vaudrai*
falloir — *il faut* — *il faille* — *il faudra*
vgl. *cheval* — *chevaux*
à le — *al* — *au*
à les — *als* — *aux.*

savoir — *je saurai*
avoir — *j'aurai*

Konsonanten werden öfters vokalisch; die Verwandlung des *l* in *u* tritt nur vor Konsonanten ein (daher *ils valent;* vgl. *à l'animal).*

4. Stamm *pren* — *prendre*
— *moul* — *moudre*
— *cous* — *coudre*
— *connaiss* — *connaître*
— *paraiss* — *paraître*
— *naiss* — *naître*
venir — *je viendrai*
vouloir — *je voudrai*
valoir — *je vaudrai*
falloir — *il faudra.*

d oder *t* ist zwischen mehreren Konsonanten eingeschoben worden; der der Einschiebung vorausgehende Konsonant ist später verstummt (besonders *s)* oder in *u* verwandelt worden *(l).*

5. Stamm *emploi* — *employer, nous employons etc.*
— *envoi* — *envoyer, nous envoyons etc.*
je crois — *nous croyons, vous croyez, je croyais*
je vois — *nous voyons, vous voyez, je voyais*
(vgl. *loi* — *loyal*, *roi* — *royal.*)

Des Wohllauts wegen wird zwischen *oi* (wa) und vokalisch anlautender Endung j eingeschoben (die Buchstaben *ij* verschmelzen in der Schrift zu *y).*

Anm. *Payer* kann in allen Formen j annehmen (Schreibung: *y)*; vgl. *abbaye* (abeji) Abtei.

6. *Ouvrir* — *j'ouvre*
cueillir — *je cueille* — *je cueillerai*
(vgl. *donner*)
acquérir *j'acquerrai*
mourir *je mourrai*
courir *je courrai*
(vgl. *voudre.*)

Bei einigen Verben findet im Präsens und Futur Übergang in andere Konjugationen statt.

7. *Être* — *sois, soyons, soyez*
avoir — *aie, ayons, ayez*
vouloir — *veuille, veuillons, veuillez*
savoir — *sache, sachons, sachez.*

Der Imperativ ist dem Konjunktiv entlehnt; jedoch mit Abweichungen bei *vouloir* und *savoir.*

4*

8. *Avoir — ayant*
savoir — sachant.

Das Partizip Präsens lehnt sich an den Konjunktiv an; merke *savant* ‚gelehrt'.

Vaillant und *puissant*, welche sich auch an den Konjunktiv anlehnen, sind nur als Adjektiva gebräuchlich.

9. Sonstige Abweichungen:

a) *Vous êtes, faites, dites.*
b) *Ils ont, sont, font vont.*
c) *Je vais, tu vas, il va (va-t-il?) ils vont; j'irai.*
Je suis, tu es, il est, nous sommes, vous êtes, ils sont; je serai.

10. Abweichungen im hist. Perfekt und Part. Perfekt[1]):

a) auf *i* (gekürzte Formen):

	Hist. Perf.	Part. Perf.
fuir	— *je fuis*	— *fui; la fuite* ‚die Flucht'
acquérir	— *j'acquis*	— *acquis*
mettre	— *je mis*	— *mis*
prendre	— *je pris*	— *pris*
dire	— *je dis*	— *dit*
faire	— *je fis*	— *fait*
naître	— *je naquis*	— *né*
rire	— *je ris*	— *ri*
s'asseoir	— *je m'assis*	— *assis; être assis* ‚sitzen'
voir	— *je vis*	— *vu;*

b) auf *u*:

mourir	— *il mourut*	— *mort*
courir	— *je courus*	— *couru (il a couru)*
valoir	— *je valus*	— *valu*
falloir	— *il fallut*	— *fallu*
vouloir	— *je voulus*	— *voulu;*

gekürzte Formen:

connaître	— *je connus*	— *connu*
paraître	— *je parus*	— *paru (il a paru)*
plaire	— *je plus*	— *plu*

---

[1]) Besondere Formen sind durch den Druck hervorgehoben und am Schluß nochmals zusammengestellt

	Hist. Perf.	Part. Perf.
boire	— *je bus*	— *bu*
croire	— *je crus*	— *cru*
croître	— *je crûs*	— *crû*
lire	— *je lus*	— *lu*
vivre	— *je vécus*	— *vécu*
devoir	— *je dus*	— *dû, due*
		dus, dues
apercevoir	— *j'aperçus*	— *aperçu*
pouvoir	— *je pus*	— *pu*
mouvoir	— *je mus*	— *mû, mue*
		mus, mues
avoir	— *j'eus*	— *eu*
savoir	— *je sus*	— *su*
pleuvoir	— *il plut*	— *plu*
venir	— *je vins*	— *venu*
tenir	— *je tins*	— *tenu;*
	nur im Part. Perf. kürzer:	
écrire	— *j'écrivis*	— *écrit*
craindre	— *je craignis*	— *craint*
atteindre	— *j'atteignis*	— *atteint*
joindre	— *je joignis*	— *joint*
conduire	— *je conduisis*	— *conduit*
construire	— *je construisis*	— *construit.*

Besondere Abweichungen:

a) Hist. Perf.:

venir	— *je vins*	*naître*	— *je naquis*
tenir	— *je tins*	*être*	— *je fus*
vivre	— *je vécus*	*avoir*	— *j'eus.*

b) Part. Perf.:

1.	*acquérir* — *acquis, e*		3.	*mourir* — *mort, e*	
	mettre — *mis, e*			*craindre* — *craint, e*	
	prendre — *pris, e*			*atteindre* — *atteint, e*	
	s'asseoir — *assis, e*			*joindre* — *joint, e*	
2.	*écrire* — *écrit, e*			*faire* — *fait, e*	
	conduire — *conduit, e*		4.	*offrir* — *offert, e*	
	construire — *construit, e*			*ouvrir* — *ouvert, e*	
	dire — *dit, e*		5.	*être* — *été*	
				naître — *né, née.*	

57 **II. Die Merkformen der sog. unregelmäfsigen Verba.**

Vorbemerkung.

Bei den Verben können in der Regel die einzelnen Zeiten in folgender Weise abgeleitet werden:

1. vom **Infinitiv**	*donn-er*	*fin-ir*	*romp-re*	*dev-oir*
a) das Futur	*je donn-er-ai*	*fin-ir-ai*	*romp-r-ai*	*dev-r-ai*
b) der Konditional	*je donn-er-ais*	*fin-ir-ais*	*romp-r-ais*	*dev-r-ais*
c) das Präsens	*je donn-e*	*fin-i-s*	*romp-s*	
d) das hist. Perf.	*je donn-ai*	*fin-is*	*romp-is*	*(voul-us)*
e) das Part. Perf.	*donn-é*	*fin-i*	*romp-u*	*(voul-u);*

2. vom **Präs. Ind.** 1. **Plur.**	*nous donn-ons*	*fin-iss-ons*	*romp-ons*
a) das Imperf.	*je donn-ais*	*fin-iss-ais*	*romp-ais*
b) das Part. Präs.	*donn-ant*	*fin-iss-ant*	*romp-ant;*

3. vom **Präs. Ind.** 3. **Plur.**	*ils donn-ent*	*fin-iss-ent*	*romp-ent*
das Präs. Konj.	*je donn-e*	*fin-iss-e*	*romp-e;*

4. vom **hist. Perf.** 2. **Sing.**	*tu donn-as*	*fin-is*	*romp-is*
das Imperf. Konj.	*je donn-asse*	*fin-isse*	*romp-isse.*

Nach diesen Ableitungsregeln können von den folgenden Merkformen alle übrigen Formen abgeleitet werden; doch ist dabei das Lautgesetz 2 (S. 8) zu beobachten, demzufolge es wohl heifst:

Ind. Präs.	*je viens*	*ils viennent;*	aber	*nous venons*	*vous venez*
„ „	*je dois*	*ils doivent;*	aber	*nous devons*	*vous devez*
Konj. Präs.	*je vienne*	*ils viennent;*	aber	*nous venions*	*vous veniez*
„ „	*je doive*	*ils doivent;*	aber	*nous devions*	*vous deviez.*

---

1. Konjugation.

1. *Commencer* — *nous commençons*
manger — *nous mangeons.*

---

2. *j'emploie* — *nous employons* — *j'emploierai*
j'appuie — *nous appuyons* — *j'appuierai*
Merke: *je paie* und *je paye.*

---

3. *répéter — je répète — je répéterai*
protéger — je protège — je protégerai.

4. *mener — je mène — je mènerai*
appeler — j'appelle — j'appellerai
jeter — je jette — je jetterai
Aber: *acheter — j'achète — j'achèterai.*

5. *aller — je vais — ils vont — j'irai — j'aille*
Imper. va (vas-y)
j'envoie — nous envoyons — j'enverrai.

2. Konjugation.

1. *Partir — je pars* *dormir — je dors* *servir — je sers*
(nous partons) *(nous dormons)* *(nous servons).*

2. *fuir — nous fuyons*
vêtir — je vêts — j'ai vêtu
bouillir — je bous.

3. *ouvrir — j'ouvre — j'ai ouvert*
Ebenso: *couvrir, découvrir, offrir* u. *souffrir.*
cueillir — je cueille — je cueillerai.

4. *venir — je viens — je vins — je viendrai — je suis venu*
tenir — je tiens — je tins — je tiendrai — j'ai tenu.

5. *acquérir — j'acquiers — ils acquièrent — j'acquis —*
j'acquerrai — j'ai acquis
mourir — je meurs — il mourut — il mourra — il est mort
courir *je courus — je courrai — j'ai couru.*

3. Konjugation.

1. *Vendre — il vend*
vaincre — nous vainquons — je vainquis
battre — je bats — il bat.

2. *suivre — je suis — nous suivons*
vivre — je vis — nous vivons — je vécus — j'ai vécu
écrire — j'écris — nous écrivons — j'ai écrit.

3. mettre — je mets — nous mettons — je mis — j'ai mis
prendre — je prends — nous prenons — je pris — j'ai pris.

4. conduire — je conduis — nous conduisons — j'ai conduit
construire — je construis — nous construisons — j'ai construit
cuire — je cuis — nous cuisons — j'ai cuit.

4a. luire — je luis — nous luisons — j'ai lui
nuire — je nuis — nous nuisons — j'ai nui.

5. craindre — je crains — nous craignons — j'ai craint
atteindre — j'atteins — nous atteignons — j'ai atteint
joindre — je joins — nous joignons — j'ai joint.

6. dire — je dis — nous disons — vous dites — j'ai dit
maudire — je maudis — nous maudissons — vous maudissez — j'ai maudit
faire — je fais — nous faisons (—fəzõ) — vous faites — ils font — je ferai — je fasse — nous fassions — j'ai fait
suffire — je suffis — nous suffisons — j'ai suffi
confire — je confis — nous confisons — j'ai confit.

7. boire — je bois — nous buvons — je bus — j'ai bu
croire — je crois — nous croyons — je crus — j'ai cru
croître — je croîs — nous croissons — je crûs — j'ai crû.

8. connaître — je connais — nous connaissons — je connus —
— (il connaît) j'ai connu
naître — je nais — nous naissons — je naquis —
(il naît) je suis né.

9. plaire — je plais — nous plaisons — je plus — j'ai plu
(il plaît)
taire — je tais — nous taisons — je tus — j'ai tu.

10. lire — je lis — nous lisons — je lus — j'ai lu
rire — je ris — nous rions — je ris — j'ai ri
conclure — je conclus — nous concluons — je conclus — j'ai conclu.

11. *résoudre — je résous — nous résolvons — je résolus —*
j'ai résous, te (résolu)
absoudre — j'absous — j'ai absous, te
dissoudre — je dissous — j'ai dissous, te.

---

12. *coudre — je couds — nous cousons*
moudre — je mouds — nous moulons — je moulus.

Endung *oir*.

1. *voir — je vois — nous voyons — je vis —*
je verrai — j'ai vu
s'asseoir — je m'assieds — nous nous asseyons — je m'assis —
je m'assiérai — je me suis assis.

---

2. *devoir — je dois — je dus — j'ai dû*
recevoir — je reçois — je reçus — j'ai reçu.

---

3. *valoir — je vaux — je valus — je vaudrai — je vaille —*
ils valent — vaillent
falloir — il faut — il fallut — il faudra — il faille.

---

4. *vouloir — je veux — je voulus — je voudrai — je veuille —*
Imperat. *veuille*
pouvoir — je peux (je puis) — je pus — je pourrai —
je puisse, nous puissions — j'ai pu
mouvoir — je meus — je mus — j'ai mû.

---

5. *savoir — je sais, ils savent — je sus — je saurai —*
je sache, nous sachions — j'ai su — Imperat. *sache*
pleuvoir — il pleut — il plut — il a plu.

III. Übersicht der verwandten Wortformen nach ihrer Bildung, bezw. Verwandtschaft.

1) Stamm.

Mask.

l'emploi
l'envoi
le renvoi
l'appui
le règne
l'appel
le rappel
l'accueil
le recueil

—

l'entretien
le maintien
le soutien

Fem.

l'offre
la paye

mit *ment:*

le commencement
le payement
le mouvement
le vêtement
le consentement
l'accroissement m.
le décroissement

—

le sentiment

—

l'affranchissement m.
l'avertissement m.

mit *eur:*

l'acheteur m.
le vainqueur
le vendeur
l'entrepreneur m.
le faiseur
le confiseur
le buveur
le connaisseur
le receveur

—

le bienfaiteur
le malfaiteur

2) Infinitiv.

le repentir
le souvenir
les vivres m.
le dire
le rire
le sourire
le revoir
le devoir
le pouvoir

3) Part. Präs.

a) Adjektiva.

vivant
bienfaisant
croyant
plaisant
savant

—

vaillant
puissant
bienveillant

b) Substantiva.

1. Mask.

le commençant
le conquérant
le combattant

2. Fem.

la servante

3. Abgeleitete Subst.

la souffrance
la bienfaisance
la suffisance
la croyance
la croissance
la connaissance
la naissance

—

la vaillance
la bienveillance
la puissance

4) Part. Perf.

a) Mask.

le bouilli
le couvert
le contenu
l'écrit
le compromis
le produit
le teint
l'interdit
le fait
le bienfait
le décousu
le reçu
l'aperçu

—

l'employé
l'envoyé
le protégé
le parvenu
le mort
le proscrit
le commis

von alter Form:

le cours
le concours
le discours
le recours
le secours

b) Fem.

la jetée
l'allée
la dictée
la sortie
la bouillie
la découverte
la fuite
la venue
la tenue
la prise
l'entreprise
la surprise
la conduite
la crainte
la contrainte
la plainte
l'atteinte
la feinte
la défaite
la crue
la vue
la revue
les assises

von alter Form:

la conquête
l'enquête
la course
la vente
la dette
la recette
la suite
l'émeute
la promesse

NB. Vergleiche die Wortformen mit der Bedeutung der Wörter.

5) Sonstige Wortbildungen.

a) Adjektiva

productif
constructif
destructif
instructif

—

croyable
incroyable
nuisible

b) Substantiva.

1. auf *eur:*

le protecteur
le serviteur
le producteur
le conducteur
le constructeur
le destructeur
le dictateur
le facteur
le bienfaiteur
le malfaiteur
le lecteur
l'électeur m.

2. auf *ion:*

la protection
la conviction
la production
la réduction
la traduction
la construction
la destruction
l'instruction f.
la jonction
la restriction
la diction
la bénédiction
la contradiction
l'interdiction f.
la malédiction
la prédiction
la faction
la satisfaction
l'élection f.

—

la description
l'inscription f.
la prescription
la proscription
la souscription

—

la répétition
la convention
l'intervention f.
la détention
l'acquisition f.
la disparition
la résolution
la réception
la déception
la motion
l'émotion f.

—

la mission
l'admission f.
la commission
l'omission f.
la permission
la soumission

—

la conclusion

—

la prévision
la revision

3. auf *çon* u. *sson:*

la leçon
la façon
la boisson

4. auf *ure:*

l'ouverture f.
la couverture
l'écriture f.
la ceinture
la peinture
la teinture
la confiture
la lecture
la couture

5. sonstige Endungen:

le peintre
le serf
le bouillon
le dicton
le dictionnaire
l'achat m.
la bataille
le bataillon
la valeur
la volonté
le plaisir
le déplaisir
la plaisanterie
la sagesse
l'électorat m.

59 **Genus der mit Verben verwandten Substantiva.**

Männlich sind die Substantiva in der Form

1. des Stammes (aufser einigen, nicht allen, auf *e*);
2. des Stammes mit *ment* und *eur*;
3. des Infinitivs;
4. des Maskulinums der beiden Partizipien.

Weiblich sind die Substantiva

1. in der Femininform der beider Partizipien;
2. auf *ance*, *tion*, *ssion*, *çon*, *sson*, *ure*.

ARTIKEL UND SUBSTANTIV.

1. Geschlecht der Substantiva.

Le livre das Buch *la plume* die Feder 60
un livre *une plume.*

Die franz. Substantiva sind entweder männlich oder weiblich; das Geschlecht wird in der Regel durch die Form des Artikels unterschieden.

L'ami der Freund *l'amie* die Freundin
l'hôtel das Gasthaus; aber
le hêtre die Buche *la haine* der Hafs.

Vor Vokalen und meistens vor *h* wird der Artikel gekürzt.

a) *la pomme* der Apfel — *le pommier* der Apfelbaum 61
la poire die Birne — *le poirier* der Birnbaum
la framboise die Himbeere — *le framboisier* der Himbeerstrauch
la garde die Wache — *le garde* der Wächter
la vapeur der Dampf — *le vapeur* der Dampfer
la mémoire das Gedächtnis — *le mémoire* die Denkschrift, die Rechnung

b) *la France* — *le Portugal*
la Seine — *le Rhin.*

Aber: *le Hanovre, le Rhône, le Danube, le Tibre.*

c) *l'autorité* f. das Ansehen — *le changement* der Wechsel
l'amitié f. die Freundschaft — *le chapeau* der Hut
la passion die Leidenschaft — *le travail* die Arbeit
la leçon die Unterrichtsstunde — *le courage* der Mut
la raison die Vernunft — *le cortège* der Zug

la douleur der Schmerz; aber *un honneur* eine Ehre; ebenso natürlich *le conducteur* der Schaffner und alle auf *eur*, welche Personen bezeichnen.

Regel:

a) **Weiblich** sind die Namen der Früchte, **männlich** die Namen der Bäume und Sträucher;

b) **weiblich** sind die Namen der Länder und Flüsse auf stummes *e*, **männlich** die übrigen;

c) weibliche Endungen	männliche Endungen
té, tié	***ment***
ation, çon, son	***eau***
eur	***ail***
	age, âge.

Weiteres siehe bei den unregelmäfsigen Verben, besonders die Übersicht S. 57—60 u. § 59 S. 60.

Zusätze 1. *La vapeur* der Dampf — *le vapeur* der Dampfer
la mémoire das Gedächtnis — *le mémoire* die Denkschrift, Rechnung
le pendule der Pendel — *la pendule* die Pendeluhr, Standuhr.

Manche Substantive wechseln das Geschlecht, sobald sie übertragene Bedeutung haben.

2. *Le livre* das Buch — *la livre* das Pfund.

Einzelne Substantive mit doppelter Bedeutung haben verschiedenen Ursprung und darum verschiedenes Geschlecht.

3. *Gens* ‚Leute', früher Femininum, ist jetzt Maskulinum; aber unmittelbar vorangehende Adjektiva stehen bei *gens* noch im Femininum, wie aus folgenden Beispielen hervorgeht:

a) *tous les gens sensés*
tous les gens
tous les habiles gens

b) *les bonnes gens*
toutes les bonnes gens
quelles méchantes gens.

2. Pluralbildung der Substantiva und Adjektiva.

a) *Le livre est bon* — ***les*** *livre**s*** *sont bon**s***
la plume — ***les*** *plume**s***
un *livre* — ***des*** *livre**s***
une *plume* — ***des*** *plume**s**.*

Der Plural wird durch Zufügung eines *s* bezeichnet. Als Plural zu *un* und *une* gilt *des*.

Le chapeau — *les chapeaux*

le jeu das Spiel — *les jeux*

auch: *le genou* das Knie — *les genoux*.

Nach *au* und *eu* wird statt *s* im Plur. *x* geschrieben (vgl. § 9, 3 S. 6). Ausnahme: *bleu* (‚blau‘) Plur. *bleus*.

Le bras der Arm — *les bras*

la voix die Stimme — *les voix*

le nez die Nase — *les nez*

l'homme heureux der glückliche Mensch — *les hommes heureux*.

Substantiva und Adjektiva, welche schon im Sing. *s*, *x* oder *z* haben, bleiben im Plur. unverändert.

b) Sing. *le livre* (lə-livr) — *la plume* (la-plym)
Plur. *les livres* (le-livr) — *les plumes* (le-plym).

Lautlich werden Sing. und Plur. auſser der Bindung in der Regel nur am Artikel unterschieden.

Durch die Bindung wird in manchen Fällen lautlich der Unterschied zwischen Sing. und Plur. wiederhergestellt: *le gentilhomme* — *les gentilshommes*; *mon frère arrive* — *mes frères arrivent*.

L'animal das Tier — *les animaux*

le travail die Arbeit — *les travaux*.

Am Subst. tritt der Plur. lautlich hervor bei den Wörtern auf *al* und *ail*, ebenso bei den Subst. *ciel* ‚Himmel‘, *œil* ‚Auge‘, sowie bei *aïeul* ‚Groſsvater‘.

le ciel (lə-sjɛl) — *les cieux* (le-sjə)

l'œil (ləj) — *les yeux* (lez-jə)

l'aïeul (lajəl) — *les aïeux* (lez-ajə) die Ahnen
— *les aïeuls* (lez-ajəl) die Groſsväter.

Anm. 1. *Bal* (‚Ball‘) hat im Plural *bals* (M. 64, 22).

2. *Fatal* (‚verhängnisvoll‘), *glacial* (‚eisig‘) und einige andere Adjektiva auf *al* bilden keinen Plural des Mask.; nötigenfalls werden sie durch sinnverwandte Wörter ersetzt (für *fatal* — *funeste*, für *glacial* — *de glace*).

3. Lautlicher Unterschied ist auch in *l'œuf* (ləf) m. ‚das Ei‘ Pl. *les œufs* (lez-ə), *le bœuf* (lə-bəf) m. ‚der Ochs‘ Pl. *les bœufs* (le-bə) u. e. a.

66 Zusätze 1. *Les chefs-lieux* (M. 108, 30) — *les basses-cours* (M. 101, 19) — *les gentilshommes* (M. 12, 22).

Bei zusammengesetzten Subst., welche aus zwei Subst. oder aus Adj. und Subst. bestehen, erhalten beide Teile der Zusammensetzung das Pluralzeichen.

2. *Les Hôtels-Dieu* — *les timbres-poste* — *les chemins de fer.*

Manchmal ist der zweite Teil der Zusammensetzung nähere Bestimmung zum ersten (zuweilen durch eine Präposition angefügt) und bleibt dann unverändert.

3. Die Behandlung anderer Zusammensetzungen ergibt sich aus folgenden Beispielen:

a) *les porte-monnaie* — *les passe-partout*

(der erste Teil ist ein Imperativ)

b) *les avant-gardes* — *les arrière-gardes*

(der erste Teil ist eine Präposition oder ein Adverb).

67 **3. Ersatz der Deklination.**

Le garçon = der Knabe und den Knaben.
De l'animal = des Tieres — *à l'animal* = dem Tier.

Nominativ und Akkusativ sind im Franz. gleich.

Der Genitiv wird durch die Präposition *de*, der Dativ durch die Präposition *à* ersetzt.

Vor Konsonanten, auch wenn sie jetzt stumm sind, findet Kontraktion statt:

de le — (del) — du	*de les — (dels) — des*
à le — (al) — au	*à les — (als) — aux.*

Also:

der Knabe *le garçon*	die Knaben *les garçons*
des Knaben *du garçon*	der Knaben *des garçons*
dem Knaben *au garçon*	den Knaben *aux garçons*
den Knaben *le garçon*	die Knaben *les garçons*

das Tier *l'animal*	die Tiere *les animaux*
des Tieres *de l'animal*	der Tiere *des animaux*
dem Tiere *à l'animal*	den Tieren *aux animaux*
das Tier *l'animal*	die Tiere *les animaux*

die Feder *la plume*	die Federn *les plumes*
der Feder *de la plume*	der Federn *des plumes*
der Feder *à la plume*	den Federn *aux plumes*
die Feder *la plume*	die Federn *les plumes.*

DAS ADJEKTIV.

Das Adjektiv bildet den Plural wie das Substantiv: 68
le bon garçon — *les bons garçons*; vgl. §§ 63—66.

Aufserdem hat das Adjektiv meist eine besondere 69
Femininform. Endigt das Maskulinum schon auf *e*, so bleibt das Femininum unverändert; z. B.

jeune — *facile*.

Andernfalls wird das Femininum durch Hinzufügung eines stummen *e* bezeichnet:

grand — *grande*
petit — *petite*.

Da im Französischen die Endkonsonanten der Wörter gewöhnlich stumm sind, so enthält meist das Femininum die ursprüngliche Form des Adjektivs vollständiger.

Zus. *Il avait grand'soif* (73, 31).

In einigen Ausdrücken ist *grand'* (grã) Femininform; so auch in *grand'mère*, *grand'route*.

Mit der Zufügung eines *e* sind häufig Änderungen teils blofs 70
orthographischer, teils auch lautlicher Natur verbunden, wie folgende Übersicht zeigt:

a)	*mortel* — *mortelle*			*faux* — *fausse*	
	cruel — *cruelle*			*doux* — *douce*	
	pareil — *pareille*		c)	*bon* — *bonne*	
	net — *nette*			*baron* — *baronne*	
	public — *publique*			*chrétien* — *chrétienne*	
	fier — *fière*			*chien* — *chienne*	
b)	*long* — *longue*			*voisin* — *voisine*	
	blanc — *blanche*			*paysan* — *paysanne*	
	franc — *franche*			*bénin* — *bénigne*	
	frais — *fraîche*			*malin* — *maligne*	
	favori — *favorite*		d)	*léger* — *légère*	
	épais — *épaisse*			*premier* — *première*	
	muet — *muette*			*dernier* — *dernière*	
	secret — *secrète*			*jardinier* — *jardinière*	
	heureux — *heureuse*				

Nebenformen

c) *beau* — *bel* — *belle*
nouveau — *nouvel* — *nouvelle*
mou — *mol* — *molle*
fou — *fol* — *folle*
vieux — *vieil* — *vieille.*

Bemerk. zu *c.* Die Nebenformen stehen vor vokalischem Anlaut: *un nouvel effort; un si bel exploit* (109, 36); *vieux* kann vor Vokalen und Konsonanten stehen.

Zus. 1. Wegen *public* u. *long* siehe S. 5 Anm. 3 u. 4; *favori* vgl. mit *partir — je pars; épais* vgl. mit *je connais — je connaisse; bénin* u. *malin* vgl. mit *je ceins — je ceigne.*

2. Beachte die häufige Verdoppelung der Konsonanten im Femininum.

71 Die Adjektiva und Substantiva auf *eur.*

1. *inférieur* — *inférieure*
meilleur — *meilleure*
2. *flatteur* — *flatteuse*
trompeur — *trompeuse*
danseur — *danseuse*
3. *vengeur* — *vengeresse*
4. Substantiva:
a) *acteur* — *actrice*
directeur — *directrice*
b) *empereur* — *impératrice*
chanteur — *cantatrice* (bedeutende Sängerin)
Nebenform: *chanteuse.*

72 Sonstige Substantiva mit besonderer Femininform.

a) *abbé* — *abbesse*
comte — *comtesse*
duc — *duchesse*
maître — *maîtresse*
prince — *princesse*
b) *gouverneur* — *gouvernante*
serviteur — *servante*
héros — *héroïne.*

Zus. 1. Gleiche Form für Mask. und Fem.:
un enfant ein Knabe — *une enfant* ein Mädchen.

2. Einige Subst. bleiben, auch in Bezug auf Frauen gebraucht, männlich z. B. *un écrivain, un auteur* auch ‚eine Schriftstellerin', *le témoin* auch ‚die Zeugin'

Vgl. im Deutschen ‚der Gast, der Besuch'.

3. Einzelne der oben angeführten Adj. werden auch als Subst. gebraucht, so *flatteur* (‚Schmeichler'), *fou* (‚Thor'); einzelne Subst. stehen auch adjektivisch, z. B. *maître* in *maître autel* (‚Hauptaltar').

Zur Wortbildung. 73

1. Adjektiva werden von Verben abgeleitet:

a) *remarquer*	—	*remarquable*		mit *iss*	
considérer	—	*considérable*	*saisir*	—	*saisissable*
convenir	—	*convenable*	b) *lire*	—	*lisible*
croire	—	*croyable*	*nuire*	—	*nuisible*

2. Verba werden von Adjektiven abgeleitet:

blanc	—	*blanchir*	*grand*	—	*grandir*
pâle	—	*pâlir*	*profond*	—	*approfondir*
rouge	—	*rougir*		———	
aigre	—	*aigrir*	*clair*	—	*éclaircir*
	———		*noir*	—	*noircir*
beau	—	*embellir*	*obscur*	—	*obscurcir.*

Steigerung des Adjektivs.

Das Adjektiv wird in der Regel durch Umschreibung gesteigert: 74

grand — *plus grand* — *le plus grand*
groſs größser der gröſste.

Statt des Artikels kann das Possessiv stehen:
tout le monde avait ses plus beaux habits (M. 52, 24), aber
tout le monde avait ses habits les plus beaux und
les sources les plus abondantes (M. 111, 19).

Einige Komparativformen sind noch erhalten (vgl. § 82): 75

bon	—	*meilleur*	—	*le meilleur*
gut		besser		der beste
mauvais	—	*pire*	—	*le pire*
schlimm		schlimmer		der schlimmste
petit	—	*moindre*	—	*le moindre*
gering		geringer		der geringste.

Zus. ‚Schlechter' heiſst *plus mauvais*, ‚der schlechteste' *le plus mauvais*;
‚kleiner' heiſst *plus petit*, ‚der kleinste' *le plus petit*.

76 Alleinstehende Komparative:

antérieur à früher als
postérieur à später als
supérieur à höher als (M. 18, 21).
inférieur à geringer als
intérieur inner
extérieur äufser und einige andere.

77 Alleinstehende Superlative:

extrême äufserst
suprême höchst
prochain nächst.

Anm. **Man sagt**: *la semaine prochaine, le mois prochain, la ville prochaine* (Reihenfolge), aber: *la ville la plus prochaine* (von mehreren nahegelegenen Städten die nächste).

Als Superlative werden gebraucht:

l'aîné der ältere, älteste
le puîné der jüngere, jüngste
le premier der erste und alle Ordnungszahlen
le dernier der letzte
l'unique der einzige u. a.

DAS ADVERBIUM.

Das Adverb zu *bon* heifst *bien*, 78
" *mauvais* " *mal*,
" *petit* " *peu*.

Sonst wird von der Femininform des Adjektivs das Adverb abgeleitet durch Anhängung des alten weiblichen Subst. *ment* (= Weise): 79

heureux — *heureuse* — *heureusement*
wörtlich ‚glücklicher Weise'.

Abweichungen in der Bildung. 80

1. Früher waren die Adjektiva auf *ant* und *ent* einer Endung; *ment* wurde angehängt und gleichzeitig das stumm gewordene *t* ausgestofsen; daraus sind die jetzigen Formen entstanden:

constant — *constamment* bestandig
prudent — *prudemment* klug.
Aber: *présent* — *présentement* jetzt und
lent — *lentement* langsam.

2. Unmittelbar nach Vokalen ist das *e* des Femininums vor *ment* gewöhnlich ausgefallen; z. B. *joli* — *joliment*. — In *gaîment* wird der Ausfall des *e* noch durch den Zirkumflex angedeutet; *gaiement* kommt auch vor.

Ähnlich *décidé* — *décidément* sind einige Adverbien auf *ément* gebildet worden, so

aveugle — *aveuglément* blind
conforme — *conformément* übereinstimmend
impuni — *impunément* ungestraft (M. 139, 3).
commun — *communément* gemein, allgemein (M. 139, 35).

Eine Anzahl Adverbien haben pronominalen Charakter und heifsen daher Pronominal-Adverbien. 81

Die wichtigsten sind:

1. persönliche: *y* und *en* s. § 207.
2. demonstrative: *ici* hier;
   là dort, dorthin.

3. relative: *dont* wovon, dessen	4. fragende: *où* wo? wohin?
où wo, wohin	*d'où* woher?
d'où woher	*quand* wann?
quand wann	*comment* wie?
comme } wie	*combien* wie viel? wie viele?
que } wie	*pourquoi* warum?
pourquoi warum.	

Steigerung des Adverbiums.

Wie die Adjektiva werden die meisten Adverbien durch Umschreibung gesteigert:

heureusement
plus heureusement
le plus heureusement

Ausnahmen (vgl. § 75):

gut	wenig
bien — mieux — le mieux	*peu — moins — le moins*
schlimm	viel
mal — pis — le pis	*beaucoup — plus — le plus.*

Diese Formen (eigentlich Neutra der entsprechenden Adjektiv-Formen) werden auch als Substantiva gebraucht, z. B.

mieux Besseres, Bestes
le mieux das Bessere, Beste.

Beisp.: *Il ne demande pas mieux* (M. 248, 16). *Le mieux c'est de vous mettre d'accord* (M. 100, 2).

DAS ZAHLWORT.

	Grundzahlen:	Ordnungszahlen:
1	*un* (œ̃), *une* (yn)	*le premier* (–prəmje)
2	*deux* (dø)	*le second* (–zgɔ̃)
		Nebenf. *le deuxième* (–døzjɛm)
3	*trois* (trwa)	*le troisième* (–trwazjɛm)
4	*quatre* (katr)	*le quatrième* (–katrjɛm)
5	*cinq* (sɛ̃:k, sɛ̃)	*le cinquième* (–sɛ̃kjɛm)
6	*six* (sis, si:z, si)	*le sixième* (–sizjɛm)
7	*sept* (sɛt, sɛ)	*le septième*
8	*huit* (ɥit, ɥi)	*le huitième*
9	*neuf* (nœf, nø)	*le neuvième* (–nœvjɛm)
10	*dix* (dis, di:z, di)	*le dixième* (–dizjɛm)
11	*onze* (ɔ̃:z)	*le onzième*
12	*douze* (du:z)	*le douzième*
13	*treize* (trɛ:z)	*le treizième*
14	*quatorze* (katɔrz)	*le quatorzième*
15	*quinze* (kɛ̃:z)	*le quinzième*
16	*seize* (sɛ:z)	*le seizième*
17	*dix-sept* (dis-sɛt)	*le dix-septième*
18	*dix-huit* (diz-ɥit)	*le dix-huitième*
19	*dix-neuf* (diz-nœf)	*le dix-neuvième*
20	*vingt* (vɛ̃)	*le vingtième* (–vɛ̃tjɛm)
21	*vingt et un* (vɛ̃t-e-œ̃)	*le vingt et unième* (–vɛ̃t-e-ynjɛm)
22	*vingt-deux* (vɛ̃-dø)	*le vingt-deuxième* (–vɛ̃-døzjɛm)
24	*vingt-quatre* (vɛ̃t-katr)	*le vingt-quatrième*
30	*trente* (trɑ̃:t)	*le trentième*
40	*quarante* (karɑ̃:t)	*le quarantième*
50	*cinquante* (sɛ̃kɑ̃:t)	*le cinquantième*
60	*soixante* (swasɑ̃:t)	*le soixantième*
70	*soixante-dix* (swasɑ̃-dis)	*le soixante-dixième*
71	*soixante et onze* (swasɑ̃t-e-ɔ̃:z)	*le soixante et onzième*
72	*soixante-douze* (swasɑ̃-du:z) etc.	*le soixante-douzième*
77	*soixante-dix-sept* (swasɑ̃-dis-sɛt)	*le soixante-dix-septième*
80	*quatre-vingt(s)* (katrə-vɛ̃)	*le quatre-vingtième*
81	*quatre-vingt-un* (–vɛ̃-œ̃)	*le quatre-vingt-unième*
84	*quatre-vingt-quatre* (–vɛ̃-katr)	*le quatre-vingt-quatrième*
90	*quatre-vingt-dix* (–vɛ̃-dis)	*le quatre-vingt-dixième*
91	*quatre-vingt-onze* (–vɛ̃-ɔ̃:z)	*le quatre-vingt-onzième*

Grundzahlen:		Ordnungszahlen:
100	*cent* (sɑ̃)	*le centième* (—sɑ̃tjɛm)
101	*cent un* (sɑ̃-œ̃)	*le cent unième* (—sɑ̃-ynjɛm)
108	*cent huit* (sɑ̃-ɥit)	*le cent huitième*
111	*cent onze* (sɑ̃-ɔ̃:z)	*le cent onzième*
200	*deux cent(s)* (dø-sɑ̃)	*le deux centième*
201	*deux cent un* (—sɑ̃-œ̃)	*le deux cent unième*
500	*cinq cent(s)* (sɛ̃-sɑ̃)	*le cinq centième*
1000	*mille* (mil)	*le millième* (—miljɛm)
1001	*mille un* (mil-œ̃)	*le mille unième*
1100	*mille cent* (mil-sɑ̃)	*le mille centième*
	onze cent(s) (ɔ̃zə-sɑ̃)	*le onze centième*
1200	*mille deux cent(s)*	*le mille deux centième*
	douze cent(s) (duzə-sɑ̃)	*le douze centième*
2000	*deux mille*	*le deux millième*
10000	*dix mille* (di-mil)	*le dix millième.*

Bemerkungen zu den Zahlwörtern.

1. Zwischen Zehnern und Einern stehen Bindestriche; bei 21, 31 etc. steht *et* statt des Bindestrichs. — In 81, 91, 101, 201, 1001 etc. wird *et* nicht gesetzt.

2. Man schreibt *quatre-vingts, deux cents, trois cents,* wenn keine weitere Zahl folgt.

3. Man spricht: sɛ̃-sɔlda; aber alleinstehend sɛ̃:k; ebenso werden die Zahlen 6—10 behandelt. — Beim Datum lautet der Schlufskonsonant: *le cinq mai* (lə-sɛ̃k-mɛ), früher *le cinq de mai.*

4. Man schreibt *mil* in Jahreszahlen: *mil huit cent quatre-vingt-dix.* — Entsprechend dem Deutschen und Englischen sagt man oft *douze cent(s), treize cent(s),* etc.; *onze cent(s)* ist sogar das gewöhnliche.

5. Die Brüche:

la fraction (décimale); le numérateur, le dénominateur; un entier
un demi — un tiers, deux tiers
un quart, trois quarts
un cinquième, deux cinquièmes etc.
deux livres et un quart.

Cet espace est occupé aux deux tiers environ par les cérdules (M. 100, 13). — *Trois quarts d'heure.* Brüche stehen nur dann ohne Artikel, wenn auch das abhängige Substantiv ohne Artikel steht.

6. Die Uhr: *Quelle heure est-il?*
Il est une heure, une heure (et) un quart, une heure et demie, deux heures moins vingt minutes, deux heures moins un quart; trois heures précises; quatre heures passées; midi, midi et demi; minuit, minuit moins un quart. Ma montre avance, retarde (j'avance, je retarde) de dix minutes.

7. Sonstige Zeitangaben:
un quart d'heure, une demi-heure, une heure et demie; huit jours — quinze jours (M. 50, 12);
un mois — trois mois — six mois — neuf mois — quinze mois — dix-huit mois;
il y a huit jours ‚vor 8 Tagen'; *dans un mois* ‚in (d. h. nach Verlauf von) einem Monat';
en 1889;
quelle date, quel quantième avons-nous? quel jour sommes-nous? nous sommes le premier janvier, le deux mai, le trois juillet.

8. Zahladverbien:
premièrement, deuxièmement etc.
üblicher: *d'abord, puis, ensuite.*

9. Vervielfältigungszahlen:

simple einfach	*quintuple* (kųẽtypl) fünffach
double zweifach	*sextuple* sechsfach
triple dreifach	*décuple* zehnfach
quadruple (kwadrypl) vierfach	*centuple* hundertfach.

Statt *quadruple etc.* steht häufig: *quatre fois autant;* ebenso immer *sept fois, huit fois, vingt fois autant.*

10. Zahlsubstantiva:
a) *une huitaine (de jours)* *une quinzaine*
» *dizaine* » *vingtaine*
» *douzaine* » *centaine* 122, 6;
b) *un millier* (—milje) (*de personnes* M. 109, 23).
un million (—miljɔ̃) *un milliard* (—milja:r)
des milliers d'hommes; trois millions, milliards de francs; des centaines de milliers (M. 109, 23) Hunderttausende.
c) *unité* f. Einer *centaine* f. Hunderter
dizaine f. Zehner *millénaire* m. Tausender.

11. Regentennamen: *Louis premier, deux, trois etc.*
Charles cinq, roi de France; aber: *Charles-Quint, empereur d'Allemagne.*

DAS PRONOMEN.

I. Das persönliche und reflexive Fürwort.

a) Die unbetonte Form des persönlichen Fürworts.

Singular.

	1.		2.		3. Mask.		3. Fem.		3. Neutr.
	ich		du		er		sie		es
Nom.	*je*	—	*tu*	—	*il*	—	*elle*	—	*il*
Dat.	*me*	—	*te*	—	*lui*	—	*lui*	—	—
Akk.	*me*	—	*te*	—	*le*	—	*la*	—	*le*

Plural.

	1.		2.		3. Mask.		3. Fem.
	wir		ihr		sie		sie
Nom.	*nous*	—	*vous*	—	*ils*	—	*elles*
Dat.	*nous*	—	*vous*	—	*leur*	—	*leur*
Akk.	*nous*	—	*vous*	—	*les*	—	*les*

Als Genitiv steht häufig das Adverb *en* ‚davon', als Dativ das Adverb *y* ‚dort'.

b) Die betonte Form.

	1.		2.		3. Mask.		3. Fem.
	ich		du		er		sie
Sing.	*moi*	—	*toi*	—	*lui*	—	*elle*
Plur.	*nous*	—	*vous*	—	*eux*	—	*elles*

Bei der betonten Form findet Ersatz der Deklination statt, wie beim Substantiv; also:

Sing.	*de moi*	—	*de toi*	—	*de lui*	—	*d'elle*
	à moi	—	*à toi*	—	*à lui*	—	*à elle*
Plur.	*de nous*	—	*de vous*	—	*d'eux*	—	*d'elles*
	à nous	—	*à vous*	—	*à eux*	—	*à elles.*

c) **Das Reflexivum** hat nur in der 3. Person eine besondere Form: 87

unbetont *se* betont *soi.*

II. Das besitzanzeigende oder possessive Fürwort.

1. Das unbetonte (adjektivische). 88

a) In Bezug auf einen Besitzer:

		mein	dein	sein, ihr
Sing. M.		*mon*	*ton*	*son*
F.	vor vokal. Anlaut:	*mon*	*ton*	*son*
	sonst:	*ma*	*ta*	*sa*
Plur. M. F.		*mes*	*tes*	*ses*

b) in Bezug auf mehrere Besitzer:

	unser	euer	ihr
Sing.	*notre*	*votre*	*leur*
Plur.	*nos*	*vos*	*leurs.*

Beisp. *mon livre, ta plume, son amie*
il, elle a vendu sa maison, ses maisons;
notre livre, votre plume, leur maison
ils (elles) ont vendu leur maison, leurs maisons.

Anm. Ursprünglich wurden *ma, ta* und *sa* vor Vokalen gekürzt, wie der Artikel; z. B. *m'amie*, das sich erhalten hat und gewöhnlich *ma mie* geschrieben wird.

2. Das betonte (substantivische). 89

a) In Bezug auf einen Besitzer:

Sing. M.	*le mien*	*le tien*	*le sien*
F.	*la mienne*	*la tienne*	*la sienne*
Plur. M.	*les miens*	*les tiens*	*les siens*
F.	*les miennes*	*les tiennes*	*les siennes.*

b) In Bezug auf mehrere Besitzer:

Sing.	*le, la nôtre*	*le, la vôtre*	*le, la leur*
Plur.	*les nôtres*	*les vôtres*	*les leurs*

III. Das determinative und demonstrative Fürwort.

90 **1. Das unbetonte (adjektivische).**

	Sing. dieser, der	Plur.
Mask. vor vokal. Anlaut:	*cet*	*ces*
sonst:	*ce*	
Fem.	*cette*	

Anm. 1. Vor Konsonanten ist das *t* der Form *cet* ausgefallen, ähnlich wie in *je pars* von *partir*.

2. Zuweilen, besonders bei Gegenüberstellung, erhält nach dem unbetonten Demonstrativ das folgende Substantiv die Zufügung *ci* oder *là*: *ce livre-ci, cette plume-là*; deutsch: ‚dieses Buch, jene Feder'.

91 **2. Das unbetonte (substantivische).**

a) determinativ:

	Sing.	Plur.
M.	*celui* derjenige	*ceux*
F.	*celle*	*celles.*

b) demonstrativ:

M.	*celui-ci* dieser	*ceux-ci*
F.	*celle-ci*	*celles-ci.*
M.	*celui-là* jener	*ceux-là*
F.	*celle-là*	*celles-là.*

3. Neutra sind:

ce es, das
ceci dieses
cela jenes, das.

IV. Das relative Fürwort.

1. Die einfache Form.

Mask.	Fem.	Neutrum
Sing. und Plur.		nur Sing.
N. *qui* welcher		*qui* was
A. *que*		*que.*

Statt *de qui* wird gewöhnlich das Adverb *dont* gebraucht.

Nebenform des Neutrums ist das betonte *quoi.*

2. Die zusammengesetzte Form.

	Sing.	Plur.
M.	*lequel*	*lesquels*
F.	*laquelle*	*lesquelles.*

Die Zusammensetzung wird behandelt wie die einzelnen Teile; also: *duquel, desquels, desquelles, auquel, auxquels, auxquelles.*

V. Das fragende Fürwort.

1. Adjektivisch.

	Sing.	Plur.
Mask.	*quel* welcher? was für ein?	*quels*
Fem.	*quelle*	*quelles.*

2. Substantivisch.

a) Das einfache:

	Mask. und Fem.		Neutrum unbetont		Neutrum betont	
N.	*qui*	wer?	*qui*	was?	*quoi*	was?
A.	*qui*	wen?	*que*	was?		

Statt *qui* steht häufig *qui est-ce qui (que)*, statt *que: qu'est-ce qui (que): Qui est-ce qui fera le voyage?* (37, 21). — *Qu'est-ce qui est arrivé?* Was hat sich ereignet? *Qu'est-ce que vous voulez, l'ami?* (51, 9). *Qu'est-ce que c'est donc que le mardi gras* (M. 206, 17).

b) Das zusammengesetzte:

	Sing..		Plur.
Mask.	*lequel*	welcher? wer?	*lesquels*
Fem.	*laquelle*		*lesquelles*

VI. Die Indefinita.

1. *On, l'on* ‚man'.

	Mask.	Fem.	
2.	*Certain*	*certaine*	ein gewisser
	différents	*différentes*	verschiedene
	divers	*diverses*	verschiedene
	maint	*mainte*	mancher
	plusieurs	(Mask. u. Fem.)	mehrere
	tel	*telle*	solcher
	tout	*toute*	jeder
	tout	*toute*	ganz, all'
	tous	*toutes*	alle
	le même	*la même*	derselbe.

	Adjektivisch	Substantivisch	
3.	*Chaque*	*chacun*, *chacune*	jeder
	quelque irgend	*quelqu'un*, *quelqu'une*	jemand
		quelque chose	etwas
	quelques	*quelques-uns*, *quelques-unes*	einige

quelconque jeder beliebige *quiconque* wer auch immer.

Anm. 1. *Il paraissait par dessus tous* (sprich: tus) *depuis les épaules* (SS, 15). Wenn *tous* nicht als Attribut einem Subst. vorangeht, ist tus zu sprechen.

2. Die unter Nr. 3 aufgezählten Fürwörter werden durch Zusatz von *un*, *une* substantivisch; bei *chacun* ist zugleich die Schreibung geändert.

3. *Chacune de ces corporations* (M. 44, 13).

Die substantivische Form steht auch dann, wenn das Substantiv mit *de* (im Plural) folgt.

Schlufsbemerkung zu den Fürwörtern.

Sämtliche adjektivische Fürwörter werden von den Franzosen als Adjektiva mit pronominalem Charakter angesehen; insbesondere die adjektivischen Formen der sog. Indefinita kennzeichnen sich durch ihre Flexion als Adjektiva.

DIE PRÄPOSITIONEN.

---

1. Einfache (eigentliche) Präpositionen. 97

de von, aus
à zu, nach, an, in
après nach
avant vor (zeitlich)
avec mit
chez bei
contre gegen
depuis, *dès* } seit
dans, *en* } in
devant vor (räumlich)
entre zwischen, unter
envers gegen
malgré trotz
par durch, von (beim Passiv)
parmi unter
pour für
sans ohne
selon gemäfs
sous unter
sur auf
vers gegen.

Ursprungliche Partizipien:

excepté aufser
pendant während
suivant gemäfs.

Zusammengesetzte (uneigentliche) Präpositionen. 98

à l'aide de mit Hülfe von
au bout de nach (Verlauf von)
à cause de wegen
à côté de neben
au delà de jenseits
au-dessous de unter
au-dessus de über
au-devant de entgegen
d'après gemäfs
en deçà de diesseits
en dépit de trotz
en face de, *vis-à-vis de* } gegenüber
en vertu de kraft
faute de aus Mangel an
grâce à dank
afin de um zu
au lieu de anstatt
à moins de ohne
au milieu de mitten in
au moyen de durch, vermittelst
auprès de bei, im Vergleich mit
autour de um
à travers, *au travers de* } (mitten) durch
le long de längs
lors de zur Zeit
par rapport à mit Bezug auf
par suite de infolge von
près de bei
quant à was anbetrifft.

DIE KONJUNKTIONEN.

A. Beiordnende Konjunktionen.

a) Verbindend:

et und

et . . . et | *tant . . . que* } sowohl . . . als auch (M. 156, 32)

ni und nicht

ni . . . ni (beim Verb *ne)* weder . . . noch (13, 15; 58, 5)

aussi auch

ainsi que sowie (132, 2 u. 26; M. 50, 7; 62, 33)

non seulement . . . mais encore nicht nur . . . sondern auch (110, 37).

Anm. *Ainsi que* ‚so wie' ist nicht zu verwechseln mit *de sorte que* ‚so daſs'.

b) Unterscheidend:

ou oder

ou . . . ou entweder . . . oder

soit . . . soit sei es . . . sei es.

c) Gegenüberstellend:

mais aber

cependant indessen, jedoch

pourtant doch

toutefois jedoch.

d) Begründend:

car denn

donc also, daher.

Donc lautet betont und in der Bindung dɔ̃:k, sonst dɔ̃.

B. Unterordnende Konjunktionen.

Sie sind fast alle mit *que* zusammengesetzte adverbiale Ausdrücke oder Partizipien. Öfters ist *ce* ausgefallen;

z. B. *pendant (ce) que* während (-dem daſs), manchmal auch *de ce* oder *à ce*:

au lieu (de ce) que anstatt daſs,

de manière (à ce) que so daſs; in diesen Fällen ist *que* ursprünglich relativ.

Die unterordnenden Konjunktionen können bezeichnen

mit dem Indikativ	mit dem Konjunktiv

a) die Zeit:

mit dem Indikativ	mit dem Konjunktiv
quand, *lorsque* } als	*avant que* bevor
dès que, *aussitôt que* } sobald als	*jusqu'à ce que* bis.
pendant que, *tandis que* } während	Vergl. § 146 b.
tant que so lange als	
après que nachdem	

Nach *quand, lorsque, dès que, aussitôt que* und *après que* steht gewöhnlich das 2. Plusquamperfekt; vgl. § 135, 2.

b) den Grund:

mit dem Indikativ	mit dem Konjunktiv
comme da	
parce que weil	
puisque da ja.	

c) die Art und Weise:

mit dem Indikativ	mit dem Konjunktiv
ainsi que sowie	*non que* nicht als ob
comme wie	*loin que* weit entfernt dafs
	sans que ohne dafs.
	Vergl. § 147 b.

d) eine Bedingung:

mit dem Indikativ	mit dem Konjunktiv
si wenn	*en (au) cas que* im Falle dafs
au cas où, *dans le cas où* } im Falle dafs, falls	*à moins que . . . ne* wofern nicht
	pourvu que, *supposé que* } vorausgesetzt dafs.
	Vergl. § 147 b.

e) eine Einräumung:

mit dem Indikativ	mit dem Konjunktiv
quand même selbst wenn	*quoique*, *bien que*, *encore que* } obgleich.
	Vergl. § 144 b.

mit dem Indikativ	mit dem Konjunktiv
	f) eine Absicht:
	afin que / *pour que* } damit
	de peur que / *de crainte que* } damit nicht.
	Vergl. § 146 b und § 145, 4.

g) eine Folgerung:

de sorte que / *de façon que* / *de manière que* } sodafs. { Auf diese folgt der Konjunktiv nur dann, wenn eine Absicht vorliegt; vergl. § 146 b und Zusatz 3.

10 **Die Interjektionen**

sind der unmittelbare Ausdruck von Empfindungen oder Willensäufserungen.

Die gewöhnlichsten sind

ah! ei! *hé!* he!
hélas (ela:s)! ach! *oh!* oh!

Andere Wörter und Ausdrücke werden auch als Interjektionen gebraucht:

bon! gut! *eh bien!* nun wohl!
ma foi! meiner Treu!

SYNTAX.

Die Syntax betrachtet den Satz als Ganzes und die Worte als Teile desselben. Sie behandelt daher:

1. die Anordnung oder Stellung der Satzglieder,
2. die einzelnen Wortarten als Glieder des Satzes.

DIE STELLUNG.

1. Der einfache Satz.

a) *Le maître a loué l'élève.*

b) *Cet homme est un anthropophage* (14, 27).

c) *Il fallait tromper les Suisses qui gardaient les principaux défilés des Alpes* (111, 31).

a) Da Nominativ und Akkusativ im Franz. gleiche Form haben, so werden Subjekt und Objekt durch die Stellung unterschieden.

In der Regel steht das Subjekt vor dem Verb, das Objekt hinter dem Verb.

b) Die Stellung des Subjekts vor dem Verb ist auch dann die Regel, wenn ein Hilfsverb und ein Prädikatsnomen folgen.

c) Der Nebensatz hat dieselbe Wortfolge wie der Hauptsatz.

Zus. *Bayart passa ainsi au service du roi* (108, 5).
Elle envoya son fils au marché voisin (49, 13).

Die präpositionale Ergänzung folgt gewöhnlich auf das Verb oder Objekt.

2. Die näheren Bestimmungen.

An allen Stellen des Satzes kommen nähere Bestimmungen vor. Tonstellen sind Anfang und Ende des Satzes.

Einzelnes.

1. *A cette époque, la Bretagne était encore indépendante* (94, 8).

2. *Bertrand n'avait alors que dix-huit ans, et déjà il désirait depuis longtemps se distinguer dans un tournoi* (94, 12).

Il est souvent venu me voir. — Ne vous avais-je pas donné hier un bon lit? (15, 8).

1. Längere adverbiale Bestimmungen (Präp. und Subst.), besonders des Orts und der Zeit, stehen meist am Anfang oder Ende.

2. Die Adverbien stehen betont am Anfang oder Ende des Satzes, unbetont beim Verb.

Wie *pas* werden bei zusammengesetzten Zeiten Adverbien gewöhnlich eingeschoben; ausgenommen sind Orts- und bestimmte Zeitangaben.

3. Abweichungen von der regelmäfsigen Stellung

bezwecken oft gröfsere Deutlichkeit. Sie können auch stattfinden, um im Zusammenhang den Gedanken besser an den vorhergehenden zu knüpfen (s. unten Nr. 2; ferner § 107, Zus. 1 und § 108, 2) oder um das inhaltlich Wichtigste zugleich durch die erste Stelle auszuzeichnen.

1. a) *Il avait pris à sa solde un corps nombreux d'aventuriers anglais, commandés par le sire Jean Joël* (97, 14).

b) *A force d'instances, Bertrand obtient d'un parent un cheval de bataille* (94, 14).

2. *A son appel éloquent la foule répondit par le cri de Dieu le veut* (83, 16).

Diese Abweichungen können bestehen:

1. in der Stellung des Objekts hinter der präpositionalen Ergänzung.

Sie tritt gewöhnlich ein, wenn das Objekt länger ist oder einen Zusatz hat (a), oder wenn die Zugehörigkeit der präpositionalen Ergänzung zum Verb klargestellt werden soll (b).

Weitere Beispiele siehe 90, 18; — 66, 17.

Zus. *Il me semble que cette personne s'est recueillie depuis, et qu'il s'est opéré en elle, après coup et par le contrecoup des épreuves par où elle a passé, une véritable transformation morale* (M. 132, 36).

Nicht selten wird die längere präpositionale Ergänzung vor das kürzere Objekt gestellt, um letzteres als das Neue der Aussage hinzustellen.

2. in der Voranstellung der präpositionalen Ergänzung, besonders bei *répondre, joindre, ajouter*. Vergleiche M. 78, 11; 88, 14.

3. in der einfachen Umstellung von Subjekt und Prädikat.

Die einfache Umstellung (erst Prädikat und dann Subjekt) ist nur möglich, wenn eine Verwechselung zwischen Subjekt und Objekt ausgeschlossen ist. 106

Dies ist der Fall:

a) selbstverständlich, wenn kein Objekt vorhanden ist;

b) wenn das Objekt schon aus der Form zu erkennen ist (*que; le, la, les; se*).

Eintreten der einfachen Umstellung: 107

1. *Vive le roi! — C'est une erreur, lui répliqua le voleur. Mon père l'a acheté le trois février* (6, 32). Vergl. M. 83, 26.

2. *Une affaire célèbre que raconte le sire de Joinville, l'ami, l'aimable historien de saint Louis, nous montre la fermeté du roi* (90, 25). Vergl. M. 44, 22; 48, 29.

Die einfache Umstellung tritt ein:

1. gewöhnlich in Wunschsätzen und eingeschobenen Sätzen;

2. häufig der Deutlichkeit wegen, wenn das Subjekt länger ist oder einen Nebensatz bei sich hat.

Zus. 1. Subjekt und Prädikatsnomen vertauschen zuweilen die Stellung. *La plus grande perte était celle de Desaix* (Thiers; vorher sind die Verluste in der Schlacht bei Marengo besprochen).

2. Nicht selten steht *ce* als grammatisches Subjekt vor dem Verb und das logische Subjekt (oft ein Infinitiv oder ein Subst. mit einem Nebensatz) folgt nach; s. § 283, Zus. 1.

1. *Il fallait rendre à la France épuisée les forces que lui avaient enlevées quarante années de guerre civile* (M. 12, 3). Vergl. U. 55, 21. 108

2. *Ainsi fit le renard* (75, 35). — *Où naît la falaise, la*

dune meurt (M. 151, 7). — *Désormais commença un travail opiniâtre* (M. 7, 16). — Vergl. M. 5, 9 nach *puis*.

Häufig ist die Umstellung:

1. in Relativsätzen nach *que*, besonders nach *c'est . . . que*.
2. nach einzelnen Adverbien, besonders nach *ainsi*.

Zus. Pronominales Subjekt ist unbetont und kürzer; es behält daher leichter seine regelmäfsige Stellung.

Voilà ce que nous sommes et voilà ce que sont nos ennemis (Guizot).

109 **Die Hervorhebung.**

Ce mouvement, Papin aperçut nettement qu'on pouvait l'utiliser (M. 28, 22). — *Le million, on n'en parla point* (M. 90, 13).

Substantiva können zum Zweck der Hervorhebung absolut an den Anfang des Satzes treten; sie werden beim Verb durch das entsprechende Fürwort oder Adverb *(y, en)* wieder aufgenommen. Weitere Beispiele s. M. 61, 5 u. 108, 19.

Die Hervorhebung mit *c'est* s. § 218.

110 Vereinzelt zu merken:

Das Objekt vor dem Verb findet sich noch in einzelnen Ausdrücken, z. B. *sans mot dire*; ferner in: *j'ai une lettre à écrire* und ähnlichen Sätzen.

111 **4. Die Fragekonstruktion.**

a) *Qui est arrivé? — Quel roi a vaincu ses ennemis?*

Cela ne finira donc pas? (So, 9).

b) *Est-il arrivé? Est-ce vrai?*

c) *La France est-elle un pays chaud ou un pays froid?* (M. 96, 16).

Est-ce que mon pays n'a pas une petite dette envers le vôtre? (M. 238, 35). — *Pourquoi est-ce qu'on fête le jour de Noël?* (45, 27).

In Fragesätzen ist eine dreifache Konstruktion möglich:

a) Die regelmäfsige Wortfolge tritt ein, wenn das Fragewort Subjekt oder Attribut des Subjekts ist.

Manchmal wird die Frage blofs durch den Ton ausgedrückt.

b) Die **einfache Umstellung** tritt ein, wenn ein persönliches Fürwort oder *ce* Subjekt des Satzes ist.

c) Die **absolute Konstruktion** tritt ein, wenn ein Substantiv Subjekt des Satzes ist. In diesem Fall, wie überhaupt, kann aber auch die Frage durch *est-ce que* eingeleitet werden, nach welchem die gewöhnliche Wortfolge eintritt.

Zusätze 1. *Pourquoi Jésus a-t-il voulu venir dans ce monde* (45, 33)?
2a. *Comment se porte votre mari* (144, 19)? oder
Comment votre mari se porte-t-il?
D'où sont tirés les noms des départements?
b. *Comment votre frère supporte-t-il son malheur?*

1. Nach dem Frageadverb *pourquoi* steht immer die absolute Konstruktion.

2. Nach den übrigen Frageadverbien ist die absolute Konstruktion nur dann notwendig, wenn im Satz ein Substantiv-Objekt vorkommt.

1. *A-t-elle quelque aisance, sa baraque est bien peinte et coquette* 112
(M. 113, 17). — *Possédât-elle le Rhin, objet si passionné des convoitises nationales, cette ligne n'aurait que l'apparence d'une limite naturelle* (M. 95, 15). *N'y eût-il qu'un seul individu, s'il avait un doute, vous devriez l'écouter* (M. 227, 8).

2. *A peine s'était-il balancé quelques instants que le lion lui cria* (74, 14).

A peine le militaire s'était-il balancé quelques instants que le lion lui cria.

Die Fragekonstruktion kommt außer der direkten Frage und dem Ausruf vor:

1. in **Bedingungs- und Konzessivsätzen**; in diesen kann ähnlich wie im Deutschen und Englischen die Bedingung bezw. das Zugeständnis auch durch die Form der Frage ausgedrückt werden.

2) nach einer Reihe von **Adverbien**.

Die wichtigsten Adverbien sind:

à peine kaum 92, 1; 93, 7	*au moins*	wenigstens
aussi daher auch 69, 5; 118, 12	*du moins*	
toujours immerhin	*en vain*	vergebens
d'autant plus um so mehr	*vainement*	
encore noch, dazu 80, 17	*peut-être* vielleicht 119, 1 u. 2.	

Die gewöhnliche Wortfolge ist auch gebräuchlich.

118 5. **Stellung der persönlichen Fürwörter und sonstigen Partikeln beim Verb.**

1. *Il me donne le livre — il ne me donne pas le livre.*
Il m'a donné le livre — il ne m'a pas donné le livre.
J'ai tout vu dans l'air (32, 19). — *Moi, je n'ai rien vu* (32, 21).

Dativ und Akkusativ des persönlichen Fürworts stehen vor dem Verb (Hilfsverb); *ne . . pas* schliefsen Fürwort und Verb (Hilfsverb) ein.

Wie *pas* stehen auch *point, guère, rien, jamais* und *tout.*

2. *Donne-moi le livre — ne me donne pas le livre.*

Beim bejahten Imperativ steht das Fürwort nach: statt *me* und *te* stehen dann *moi* und *toi.*

Zus. *Le voilà par terre* (43, 31).

Bei *voilà* (eigentlich ‚sieh da') und *voici* (‚sieh hier') stehen die Fürwörter vor.

3. *Il me le donne — il ne me le donne pas*
il ne me l'a pas donné.
Donne-le-moi — ne me le donne pas.

Treffen Akkusativ und Dativ des persönlichen Fürworts beim Verb zusammen, so steht der Akkusativ dem Verb zunächst.

4. *Je le lui donne, je le leur donne — donne-le-lui, donne-le-leur.*

Lui und *leur* vor dem Verb verdrängen wegen ihres volleren Klanges den Akkusativ von seinem Platz.

5. *Gustave en ouvrit la porte* (14, 35). — *Je vous en remercie* (25, 15).
Vous n'y êtes pas (48, 13).

En und *y* stehen unmittelbar vor dem Verb.

Il y en a de fort jolies cependant (126, 11).

Y steht vor *en*.

6. *J'ai résolu de ne pas le faire. Vraiment, il eût fallu n'avoir rien dans le cœur pour ne pas l'aimer* (M. 103, 24). *Je priai mon lapin de ne plus avoir d'humeur* (M. 211, 27).

Beim Infinitiv folgen gewöhnlich *pas* und *plus* unmittelbar auf *ne*.

Zusätze. 1. *Cela ne finira donc pas?* (80, 9).

Donc, cependant, pourtant, presque, certainement, sûrement, assurément stehen unbetont vor *pas*.

2. *Voici un moyen de tout arranger* (58, 7). *Il a fallu tout quitter sur l'heure* (M. 47, 27). — *Je ne savais rien faire* (34, 31). *Un vilain oiseau ne voulut rien donner* (38, 14). — *Le temps n'est qu'un cadre que Dieu nous donne: à nous de le bien remplir* (M. 249, 23).

Auch beim Inf. nehmen *tout* und *rien* dieselbe Stelle wie *pas* ein. *Bien* geht dem Inf. unmittelbar voraus.

3. a) *Je veux le faire.*

Folgt auf das Hilfsverb ein Infinitiv, so steht das Fürwort in der Regel vor dem Infinitiv.

b) *Il le fit reposer sur ses genoux* (37, 31). — *Je le fis venir* — *fais-le venir.* — *Les députés s'allèrent assembler dans l'église Saint-Louis* (M. 67, 4).

Die Verba *faire, laisser, entendre, voir* und *sentir* nehmen stets das persönliche Fürwort zu sich. Zuweilen findet sich diese Stellung auch bei *aller*.

c) *Il nous faut prendre nos billets* (36, 4) — *il faut l'avouer* (71, 26) — *il faut que je le fasse.*

Il faut vous habituer tout petit à être laborieux (119, 20).

Das unpersönliche *falloir* nimmt den dem deutschen Subjekt entsprechenden Dativ zu sich; etwaige Pronominalobjekte treten zum Inf.; jedoch vermeidet man beide zugleich zu setzen.

Der Kürze wegen steht bei *falloir* gern die Infinitivkonstruktion. Der dem deutschen Subjekt entsprechende Dativ wird ausgelassen, wenn das Subjekt der Handlung aus dem Zusammenhang hervorgeht.

114 **6. Allgemeines.**

Die Stellung des Zeitworts im Mittelpunkt des Satzes und die Anlehnung der kleinen Pronomina und Adverbien an dasselbe haben dem französischen Satzbau eine besondere Klarheit gegeben, so daß auch längere Perioden leicht übersehen werden.

Verstärkt wird diese Klarheit dadurch, daß Zusammengehöriges gewöhnlich zusammensteht, also auch der Relativsatz auf das Wort folgt, zu dem er gehört.

Ferner folgt, abgesehen von Adjektiven und adjektivischen Fürwörtern, meist das Abhängige auf das Wort, von dem es abhängt.

(1) Im Deutschen steht das Hauptverb (Part. Perf. und Inf.) und in Nebensätzen auch das Hilfsverb am Ende. Hierdurch wird manchmal der Relativsatz von seinem Beziehungswort getrennt. Der Relativsatz selbst hat häufig eine andere Stellung.

(2) Die Ergänzung zum Verb steht im Deutschen oft am Ende; vielleicht ist diese Stellung dadurch herrschend geworden, daſs das Verb häufig am Ende steht.

(3) Eigentümlich ist dem Deutschen das System der Einschiebung.

(4) Die Fragestellung steht auch in Sätzen, welche mit einem Adverb oder adverbialen Ausdruck beginnen, sowie in Nachsätzen; ‚so' leitet häufig den Nachsatz ein.

Man vergleiche folgende Sätze mit dem Deutschen:

1. *L'histoire ajoute qu'au fond Aëtius ne fut pas fâché de se débarrasser des Visigoths, qui avaient joué un rôle brillant dans la bataille* (Thierry). — *Voici les clefs de la ville dont le roi d'Angleterre m'a confié la défense* (100, 17).

2. *Le général Oreilly reçut l'instruction de se porter à Plaisance de toute la vitesse de ses chevaux* (Thiers).

3. *Bayart, emporté par son cheval au milieu des bataillons ennemis, avait été obligé de se traîner sans casque et sans cuirasse, rampant sur les pieds et sur les mains pour rejoindre les siens* (112, 9).

4a. *Un jour la mère de Gribouille cassa sa marmite* (49, 12).

b. *Si vous voulez, je tisserai tout votre fil pour rien* (47, 20).

5. *Par quelle inspiration merveilleuse sut-il contenir dans les bornes du respect ce barbare enflé d'orgueil, qui faisait payer si cher sa clémence par la moquerie et le dédain?* (Thierry).

DIE EINZELNEN WORTARTEN ALS GLIEDER DES SATZES.

DAS VERBUM.

I. Arten der Verba.

1. Persönliche und unpersönliche Verba. 115

a) *Je donne; tu fus loué — il pleut; il faut.*

Vor unpersönlichen Verben steht als Subjekt das beziehungslose Neutrum *il* (‚es‘).

Aufser Witterungsangaben sind nur wenige Verba immer unpersönlich.

Zus 1. In *n'importe* fehlt *il*.

2. *J'ai froid* es ist mir kalt
j'ai chaud es ist mir warm
je manque de es fehlt mir an (M. 84, 19)
je deviens es wird aus mir (M. 110, 13)
je réussis es gelingt mir, und einige andere Verba sind abweichend vom Deutschen persönlich.

b) *Il me vient une idée* (24, 26).
Il coule des gouttes de sang (16, 3).

Alle Verba (aufser den Transitiven im Aktiv und den Reflexiven) können unpersönlich konstruiert werden. — Nach unpersönlichem *il* steht immer das Verb im Singular.

Weitere Beisp. s. 50, 27; 73, 1; 79, 19; 122, 13.

Zus. *Il doit y avoir — il va falloir.*

Unpersönliche Verba machen selbstverständlich auch ein etwa vorausgehendes Hilfsverb unpersönlich.

2. Transitiva und Intransitiva. 116

a) *Bayart avait sauvé la France de l'invasion* (113, 20).

b) *Le roi est arrivé.*
Il passa ainsi au service du roi (108, 5).

Die Transitiva haben ein Objekt, die Intransitiva häufig eine präpositionale Ergänzung bei sich.

Zus. *La femme se hâta de descendre la vache* (49, 9). — *Il est temps de sortir les racines* (M. 60, 23). *Les pilotes cherchent les grands navires pour les entrer en rivière* (M. 173, 15).

Le portier du théâtre a voulu me faire sortir (M. 52, 21). — *Les Vendéens aimaient le roi, que les républicains ont fait mourir* (M. 77, 32).

Entrer, sortir, monter, descendre und einige andere Intransitiva werden auch transitiv gebraucht. Sonst wird durch Zutreten von *faire* aus dem Intransitivum ein Transitivum. Weitere Beisp. s. M. 49, 21; 66, 28; 81, 27.

117 *Je me défends — nous nous sommes défendus.*

Eine besondere Art transitiver Verba sind die Reflexiva. Das Subjekt ist zugleich Objekt der Handlung.

Je me suis procuré ce livre.

Als reflexive Verba gelten aber auch diejenigen, welche ein reflexives Fürwort im Dativ (entfernteres Objekt)[1] bei sich haben.

Zus 1. Wenige Verba sind nur reflexiv. Beisp. *se souvenir* ‚sich erinnern'. Die meisten sind nur zuweilen (oft in bestimmtem Sinn) reflexiv und werden sonst auch transitiv und intransitiv gebraucht; s. § 120.

2. *Je suis levé* (‚auf'). — *L'automne, le soleil couchant, Avignon, ce sont trois harmonies* (M. 192, 7). — *Les uns construisent des forteresses que le premier flot de la vague montante fera écrouler* (M. 153, 35).

Das reflexive Fürwort fällt weg beim Partizip Perfekt, ferner beim Partizip Präsens, wenn es adjektivisch steht; ebenso fehlt es nach *faire*.

3. *Ils se sont parlé — nous nous sommes vus. — Les paysans se disent entre eux* (M. 82, 23).

Vom Reflexivum ist das Verbum mit reziprokem Sinn zu unterscheiden. Das reflexive Fürwort dient auch als reziprokes.

Häufig tritt zur Verstärkung *l'un l'autre, mutuellement, entre eux* oder ein ähnlicher Ausdruck hinzu. Jedenfalls muß aber, abweichend vom Deutschen, das reziproke Fürwort stehen.

118 **Das Passiv der Verba.**

Je fus loué — il a été parlé.

Alle persönlichen Verba außer den reflexiven bilden ein Passiv.

Die Transitiva bilden ein persönliches Passiv.

Die Intransitiva haben nur ein unpersönliches Passiv.

---

[1]) Der Dativ heißt oft entfernteres Objekt. Der Akkusativ wird dann näheres Objekt genannt.

Anm. 1. *Les nouveaux magistrats étaient seuls élus* (M. 68, 13). *Il a été pardonné.* — *C'est convenu* ‚das ist abgemacht' (50, 36).

Die Intransitiva *obéir* und *désobéir* bilden ein persönliches Passiv; ähnlich hat *pardonner* im Passiv auch die Person als Subjekt. Aufserdem kommen manche Participien des Perfekts intransitiver Verben passivisch vor.

2. Statt des unpersönlichen Passivs steht sehr häufig das Aktiv und zwar mit *on* oder unpersönlich mit dem Reflexivum; also statt *il est parlé*: *on parle* oder *il se parle*.

3. *Quant aux vins de Champagne, ils ne se récoltent que sur un territoire très restreint* (M. 103, 1; siehe auch M. 109, 11 u. 21).

Statt des Passivs überhaupt steht gern das Reflexiv.

Rektion der Verba.

Eine grofse Zahl von franz. Verben hat eine andere Rektion als die entsprechenden deutschen Verba.

Die wichtigsten Abweichungen sind:

1. Transitiva:

Il suivit bravement son ombre (14, 9).

précéder vorangehen
prévenir zuvorkommen 102, 31
suivre folgen 40, 6; 55, 5 etc.
rencontrer begegnen 12, 31 u. 34; 34, 2 etc.

servir dienen 104, 22; 106, 25
aider helfen 25, 6; 38, 36; 48, 1 etc.
assister »
seconder » 66, 7
secourir » 64, 21; 122, 20

---

remercier danken (*de qc* für etw.) 45, 11; 108, 3
flatter schmeicheln
menacer drohen 105, 30
braver trotzen M. 173, 22

briguer s. bewerben um
égaler gleichkommen 139, 7. M. 81, 24
imiter nachahmen 95, 31

2. Reflexiva:

Ils s'en allaient faire un long voyage (82, 5).

s'en aller weggehen, fortgehen
s'apercevoir de gewahr werden
s'appeler heifsen 80, 20
se nommer »
s'enfuir entfliehen
s'écrier ausrufen
se lever aufstehen
se moquer de } spotten über
se rire de }
s'arrêter einhalten
se composer de bestehen aus

se coucher zu Bette gehen
se défier de } mifstrauen
se méfier de }
se douter de ahnen
se noyer 1. ertrinken 2. sich ertränken
se promener spazieren gehen
se passer vergehen
» » *de* entbehren
se repentir de bereuen.

Anm. 1. Viele davon erklären sich leicht als Reflexiva aus ihrer eigentlichen Bedeutung: *se lever* eigentlich „sich erheben". — *En* ist bei *s'enfuir* Bestandteil des Verbums geworden, bei *s'en aller* noch nicht, außer oft in der Umgangssprache.

2. Bei manchen Verben ist kaum noch ein Unterschied, ob sie mit oder ohne reflexives Pronomen stehen: *approcher de* und *s'approcher de*.

121 3. Intransitiv oder sonst in der Konstruktion verschieden:

J'ai sans doute l'honneur de parler à M. le baron d'Espagnac (M 49, 16). — *Gribouille lui demanda ce qu'il faisait des plumes* (50, 2).

parler à qn jemand sprechen 13, 24
arriver sich ereignen 106, 13
feindre sich stellen als ob 97, 38
prendre la liberté s. d. Freiheit nehmen
séjourner sich aufhalten 88, 2
convenir de zugeben
disconvenir de leugnen
demander qc à qn bitten (58, 35); verlangen (56, 11); fragen (19, 31); weitere Beisp. zu *demander* s. M. 98, 27; 107, 36; 114, 19; 115, 4.

122 4. Verba mit mehrfacher Rektion und Bedeutung:

convenir à passen, — *de* zugeben, übereinkommen
servir qn jemand dienen, — *de qc* als etwas dienen 74, 37
» *à qc* zu etw. dienen, brauchbar sein M. 16, 24; 87, 25 — *se servir de qc* sich einer Sache bedienen 54, 2; 90, 10
assister qn helfen — *à qc* beiwohnen 83, 29
croire qn u. *qc* jem. od. etw. glauben — *à* glauben an M. 89, 28 etc.

123 Manche Verba können eine Person oder eine Sache in verschiedenartiger Beziehung als Objekt bei sich haben. Stehen beide **zugleich** beim Verb, so wird meist die Person mit *à* gesetzt, da ein doppelter Akkusativ im Franz. nicht vorkommt.

Beisp.: *enseigner qn* / » *qc* } lehren, *enseigner qc à qn* 65, 10

Ebenso *conseiller* raten und *envier* beneiden.

Aber *applaudir qn* / » *qc* } Beifall klatschen, *applaudir qn de qc*.

124 Ähnlich wird die Konstruktion geändert, wenn Person und Sache mit gleicher Präposition stehen:

hériter erben *de qn* / » *de qc* } *hériter qc de qn*

se venger sich rächen *de qn* / » » *de qc* } *se venger de qc sur qn*.

Anm. 1. *Son sang-froid admirable lui faisait prévoir une défaite* (104, 14). *Faire* verschmilzt mit dem folgenden Infinitiv zu einem einzigen Verbalbegriff, infolge dessen die Person in den Dativ kommt.

Weitere Beispiele s. 15, 28; 19, 8; 50, 22; 87, 8; 113, 39 f.

2. *Ses petits succès oratoires engagèrent son père à lui laisser suivre les cours du collège* (66, 33). — *J'ai entendu dire à mon père que le renard n'aime rien tant que la chair du coq* (31, 11). Ein Beisp. für *voir* s. 58, 30.

Diese Verschmelzung kann auch eintreten bei *laisser, voir* und *entendre.*

3. Die Hilfsverba.

a. *Avoir* und *être.*

Die häufigsten Hilfsverba sind *avoir* und *être;* sie 125 werden mit dem Part. Perf. verbunden und dienen zur Bildung der Zeiten der Vergangenheit und des Passivs.

Il a loué — je fus loué — je me suis défendu.

Die transitiven Verba haben im Aktiv *avoir,* im Passiv *être.*

Ausgenommen sind die Reflexiva, welche im Aktiv *être* zu sich nehmen; sie bilden kein Passiv.

J'ai marché — je suis allé à Paris. 126

Die intransitiven Verba werden mit *avoir* verbunden.

Ausgenommen sind folgende Verba der Bewegung:

aller gehen	*retourner* zurückkehren
venir kommen	*entrer* eintreten
convenir übereinkommen, zugeben[1])	*sortir* herauskommen
devenir werden	*partir* abreisen
parvenir gelangen, gelingen	*arriver* ankommen
revenir zurückkommen	*tomber* fallen;

von der Bewegung übertragen:

naître geboren werden	*mourir* sterben.

Anm. *Avoir* drückt vorzugsweise die Handlung, *être* den sich daraus ergebenden Zustand aus. Daraus erklären sich die meisten Ausnahmen. In dem Satz: *il est arrivé à Paris* wird das Resultat der Handlung, d. h. der aus der Handlung sich ergebende Zustand ausgedrückt.

---

[1]) *convenir* ‚passen' hat *avoir.*

127 Eine Reihe von Verben können beide Hilfsverba zur Umschreibung verwenden. Dabei findet ein doppelter Unterschied statt:

1. *En dix ans l'aspect de la ville a changé* (M. 135, 33). — *Que les temps sont changés* (M. 136, 35)! *La mer avait monté autrefois jusque-là.*

Les anciennes forêts de la Provence ont disparu (M. 190, 26). *La journée était fort avancée, lorsqu'ils atteignirent la place de la Concorde* (M. 123, 8).

2. *Elle avait échappé à un grand péril* (75, 37). — *Son secret lui était échappé.*

1. *Avoir* drückt die Handlung, *être* den aus der Handlung sich ergebenden Zustand aus.

Die wichtigsten Verba sind:

aborder landen (M. 156, 27)	*monter* hinaufsteigen (26, 8)
disparaître verschwinden	*passer* vorübergehen, werden (61, 11; 62, 3; 64, 6; 82, 29; — 49, 32; M. 220, 28).
changer sich ändern	
avancer vorrücken	
descendre hinabsteigen	

Die beiden ersten Verba haben aber gewöhnlich *avoir* bei sich.

2. Je nach der Bedeutung des Zeitworts wechselt das Hilfsverb. Dahin gehören folgende Verba:

convenir mit *avoir* passen, mit *être* übereinkommen, zugeben (vgl. doppelte Rektion)
demeurer — wohnen, — bleiben
échapper — entgehen, — entschlüpfen.

b. Die sonstigen Hilfsverba.

128 Die übrigen Hilfsverba stehen mit dem Infinitiv; sie drücken meistens das «Wie» der Handlung aus und heifsen modale Hilfsverba.

Dahin gehören *vouloir*, *devoir*, *pouvoir*, *savoir*, *oser*, *aller*, *venir*, *laisser*, *faire*; alle diese stehen sehr oft selbständig. Zuweilen werden auch *avoir* und *être* modal gebraucht: *J'ai une lettre à écrire; c'est à faire.*

Anm. *Alors Henri laissa passer une grande partie des bouches inutiles* (18, 17). — *Cette bonne femme lui fit faire un petit chaperon rouge* (59, 13). — *Je vous ai fait assembler pour vous dire que, jusqu'à présent, j'ai bien voulu laisser gouverner mes affaires par M. le cardinal* (M. 20, 24).

Laisser und *faire* entsprechen als Hilfsverba dem deutschen ‚lassen'. *Laisser* drückt ein Zulassen, *faire* ein Bewirken aus. Vgl. *laisser sortir* und *faire sortir.*

Neben dem Hilfsverb dient das Adverb dazu, das Wie oder Wann der Handlung auszudrücken. Der Gebrauch stimmt aber im Französischen und Deutschen nicht immer überein. Im Französischen steht häufig ein Verbum, das dann als Hilfsverb fungiert, wo im Deutschen ein Adverb das Wie oder Wann der Handlung ausdrückt. 129

Les hirondelles viennent d'arriver (28, 20). *Elle se hâta d'écrire sur le soulier le nom qu'elle venait d'entendre* (48, 6). — *On met le vin dans des tonneaux où il achève de se clarifier et de se bonifier* (M. 105, 2). — *Il aime à manger les rats et les souris* (56, 5).

Dahin gehören:

venir à zufällig

venir de soeben M. 49, 10; 83, 27

commencer par anfänglich, zuerst 113, 3

finir par endlich 74, 27; 105, 33

ne pas tarder à bald 57, 27; 108, 27; M. 134, 34

achever de vollends

aimer à gern 91, 5; 133, 21

aimer mieux lieber 18, 21; 88, 25

avoir beau vergebens 53, 29; 79, 9; M. 134, 30

faillir / *manquer de* / *penser* } beinahe 110, 22 u. 30; 114, 8

ne pas laisser de doch

ne faire que / *ne (pas) cesser de* } unaufhörlich 86, 14; 89, 19.

Anm. 1. *Minette va le croquer* (6, 22). *Allons jouer* (24, 21). — *Le roi vint assiéger Paris* (18, 15). — *Donnez-moi la portion de votre bien qui doit me revenir* (119, 26). *Aller, venir* und *devoir* stehen häufig für das Futurum, seltener für den Konditional, *aller* und *venir (à)* pleonastisch. Weitere Beispiele für *aller* 7, 19 u. 22; M. 59, 34; 67, 4 u. 11 etc.; für *venir* U. 19, 6; 25, 12; M. 69, 16 etc.

2. In *peut-être* ‚vielleicht' ist der ursprünglich verbale Ausdruck rein adverbial geworden.

II. Konkordanz. 130

1. *Moi qui ai si faim* (80, 2 u. 28). *Il n'y a que nous deux qui ayons notre chapeau sur la tête* (20, 10). *Je crois que c'est encore vous qui faites la meilleure guerre* (66, 23).

In Relativsätzen, deren Subjekt das Relativpronomen ist, wird die Person durch das dem Relativ vorhergehende Pronomen oder Substantiv bestimmt.

Weitere Beispiele s. 70, 21; 72, 4; 115, 1; 121, 20.

Zusatz. Nach *ce* steht gewöhnlich der Plural, wenn ein Subst. oder Pron. im Plur. als logisches Subjekt folgt: *ce sont eux;* aber *c'est nous, c'est vous.* Auch vor der 3. Person findet sich manchmal der Sing.: *c'est de fameux bateaux* (M. 173, 17).

2. *Beaucoup de personnes portent des lunettes en lisant* (12, 2). *Un grand nombre (beaucoup) de soldats sont arrivés. La plupart de ces maisons sont dirigées par des sœurs* (122, 7). — *Une vingtaine de paysans en blouse cassent des pierres* (M. 47, 20). *Sur les berges, souvent un monde de pêcheurs impassibles maudissent les bateliers qui, bouleversant les flots, épouvantent une proie problématique* (M. 125, 12).

Ist das Subjekt ein Quantitätsbegriff (Adverb oder Subst.) mit folgendem *de* und Subst., so richtet sich gewöhnlich die Zahl nach dem auf *de* folgenden Subst.; immer, wenn der Quantitätsbegriff ohne Artikel steht.

Zus. Nach *la plupart* steht auch dann der Plural, wenn kein partitives Subst. folgt.

3. *Le lin et le chanvre se cultivent surtout dans les départements du Nord et de l'Ouest* (M. 109, 11). — *Dans l'entr'acte, le patron de la maison ou un associé du musicien recueillent le prix fixé pour chaque danse* (M. 143, 9).

Sind mehrere Subjekte durch *et* oder *ou* verbunden, so steht das Verb im Plural.

4. *Vous et moi, nous faisons une bonne guerre aux Anglais* (66, 21); siehe auch § 139 Z. 16.

Bei verschiedenen Personen hat die 1. vor der 2. und die 2. vor der 3. den Vorzug; gewöhnlich werden die verschiedenen Personen durch ein Fürwort im Plural zusammengefafst.

III. Die Tempora des Indikativs.

181 Das **Präsens** bezeichnet eine einmalige oder wiederholte Handlung, die sich in der Gegenwart vollzieht. Aufserdem drückt es eine allgemein gültige Wahrheit aus:

L'homme propose et Dieu dispose (M. 251, 23).

Weitere Beispiele siehe daselbst.

Uneigentlich steht das Präsens

1. statt des 1. Futurums für bevorstehende Handlungen:
Nous partons demain.

2. statt eines Präteritums in lebhafter Erzählung.

Beisp. s. § 139, 50—59, ferner U. 15, 25 ff. bis Schluss, S. 37 Nr. 70; 102, 4—26; 109, 26—39

Das **Perfekt** drückt eine in der Gegenwart voll- 182
endete Handlung aus: *il est arrivé* — er ist jetzt da.

Außerdem erzählt das Perfekt

1. eigene Erlebnisse (besonders in Berichten) Beisp. s. § 139, 43—49;
2. einzelne historische Thatsachen: *François Ier est resté pour la postérité le héros de Marignan* (112, 19).

Imperfekt und historisches Perfekt.

Beispiele aus *l'Anthropophage* (U. S. 14, Absatz 1—3). 183

Deux petits garçons, qui étaient frères, s'égarèrent dans une épaisse forêt.

Gustave, qui ne dormait pas et qui était très curieux, éveilla son frère.

Comme leur lit était devant la porte, ils prêtèrent l'oreille.

Richard, qui était très poltron, dit.

Aus *Erreur d'un paysan* (U. S. 16).

Un paysan portait un jour une corbeille de poires au château d'un grand seigneur.

Sur l'escalier il trouva deux singes, qui étaient vêtus comme les enfants.

Leurs habits étaient très beaux.

Ces plaisants animaux se jetèrent sur la corbeille du paysan, qui ôta respectueusement son chapeau.

Imperfekt und historisches Perfekt sind Zeiten der Vergangenheit.

Das Imperfekt drückt vorzugsweise ein Dauerndes, einen Zustand, auch eine Sitte und Gewohnheit aus. Oft steht es schildernd zu Beginn einer Erzählung (siehe auch 12, 27 ff.), sowie für die eben geschehene und auch (uneigentlich) für die gegenwärtige Handlung (Ausdruck der Bescheidenheit).

Das historische Perfekt bezeichnet einzelne oder wiederholte Handlungen als eintretend oder abgeschlossen und steht daher besonders in fortlaufender Erzählung.

Pendant tout le temps de sa vie, Louvois flatta les goûts de Louis XIV pour la guerre et pour les bâtiments (M. 25, 2).

Die Dauer der Handlung an sich hat keinen Einfluſs auf das Tempus.

Weitere Beispiele siehe hier § 139 und in den erzählenden Stücken der beiden Lesebücher (so in U. *Le Semeur* S. 29, *Robiquet* S. 47, *La Fine* S. 52, *Le Loup et le renard* S. 79, in allen historischen Stücken S. 80—115).

Einzelheiten.

1. *Pendant qu'on délibérait, le petit roitelet écoutait* (37, 23). *A quoi pensait-il, pendant que son navire parcourait l'Océan?* (120, 38).

Zwei gleichzeitige dauernde Handlungen stehen im Imperfekt.

Weitere Beispiele s. 121, 4; 121, 8.

2. *Pendant qu'ils étaient assis tranquillement, Brimboriau laissa tomber la porte sur eux* (73, 21). *Il avait cinquante-huit ans, quand il présenta son projet* (M. 26, 14).

Wenn eine dauernde Handlung (Zustand) durch eine andere unterbrochen wird, so steht die dauernde Handlung im Imperf., die unterbrechende im hist. Perf.

Weitere Beispiele s. 19, 16; 49, 22—24; 71, 36; 98, 7; 99, 29. M. 27, 17; 50, 8.

3. *Un arrêt solennel fut rendu, le 7 juin 1456, qui réformait l'arrêt inique du 30 mai 1431* (107, 5). *En 1598, Henri IV publia l'édit de Nantes, qui assurait aux protestants de France la liberté de conscience* (M. 11, 28).

Das Imperfekt steht häufig bei Inhaltsangaben.

4. *C'est alors que les Anglais vinrent assiéger Orléans, le dernier rempart de Charles VII. Si la ville tombait en leur pouvoir, la France était perdue* (100, 37).

Uneigentlich steht zuweilen das Imperfekt statt des Konditionals.

Das 1. und 2. Plusquamperfekt. 185

Die beiden Plusquamperfekta bezeichnen eine in der Vergangenheit vollendet gedachte Handlung.

Beisp. a. § 130, Z. 16. 75. 77. 89.

1. *Le chat eut bientôt fait de sauter d'une souris à une autre* (56, 24). *A peine eut-il débarqué sur le rivage africain, que la peste, éclatant avec violence dans son camp, y exerça d'horribles ravages* (92, 1). *La femme ne fut pas plus tôt rentrée chez elle que le diable arriva* (48, 9).

2. *Quand ils furent arrivés à l'endroit où tous les seigneurs attendaient le roi, Henri se retourna* (20, 7). *Lorsque les deux frères eurent contemplé le spectacle que présente la grande ville vue du plateau de Châtillon, ils se hâtèrent de se remettre en marche* (M. 114, 13). *En 1594, après qu'il se fut fait catholique, Henri IV put enfin faire son entrée dans Paris comme roi* (M. 11, 27).

Das 2. Plusquamperfekt bezeichnet die Handlung als eben erst vollendet und steht daher vorzugsweise:

1. in Hauptsätzen mit *bientôt, à peine ... que, ne ... pas plus tôt ... que* und ähnlichen Adverbien.

2. in Nebensätzen nach *quand, lorsque, après que, dès que, aussitôt que* etc. bei einmaliger Handlung.

Statt des 2. Plusquamperfekt steht oft das 1.

Das 1. und 2. Futurum. 186

Die Futura bezeichnen eine zukünftige Handlung. Bei dem 2. Futurum (Perfekt des Futurums) wird die Handlung als vollendet gedacht: *Je suis trahie et bientôt je serai livrée à la mort* (104, 20). *Tu vas bientôt avoir terminé tes classes* (M. 107, 26).

Außerdem bezeichnen die Futura:

1. eine Pflicht, einen Befehl: *Tu ne tueras pas.*

So auch in Nebensätzen statt des Konjunktivs nach dem Präsens der Verba des Beschließens: *Les généraux français décident qu'on attendra des renforts avant de commencer l'attaque* (102, 10).

2. einen für Vergangenheit oder Gegenwart geltenden logischen Schluß aus vorhergegangenen Ereignissen: *On se sera trompé d'affiches* (M. 135, 22). *Il sera venu trop tard.*

Zusatz 1. Zuweilen ist das Französische genauer in der Anwendung des Futurums als das Deutsche, so besonders bei den Hilfsverben: *Dites ce que vous voudrez* (M. 289, 29).

2. *Espérons que personne n'aura le mal de mer* (37, 3); siehe auch M. 237, 33. Nach *espérer* steht gewöhnlich Futur oder Konditional.

3. Statt des Futurs steht im Französischen häufig *aller*, *venir* oder (seltener) *devoir* mit dem Inf.; vergl. § 129 Anm. 1.

187 **Der 1. und 2. Konditional.**

Mon ami me dit qu'il partirait demain pour Paris.

Le roi décidait qu'il y aurait deux ou plusieurs maires par ville (M. 43, 33).

Le danger commun aurait dû réunir les Visigoths, chefs et tribus: le danger commun les divisa (Thierry).

Der 1. Konditional (Imperfekt des Futurums) bezeichnet eine in der Vergangenheit bevorstehende oder dem Subjekt obliegende Handlung.

Beim 2. Konditional (Plusquamperfekt des Futurums) wird die Handlung als vollendet gedacht.

Außerdem stehen die Konditionale:

1. zur Bezeichnung eines Gerüchts: *Le roi arriverait ce soir;*

2. bei einer bescheidenen Behauptung: *je ne saurais, je pourrais, on dirait,* ‚man sollte sagen, meinen' u. a. *On eût dit un régiment de cavalerie royale qui aurait fait halte à cet endroit* (M. 48, 24).

188 **Die Konditionalsätze.**

Wird das Eintreten einer Handlung (Hauptsatz) von dem Eintreten einer andern Handlung (Nebensatz) abhängig gemacht, so entsteht ein Konditionalsatz.

Zur Anschauung:

1. *Si vous voulez, je tisserai tout votre fil pour rien* (47, 20).

2. *Si la bonne femme savait mon nom, elle serait bien aise* (48, 5).

3. *Si j'avais été le roi, j'aurais fait pendre tous mes barons* (90, 38). *Si elle était enfermée au milieu des terres, elle n'aurait eu ni marine ni commerce étendu* (M. 96, 1).

Il eût succombé si les siens ne fussent venus le dégager (96, 2). *Si vous m'eussiez mise aux prisons d'églises, ceci ne fût pas arrivé* (106, 12).

Das Eintreten beider Handlungen kann sein:

1. einfach möglich,
2. möglich, aber unwahrscheinlich,
3. unmöglich.

Im ersten Fall steht im Nebensatz *si* mit dem Präsens, im Hauptsatz Präsens oder 1. Futurum.

Im zweiten Fall steht im Nebensatz *si* mit dem Imperfekt, im Hauptsatz der 1. Konditional.

Im dritten Fall steht im Nebensatz *si* mit dem 1. Plusquamperfekt Indikativ oder Plusquamperf. Konjunktiv, im Hauptsatz der 2. Konditional oder das Plusquamperf. Konjunktiv.

Im zweiten und dritten Fall drückt der Nebensatz ein konzessives Verhältnis aus nach *quand*, *quand même* und ähnlichen mit einem Konditional oder Plusquamperfekt Konjunktiv. *Quand même j'aurais pu, je ne l'aurais pas fait.*

Anm. 1. Konditionales *si* steht niemals mit dem Futurum oder Konditional.

2. Selten ist das histor. Perfekt nach *si*; gewöhnlich liegt keine wirkliche Bedingung vor: *Si Pierre l'Ermite fut le prédicateur populaire de la croisade, Godefroi de Bouillon en fut le héros* (83, 33).

3. *La guerre était interminable; c'eût été la guerre civile et la France n'en aurait devenue que plus malheureuse* (M. 87, 19).

Die eigentliche Bedingung ist zuweilen zu ergänzen.

4. *On apprend vite quand on n'a pas peur de se faire du mal* (43, 27). Statt *si* steht manchmal *quand*.

Zus. 1. Bedingung und Zugeständnis können in der Form der Frage durch einen Konditional oder durch Imperf. und Plusqupf. Konj. ausgedrückt werden; vgl. § 112, 1.

2. *Je le voudrais que je ne le pourrais pas.*

Napoléon eût voulu enrichir le commerce anglais qu'il n'eût rien pu imaginer de mieux que sa ridicule conception du blocus continental (Lanfrey).

Das Zugeständnis kann auch durch einen Hauptsatz ausgedrückt werden; gewöhnlich wird dann der eigentliche Hauptsatz mit *que* (,während [nicht], ohne dafs') untergeordnet.

Zur Anschauung für alle Tempora. 1[illegible]

Les Grecs se préparaient avec ardeur au combat. Leur exaltation était extrême. Ces barbares à demi nus, grossiers, féroces, ignorants, impies, leur faisaient horreur. Ils massacraient et dévastaient stupidement. Ils laissaient leurs morts dans les champs, sans sépulture. Ils engageaient les batailles sans consulter aucun prêtre, aucun devin. C'était à la fois leurs biens, leurs familles, leur vie, l'honneur de leur patrie et le sanctuaire de leur religion que les Grecs avaient à défendre, et ils pouvaient compter sur la protection des dieux; l'oracle d'Apollon avait répondu: «Moi et les vierges blanches, nous pourvoirons à cette affaire.» Le peuple entourait le temple; les prêtres soutenaient et animaient le peuple. Pendant la nuit, de petits corps d'Étoliens, d'Amphisséens, de Phocidiens, arrivèrent successivement. Quatre mille hommes étaient réunis dans Delphes, lorsque les bandes gauloises, le matin, commencèrent à gravir la pente étroite et raide qui conduisait à la ville. Les Grecs firent pleuvoir d'en haut un déluge de pierres et de traits. Les Gaulois reculèrent, puis revinrent. Les assiégés se replièrent dans les premières rues de la ville, laissant libre l'avenue du temple. Les barbares s'y précipitèrent. Déjà ils pillaient les oratoires d'alentour; le temps était sombre: un orage éclata; le tonnerre, la pluie, la grêle tombaient et retentissaient. Prompts à se saisir de cet incident, les prêtres et les devins sortirent du temple, revêtus de leurs habits sacrés, les cheveux épars, les yeux ardents, annonçant à grands cris la venue du dieu: «Il est ici! Nous l'avons vu s'élancer à travers la voûte du temple qui s'est ouverte sous ses pieds; deux vierges armées l'accompagnent; elles sont sorties des temples de Diane et de Minerve. Nous les avons vues. Nous avons entendu le sifflement de leurs arcs et le bruit de leurs armes.» A ces cris, au fracas de l'orage, les Grecs s'élancent; les Gaulois s'épouvantent et se précipitent le long de la colline. Les Grecs les poursuivent, les pressent. Le bruit de nouvelles apparitions se répand: trois héros, Hypérochus, Laodocus, Pyrrhus, fils d'Achille, sont sortis de leurs tombeaux voisins du temple; ils frappent les Gaulois de leurs lances. La déroute fut rapide et générale; les barbares coururent se renfermer dans leur camp; leur camp fut attaqué, le lendemain matin, par les Grecs descendus de la ville et par d'autres accourus des campagnes. Le Brenn et les guerriers d'élite qui l'entouraient résistèrent vaillamment, mais vaincus d'avance. Le Brenn fut blessé; ses compagnons l'emportèrent. L'armée barbare s'enfuit tout le jour. La nuit suivante, saisie d'un nouvel accès de terreur, elle s'enfuit encore; et quatre jours après avoir passé les Thermopyles, des bandes éparses, formant à peine le tiers de celles qui avaient marché sur Delphes, rejoignirent le corps d'armée qui était resté en arrière, à quelques lieues de cette ville, dans les plaines qu'arrose le Céphise. Le Brenn convoqua ses compagnons. «Tuez tous les blessés et moi-même, leur dit-il; brûlez vos chariots; prenez Cichor pour roi, et partez en toute hâte.» Puis il demanda du vin, s'enivra et se poignarda.

Cichor fit en effet égorger les blessés, traversa en fuyant et en combattant la Thessalie et la Macédoine; et de retour aux lieux d'où ils étaient partis, les Gaulois se dispersèrent: quelques-uns pour se fixer au pied d'une montagne voisine sous le commandement d'un chef nommé Bathanat, Bardhannat, c'est-à-dire fils de sanglier; d'autres pour se remettre en marche vers leur patrie; la plupart pour recommencer la même vie de courses et d'aventures.

(Gubrot.)

IV. Die Modi.

1. Der Indikativ 140

ist der Modus des objektiven Urteils.

1. *La tâche de l'héroïne n'était pas achevée; car elle-même avait annoncé qu'elle était envoyée pour les chasser de France* (103, 38).

2. *Il alla voir si la fève était encore là* (53, 33). *Il lui demanda où elle allait* (59, 24).

Abweichend vom Deutschen steht im Franz. stets der Indikativ in der indirekten Rede und in der indirekten Frage.

2. Der Konjunktiv 141

ist der Modus des subjektiven Urteils; er kommt in der Regel nur in Nebensätzen vor.

A) Der Konjunktiv in Hauptsätzen. 142

1. *Vive le mois de mai!* (29, 31). *Puisses-tu arriver à temps! Qui vive? Soyez l'homme de bien, et advienne que pourra* (M. 247, 14).

2. *Qu'il vienne donc recevoir les clefs* (100, 3). *Que l'on dise de vous: Il était à cette grande bataille sous les murs de Moscou!* (M. 87, 9).

1) In Hauptsätzen ist der Konjunktiv auf einzelne Ausdrücke beschränkt, welche meist einen Wunsch enthalten.

Weitere Beispiele s. 24, 22; 105, 25; 112, 25.

2) Aufserdem kommt der Konjunktiv in elliptischen Nebensätzen vor, bei denen der Hauptsatz (*je désire* oder ähnlich) zu ergänzen ist. Im Deutschen wird bei der Übersetzung gewöhnlich ein Hauptsatz gesetzt (‚möge er kommen', ‚er soll kommen').

Weitere Beispiele s. 53, 14 u. 16; 55, 31; 72, 32.

143 B) In Nebensätzen.

Hier ist der Satzform nach zu unterscheiden: der Konjunktiv a) in Relativsätzen, b) allgemein nach Konjunktionen und c) speziell nach der Konjunktion *que*.

Hinsichtlich des Inhalts ist zu unterscheiden der Konjunktiv 1) des Zugeständnisses, 2) des Affekts, 3) der Willensäufserung, 4) der blofsen Annahme, Ungewifsheit oder Nichtwirklichkeit.

144 1. Zugeständnis.

a. *Qui que tu sois, cet ami-là, aime-le donc* (M. 245, 30).

Les grands, quels qu'ils fussent, furent impitoyablement frappés (M. 14, 4). — *Quand il entrait dans une église, quelque affaire qui le pressât, il restait à contempler les vénérables images* (84, 22). — *De quelque côté que le petit roi se montrât, c'étaient des acclamations cent fois redoublées* (M. 39, 11). — *Ces monuments ne sont rien moins qu'imposants, quoi qu'on ait dit* (M. 171, 9). — *Sous le premier Empire, les montagnards désertaient, où qu'on les envoyât* (M. 188, 8).

b. *Quoique les Anglais fussent cent contre un, le roi soutient tous leurs efforts* (87, 13).

De tous ces chefs le plus illustre, quoiqu'il n'eût pas d'autorité supérieure, était Godefroi de Bouillon (84, 4). — *Bien que la pomme de terre fût connue depuis longtemps déjà, on prétendait qu'elle engendrait la lèpre* (M. 62, 19).

a) In Relativsätzen: *qui que, quel que, quelque .. que, si .. que, quoi que, où que* (*que* ist relatives Adverb); deutsch: ‚wer auch, was auch, welches auch, wie auch'. *Tout .. que* steht gewöhnlich mit dem Indikativ: Im Deutschen steht ‚auch'.

b) Nach den Konjunktionen *quoique, bien que, encore que*; deutsch: ‚obgleich, obschon, wenn schon' etc.

145 2. Affekt.

(1) *Je suis content, je me réjouis que vous soyez venu.*

(3) *Je ne m'étonne plus que votre voix ne l'ait pas fait venir* (70, 31). *L'abbé Terray s'étonnait qu'on osât se récrier contre cette mesure* (M. 42, 38).

(4) *Je crains que tu ne tombes* (74, 19). *La pauvre femme eut peur qu'il ne fût courroucé d'en voir si peu* (111, 5).

(5) *Il n'est pas surprenant que la Bretagne ait une population qui diffère elle-même des populations voisines* (M. 164, 32).

Nach Verben und adverbialen Ausdrücken des Affekts und affektvollen Urteils mit *que*.

1. Freude:

se réjouir sich freuen

être content — *bien aise* — *heureux*	froh sein	*être charmé* — *ravi*	entzückt sein.

2. Schmerz, Klage, Trauer, Ärger:

s'affliger sich betrüben	*être affligé* betrübt sein
soupirer seufzen	— *triste* traurig sein
se plaindre sich beklagen	— *mécontent* unzufrieden sein
se fâcher sich ärgern	— *indigné* entrüstet sein etc.
enrager wütend sein	

3. Erstaunen, Bedauern:

s'étonner erstaunen
être surpris, étonné erstaunt sein
regretter bedauern
déplorer beklagen.

4. Furcht:

		trembler zittern	
craindre *avoir peur*	sich fürchten	*de peur que* *de crainte que*	aus Furcht daſs, damit nicht.

5. affektvolles Urteil:

trouver étrange es seltsam finden	*il est regrettable* es ist zu bedauern
il est curieux es ist seltsam	*c'est dommage* es ist schade
— *étonnant* — *surprenant* } es ist erstaunlich	

il est heureux es ist ein Glück
c'est honteux es ist eine Schande
il est fâcheux es ist ärgerlich.

Zus. 1. *Crains-tu qu'il vienne?* — *Je ne crains pas qu'il vienne. Ne craignez pas que nous insultions à vos misères* (M. 205, 26). — *Je crains qu'il ne vienne.* Vergl. die Beispiele oben.

Nach positiven Verben und adverbialen Ausdrücken des Fürchtens steht beim abhängigen Verb *ne*. Selbstverständlich nur einmal *ne* in: *Je crains qu'il ne vienne pas.*

2. *Je suis étonné de ce que tu ne réponds (répondes) pas.*

Nach den nicht transitiven persönlichen Verben des Affekts kann auch *de ce que* mit folgendem Ind. oder Konj. gesetzt werden.

146 3. **Willensäufserung.**

a) *Prends un nom qui convienne à ton humeur maligne* (M. 278, 15).

b) *Alors le meunier moud le blé et le serre dans des sacs, pour qu'il puisse être envoyé au dehors et vendu au boulanger* (39, 17).

Afin que le festin ne fût pas troublé, il avait ordonné à ses gens de ne pas laisser entrer les mendiants (77, 33).

Quel travail avant que nous puissions recevoir le pain pour notre usage journalier! (39, 13.) *Il s'écoulera bien des années encore, avant que ces abus fassent perdre à la nation le respect et l'amour de ses rois* (M. 6, 33).

Lorsque deux hommes avaient un procès l'un contre l'autre, ils devaient se battre, jusqu'à ce que l'un des plaideurs fût tué ou s'avouât vaincu (89, 34).

Écrivez de sorte que je puisse le lire!

c) 1. *Le hasard voulut que les voleurs vinssent justement sous cet arbre* (73, 20). *Bayart empêcha qu'on ne pillât leur maison* (110, 38).

2. *Les trois rois prièrent qu'on voulût bien leur donner à souper et à coucher* (76, 19).

Ce qu'il vous demande en retour c'est que vous l'aimiez tendrement (119, 16). *Louvois exigea que chaque chef de compagnie ou de régiment fît rigoureusement son devoir* (M. 24, 24). *Fleuriot ordonna qu'on les fît monter en toute hâte* (78, 28). *Colbert travaillait seize heures par jour et ne pouvait pas souffrir qu'on le dérangeât* (M. 22, 12).

3. *Colbert tint la main à ce que les fabriques françaises fussent en harmonie avec les facultés natives de la nation* (M. 23, 18).

4. *Louis XIV trouvait tout simple qu'on l'appelât le plus grand des rois et le plus vertueux des hommes* (M. 21, 1).

Mémorable à tous les titres, cette promenade méritait qu'on en donnât le récit (M. 54, 37).

Il faut que j'y sois avant la mi-carême (101, 22).

Il était juste que le paysan payât les services qu'il recevait de son seigneur (M. 44, 32). — *Il était naturel que les nobles payassent l'impôt aussi bien que les roturiers* (M. 45, 3).

Der Konjunktiv der Willensäufserung steht

a) in Relativsätzen, welche eine Absicht, einen Wunsch (eine gewünschte Qualität) enthalten.

Weiteres Beispiel s. 90, 21.

b) zur Bezeichnung der Absicht nach den Konjunktionen:

pour que	damit	*de manière que*	so dafs.
afin que		*de façon que*	
avant que	bevor	*de sorte que*	
jusqu'à ce que	bis	*en sorte que*	

Zus. 1. Nach *avant que* steht jetzt immer der Konj., also auch dann, wenn keine Absicht vorliegt.

2. a) Nach *jusqu'à ce que* kann auch dann der Konj. stehen, wenn keine Absicht vorliegt.

b) *Attaquons, n'attendons pas qu'ils aient l'honneur de commencer* (109, 5). *J'ai attendu que la marée fût basse* (M. 151, 15). *Attendre* ist ein transitives Verb, daher heifst hier ‚bis' *que*. Weiteres Beisp. s. U. 107, 37.

3. *Fleuriot commanda qu'on lâchât les chiens à leurs trousses, de sorte qu'ils détalèrent au plus vite* (78, 15). Nach *de sorte que* etc. steht der Ind., wenn keine Absicht vorliegt.

c) nach Verben mit *que* ‚dafs'.

Die Verba können ausdrücken:

1. einen Wunsch, ein Begehren und das Gegenteil.

Dahin gehören:

vouloir wollen
désirer, *souhaiter* wünschen
aimer es gern sehen
préférer, *aimer mieux* es lieber sehen, vorziehen
empêcher verhindern
éviter vermeiden.

2. eine Bitte, einen Befehl, ein Zulassen und das Gegenteil:

prier bitten
demander verlangen
exiger fordern
commander, *ordonner* befehlen
permettre erlauben
souffrir dulden
laisser zulassen
défendre verbieten etc.

3. ein Streben nach etwas:

tenir (la main) à ce que Wert darauf legen, dafs
veiller à ce que darüber wachen, dafs
avoir intérêt à ce que ein Interesse daran haben, dafs etc.

4. ein billigendes oder mifsbilligendes Urteil:

approuver billigen
trouver bon, mauvais, simple gut, schlecht, recht finden
désapprouver mifsbilligen
mériter verdienen
valoir wert sein.

Ferner viele unpersönliche Verba und Ausdrücke:

il convient es schickt sich
il suffit es genügt
il faut man mufs
il importe es ist wichtig
il est bon es ist gut
— *juste* es ist gerecht
— *nécessaire* es ist nötig
— *naturel* es ist natürlich etc.

Zus. 1. *Il fut décidé qu'un combat singulier aurait lieu sur la grande place de Dinan* (96, 21).

Nach *résoudre, décider, arrêter, décréter* steht immer, nach *ordonner* und *commander* häufig der Indikativ und zwar Futur oder Konditional.

2. *J'entends que vous restiez avec moi.*

Wenn *dire, écrire, entendre* eine Willensäufserung enthalten, stehen sie mit dem Konjunktiv.

3. *Bayart empêcha qu'on ne pillât leur maison* (110, 38). *Tout cela n'empêcha pas que, peu d'années plus tard, Mandrin ne fût pris et rompu vif* (M. 90, 23).
Nach *empêcher* und *éviter* kann beim abhängigen Verb *ne* stehen.

4. Bloße Annahme, Ungewißheit und Nichtwirklichkeit. 147

a) 1. *Je rends les clefs au plus brave chevalier qui ait vécu depuis cent ans passés* (100, 18).

L'âne était le seul qui ne dît rien (70, 29). *Par une belle soirée d'août, la famille, attablée sous la tonnelle, mange le premier pain que lui ait donné son champ* (M. 47, 9).

2. *Il ne se passa pas un jour qui ne fût marqué par un acte de charité* (69, 3).

Je n'ai jamais vu de jeu de la perspective qui fût plus étrange (M. 150, 2). *Des fenêtres de son incomparable galerie des glaces, Louis ne voit rien qui ne soit lui-même* (M. 34, 28). — *Il est peu de discussions auxquelles Mirabeau n'ait pris une part brillante* (M. 70, 26). *On compte à peine dix départements où la vigne ne soit pas cultivée* (M. 102, 19).

b) 1. *Supposé que vous ayez raison.*

A moins qu'il ne vienne trop tard. Elles ne demandent qu'à s'affaisser, comme si elles étaient frappées à mort, pour peu que vous soyez assez adroit pour les atteindre avec une balle à caoutchouc (M. 134, 17). *S'il revenait et qu'il fît une réclamation, vous seriez fort embarrassé.*

2. *L'été s'est écoulé, sans que grêle ni chasses aient détruit la moisson.* (M. 46, 28).

Non qu'il veuille me plaire.

c) 1. *Supposez que vous soyez venu au monde comme fils de paysan il y a 150 ans environ* (M. 100, 30).

Au moral, on ne saurait dissimuler que les passions des gens du Midi ne soient plus vives, parce que l'imagination est plus ardente (M. 191, 12). *Je doute qu'il vienne.* — *On ne doutait point que Dieu n'accordât toujours la victoire à celui qui avait le bon droit pour lui* (90, 1).

Est-il possible que ce soit vous que je viens d'entendre? (70, 17). *Il est impossible qu'il ne devienne pas un homme de bien* (108, 1). — *Il semble que, dans ces lieux, chaque montagne ait sa source bienfaisante* (M. 111, 1).

2. *Croyez-vous que j'aie moins froid que vous?* (M. 223, 15).

Je ne crois pas qu'il vienne. Jusqu'alors on ne croyait pas qu'une pente existât (M. 202, 36). — *Je ne dis pas qu'il y aille tout droit* (M. 105, 26).

Le Gascon crut que c'était la Somme (17, 2).

a) In Relativsätzen dient der Konjunktiv zum Ausdruck

1. der Ungewifsheit nach Superlativen und *seul, premier, dernier.*

Zus. *Les Savoyards ne sont pas les seuls qui vont au loin exercer leur activité et leur industrie* (M. 185, 30). — Nach Superlativen, *seul* etc. kommt auch der Indikativ vor.

2. der Nichtwirklichkeit nach Negationen und Einschränkungen.

b) Nach Konjunktionen steht der Konjunktiv zum Ausdruck der

Ungewifsheit	Nichtwirklichkeit
supposé que } gesetzt dafs	*sans que* ohne dafs
pourvu que } gesetzt dafs	*non que* } nicht als ob
à moins que (mit *ne*) wenn nicht	*ce n'est pas que* } nicht als ob
pour peu que wenn auch nur	*loin que* weit entfernt, dafs
que statt *si* wenn	in negierten Konsekutivsätzen.

Nach *au cas que, en cas que* ,im Falle dafs' steht Ind. und Konj.

c) 1. Der Konjunktiv mit *que* steht nach Verben und Ausdrücken, welche eine blofse Annahme, eine Ungewifsheit oder Nichtwirklichkeit enthalten; solche Verba und Ausdrücke sind:

supposer den Fall setzen	*il est possible* es ist möglich
ignorer nicht wissen	— *impossible* — unmöglich
nier } leugnen	— *rare* — selten
dissimuler } leugnen	— *difficile* — schwierig
douter zweifeln	*il semble* es scheint.
désespérer verzweifeln	

Zus. 1. *Il me semble que nous croupissons trop ici* (108, 29); nach *il me semble* steht der Indikativ.

2. a) *Je n'ignore pas qu'il est arrivé.* Nach *ne pas ignorer*, das eine Gewifsheit ausdrückt, steht der Indikativ.

b) *Je ne nie pas qu'il a fait cela, qu'il ait fait cela, qu'il n'ait fait cela.* Nach *ne pas nier, ne pas dissimuler, ne pas douter, ne pas désespérer* kann Indikativ oder Konjunktiv stehen; im letzteren Fall kann *ne* stehen.

2. Der Konjunktiv mit *que* steht zum Ausdruck der Ungewifsheit und Nichtwirklichkeit nach den Verben

a) des Geschehens b) der Gewifsheit des Wissens des Sagens	nur dann, wenn die Thätigkeit verneint oder bezweifelt wird.

Die Thätigkeit wird gewöhnlich verneint oder bezweifelt durch die Negation, die Frage und *si* ‚wenn', ferner durch die Ausdrücke *à peine, rarement* u. ähnl.

Verba und Ausdrücke des Geschehens etc.

1. Geschehen: *il est* es ist der Fall
il arrive es ereignet sich
il se trouve es findet sich
il se fait es geschieht.

2. Gewifsheit: *il paraît* es scheint
il est certain es ist sicher
— *sûr* — gewifs
— *évident* — offenbar
— *vrai* — wahr
— *probable* — wahrscheinlich.

3. Wissen:

savoir wissen	*entendre* hören
croire glauben	*connaître* erkennen
penser denken	*remarquer* bemerken
se figurer s. vorstellen	*s'imaginer* s. einbilden
espérer hoffen	*se douter* } vermuten.
voir sehen	*supposer* }

4. Sagen:

dire sagen	*prouver* } beweisen
affirmer } versichern	*démontrer* }
assurer }	*apprendre* mitteilen, lehren
raconter erzählen	*répondre* antworten.

Anm. 1. *Croyez-vous qu'il ait pleuré comme un petit sot? Non.* (14, 3).
Ne vois-tu pas que je suis ton disciple?

Rhetorische Fragen haben gewöhnlich negativen Sinn und stehen dann mit dem Konjunktiv; trifft eine rhetorische Frage mit einer Negation zusammen, so wird der Sinn wieder positiv und es steht der Indikativ.

2. *Il ne sait pas que son père est malade. — Croyez-vous qu'il l'obtint?* (M. 89, 31). Vgl. M. 247, 10.

Wird der Inhalt des Nebensatzes als gewifs hingestellt oder als Meinung anderer bestritten, so steht auch nach verneinenden und bezweifelnden Ausdrücken der Indikativ.

Die Folge der Zeiten.

148 *Je crois qu'il viendra.*

Je crains qu'il ne vienne, qu'il ne soit venu.

Je croyais } *qu'il viendrait.*
J'ai cru

Je craignais } *qu'il ne vînt.*
J'ai craint } *qu'il ne fût venu.*

Im allgemeinen steht:

1. nach dem Präsens und den Futuren: Präsens, Perfekt oder Futurum;

2. nach den übrigen Zeiten: Imperfekt, Plusquamperfekt oder 1. Konditional.

Im Konjunktiv steht statt des Futurums das Präsens, statt des Konditionals das Imperfekt.

149 Abweichungen sind häufig; besonders zu merken:

1. *On n'a jamais douté qu'Annibal ne soit un des plus grands généraux de tous les temps.*

2. *Je voudrais que mon cadeau te dise combien je t'aime* (M. 255, 24). — *On dirait de loin qu'un glacier s'est effondré dans l'immensité* (M. 215, 39).

Präsens oder Perfekt stehen:

1. wenn der Inhalt des Nebensatzes eine allgemein gultige Wahrheit enthält.

2. häufig nach Konditionalen, die gleich dem Präsens stehen (*je voudrais, je ne saurais, on dirait* u. ä.)

Zus. 1. *Il me semble qu'Auguste fut toujours plus impitoyable que clément.* Das Präsens der unpersönlichen Verba und Ausdrücke hat keinen Einfluſs auf das Tempus des Nebensatzes.

2. *C'est vous qui m'avez raconté cela.* — *Ce furent les femmes de la bourgade qui vinrent le recevoir en procession* (Thierry).

Das hervorhebende *c'est . . . qui (que)* bleibt im Präsens. Ist das Verbum des abhängigen Satzes in einfacher Form, so können die Tempora übereinstimmen.

Anm. Vermieden wird besonders das Imperf. Konjunktiv der lebenden Konjugation, das als übelklingend empfunden wird.

150 3. Der Imperativ

drückt einen Befehl, eine Aufforderung aus, in der 1. Plur. mit Einschluſs der redenden Person: *Partons* ‚laſst uns abreisen'.

DIE NOMINALFORMEN DES VERBUMS.

I. Der Infinitiv.

Der Infinitiv ist die substantivische Form des Verbums; 151
er wird daher im allgemeinen wie ein Substantiv gebraucht; seine verbale Natur zeigt sich noch darin, daſs ein Objekt oder eine präpositionelle Ergänzung folgen kann.

1) Der bloſse Infinitiv. 152

1. *Les combattre était chose impossible* (98, 14).

2. *Faut-il compter les années de sa vie?* (47, 9.)

3. *Les plumes semblaient sortir davantage du sol* (50, 19).

Le grand homme américain parut apprécier beaucoup la cuisine à la pomme de terre (M. 63, 1). *S'en prendre à mon peuple, c'est s'en prendre à moi-même* (M. 12, 11).

4. a) *Il ne savait pas même lire* (94, 6).

Vous n'osez pas me mettre à rançon (98, 37). — *Faites ce que je vais vous ordonner* (72, 6). — *Celui-ci vint trouver leurs chefs* (98, 19). — *Gribouille courut chercher sa mère* (49, 7). — *Carnot nomme Hoche général de brigade et l'envoie défendre Dunkerque* (M. 81, 1).

b) 1. *Il prétendait l'avoir vu* (69, 31).

Un domestique raconta avoir entendu un oiseau chanter coquerico (57, 29). — *Je jure l'avoir vu.* — *Elle lui répéta l'ordre qu'elle affirmait avoir reçu du ciel* (101, 33).

2. *On croirait entendre un âne* (70, 3).

Je pensais entrer jusqu'à la porte du sépulcre (M. 8, 1). — *Il espérait l'écraser sous les pieds de son cheval* (96, 34). — *Je compte retourner au pays plus vaillant que jamais* (M. 261, 5). —

Celui-ci ne se rappelait pas avoir jamais entendu parler d'une rue de ce nom (M. 114, 20).

3. *Comment ne pas désirer le voir de plus près?* (M. 116, 4).

Merci, encore une fois, de l'honneur que vous avez daigné leur faire (M. 50, 6). — *Ils préféraient piller le royaume* (98, 13).

Der bloſse Infinitiv steht

1. als Subjekt;
2. als logisches Subjekt nach den unpersönlichen Verben *il faut, il semble, il paraît, il vaut mieux* und einigen anderen; sonst steht der Infinitiv mit *de* s. § 154;
3. als Prädikatsbestimmung nach persönlichem *sembler, paraître;* ferner nach *c'est* und *se trouver;*
4. als Objekt.

a) nach den Hilfsverben:

vouloir wollen	*venir* kommen
pouvoir können	*courir* laufen
savoir können, verstehen	*envoyer* schicken
oser wagen	*laisser* lassen
aller gehen	*faire* lassen, bewirken.

Zus. 1. *Aller* mit dem Inf. steht häufig statt des Futurs; in anderen Fällen ist es Füllwort und bleibt unübersetzt (vgl. die Beispiele).

2. *Aller, venir* und *courir* sind somit intransitiv.

b) Nach folgenden Verben des Sagens, Denkens und Wünschens.

1. Verba des Sagens:

prétendre behaupten	*affirmer*, *assurer* } versichern
raconter erzählen	
jurer schwören	*avouer* gestehen

2. Verba des Denkens:

croire glauben	*compter* darauf rechnen
penser meinen	*se rappeler* sich erinnern
espérer hoffen	*s'imaginer* sich einbilden

3. Verba des Wünschens:

désirer, *souhaiter* } wünschen	*aimer mieux*, *préférer* } lieber wollen.
daigner geruhen	

Zu 1. *Puis il devint tout pâle et faillit tomber* (114, 7).
Faillir und *penser* ‚beinahe' stehen ebenfalls mit dem bloßen Inf.

2. *Je jure l'avoir vu.* — *Le prince anglais avait juré de ne pas lui rendre la liberté* (98, 32). *Le roi jura d'accepter la constitution* (M. 70, 1).
Jurer ‚eidlich versprechen' steht wie *promettre* mit *de*.

3. *Il aimait mieux mourir que d'abandonner son peuple* (88, 25).
Nach *aimer mieux* und *préférer* steht der zweite Inf. mit *de*.

4. Der bloße Infinitiv findet sich vereinzelt 1) in den Fragen: *Que faire? Quel parti prendre?* 2) statt des Imperativs: *s'adresser* (in Anzeigen), *voir* (in Verweisungen).

2) Der Infinitiv mit à.

a) *Dieu hésitait à lui donner le feu* (37, 31).

Il est dangereux de s'arrêter à écouter un loup (59, 26). — *Il persiste à nier.* — *Les Bretons ont peine à renoncer à leurs habitudes* (M. 165, 2). — *Le billet contenait des nouvelles que les Parisiens avaient intérêt à savoir* (63, 14). — *La souris semblait prendre grand plaisir à passer entre les jambes des plus acharnés* (55, 22). — *Le diable se plaît toujours à faire naître des noises* (71, 1). — *On ne perd pas son temps à pêcher en Seine* (M. 133, 10). — *Notre paysan a réussi à mettre de côté le prix du champ qu'il cultive* (M. 46, 22). — *Le loup parvint à sortir de l'eau* (81, 6). — *Jamais je ne consentirai à m'en séparer* (58, 6). — *Le courageux pilote se borne à dire: «Mes camarades sont aussi braves que moi»* (65, 14).

Le maître d'hôtel se disposait à la servir (93, 20).

Le joyeux gamin se mit à galoper à travers l'herbe (24, 23). — *On trouve plus délicat d'autoriser l'institutrice à communiquer l'adresse de la famille, qu'elle vient de quitter* (M. 258, 27). — *Palissy fut invité à abjurer sa religion* (M. 8, 21). — *Pierre engageait les rois et les seigneurs chrétiens à réunir des soldats* (82, 31). *Ses petits succès scolaires engagèrent son père à lui laisser suivre les cours du collège* (68, 33). — *Il m'encouragea à continuer.* — *Le jardin d'acclimatation à Paris contribue à propager ces espèces nouvelles* (M. 102, 3). — *Le Rhin est bien plus une artère commerciale servant à réunir les populations des deux rives, qu'un obstacle destiné à les séparer* (M. 95, 17). — *Richelieu travailla toute sa vie à faire du roi son esclave* (M. 14, 1). — *Leur vie entière s'est passée à travailler sans relâche* (M. 45, 28). — *Quelquefois l'enfant s'exerce à se tenir debout* (117, 24). —

Il faut vous habituer tout petit à faire votre devoir (119, 20). — *Louis aide son camarade à sortir de l'eau* (25, 6). — *Elle s'amusait à cueillir des noisettes* (60, 1). — *Les petits cherchent à se rendre utiles* (38, 31). — *Il avait appris à se contenter de peu* (69, 5). —

Il aime à manger les rats et les souris (56, 5).

Marie donne à manger aux petits poussins (28, 18). — *On ne trouve pas toujours à prendre* (80, 32). — *Mon chat n'est pas à vendre* (56, 28). — *Tu dois t'ennuyer d'être comme cela à ne rien faire* (M. 209, 10). — *On n'a qu'à marcher dans la direction de son ombre* (14, 6). — *Il y a dix à parier contre un* (31, 30). *Il n'y a pas un mot à perdre de mes raisons* (M. 210, 23).

b) *Le poisson sera facile à prendre* (80, 39).

Ce passage est difficile à expliquer. — *Le vin est-il bon à boire?* (M. 105, 18). — *N'est-ce pas là une chose bien dure à dire?* (M. 107, 8). — *Chose pénible à voir* (M. 106, 21). — *Les légions romaines furent constamment braves, patientes à supporter les fatigues* (M. 84, 30). — *La royauté se montrait impuissante à arrêter le mal par de vigoureuses réformes* (M. 66, 10; vgl. M. 162, 19). — *La nation était appelé à nommer ses représentants aux états généraux* (M. 66, 25). — *Le cri de Notre-Dame Guesclin fut accepté comme le plus propre à assurer la victoire* (97, 27). — *Les mariniers sont disposés à rendre service* (M. 113, 27). — *Hoche se dit même prêt à renoncer à sa carrière* (M. 81, 22). — *Votre mère n'est pas seule à vous aimer* (118, 31). — *Les journalistes sont les premiers à s'écrier.* (M. 238, 8 ff.)

c) 1. *Salle à manger; chambre à coucher; machine à tisser* (M. 109, 6); *adresse à manier un cheval* (107, 36).

2. *Il lui indiqua les reconnaissances à faire.*

3. *On considérait cette branche d'industrie comme de nature à porter préjudice à la culture du lin et du chanvre* (65, 27). — *Il avait calculé ses dépenses de manière à s'assurer le strict nécessaire* (69, 6).

Im allgemeinen steht à vor dem Infinitiv wie vor einem Substantiv und zwar

a) nach Verben

hésiter zögern	*avoir intérêt* ein Interesse haben
s'arrêter stehen bleiben	*prendre plaisir* Vergnügen haben
persister beharren	*se plaire* sich gefallen
avoir peine Mühe haben	*perdre son temps* seine Zeit verlieren

réussir gelingen
parvenir dahin gelangen
consentir einwilligen
se borner sich beschränken

(Ziel)

se disposer sich anschicken
se mettre sich daran machen
autoriser ermächtigen
inviter einladen
engager auffordern, veranlassen
amener veranlassen, dazu bringen
encourager ermutigen

contribuer beitragen
servir dienen
destiner bestimmen
travailler arbeiten
se passer zugebracht werden
s'exercer sich üben
habituer gewöhnen
se préparer sich vorbereiten
aider helfen
s'amuser sich unterhalten
chercher suchen
apprendre lernen
enseigner lehren

aimer à = gern — *trouver* finden — *avoir* haben
donner geben — *être* sein — *il y a* es gibt.

b) nach Adjektiven, Partizipien u. Adverbien

facile leicht — *patient* geduldig — *prêt* bereit
difficile schwer — *impuissant* ohnmächtig — *seul* allein
bon gut — *appelé* berufen — *le premier* der erste
dur hart — *propre* geeignet — *le dernier* der letzte
pénible peinlich — *disposé* geneigt — *longtemps* lange.

c) nach Substantiven

1. in einzelnen Ausdrücken (vergl. § 250)
2. mit passivem Sinn
3. nach *de nature, de manière, de façon.*

Zus. 1. a) *S'efforcer, tâcher, essayer* stehen mit *de; forcer* und *contraindre* mit *de* und *à;* vergl. § 155 a.

b) Man sagt: *décider, déterminer qn à faire qc* ‚jemand dazu bestimmen etwas zu thun'; also auch *se déterminer, se décider à faire qc* ‚sich bestimmen' oder ‚beschliessen etwas zu thun'; z. B. *enfin le militaire se décida à descendre* (74. 17).

Für ‚beschliessen' sagt man ausserdem *se résoudre à faire qc* oder *déterminer, décider, résoudre de faire qc;* z. B. *il résolut de découvrir le secret de l'émail* (M. 7. 15).

Ebenso heisst ‚sich weigern' *se refuser à* oder *refuser de.*

2. *Il est facile de faire cela.* Nach den oben genannten Adjektiven, unpersönlich gebraucht, steht *de* (denn ist der Inf. logisches Subjekt; vgl. § 154).

154 3) **Der Infinitiv mit *de*.**

a) *Ce te sera une grande honte de mourir en fuyant* (109, 15).

Est-il si difficile et si pénible de l'aimer? (M. 272, 7).

b) *Le roitelet promit d'être bien prudent* (38, 3).

Ne craignez pas de m'ennuyer (62, 9). — *Le prince lui permit alors de fixer lui-même sa rançon* (98, 38).

c) *Dieu fut bien étonné de le voir* (37, 30).

Je suis très heureux d'apprendre cette nouvelle (31, 18). — *Vous pensez s'il fut content et fier d'avoir été attentif en classe* (14, 12).

d) *Je compte mes brebis de peur de les perdre* (47, 12).

Son vif désir de s'instruire (68, 32).

Der Infinitiv mit *de* steht

a) als logisches Subjekt; vgl. § 152, 2.

b) statt des Objekts nach allen Verben aufser den oben angegebenen Fällen des blofsen Infinitivs und des Infinitivs mit à.

Zusatz. *Le mendiant lui donna une fève et lui dit de la planter* (53, 2). *Dire* mit folgendem *de* enthält eine Willensäufserung; vgl. § 146 c, Zusatz 2, S. 110.

c) nach Adjektiven, denen auch ein Substantiv mit *de* folgen würde.

d) in der Regel nach Substantiven; vgl. § 153 c.

155 4) **Der Infinitiv steht mit *à* oder *de***

a) unterschiedslos:

L'Auvergnat continue, à Paris, de vivre à la mode de son village (M. 142, 27). — *Ils continuèrent pourtant à payer leurs redevances* (M. 6, 19).

Le roi fut forcé de lever le siège de la ville (18, 23). — *Tous les oiseaux se jettent sur lui et le forcent à retourner dans son trou* (38, 18).

Nach *commencer* und *continuer*, *forcer* und *contraindre*. Indes scheint *commencer à* jetzt die Regel zu sein; vgl. 47, 10; 73, 11, 104, 12; 119, 32; M. 82, 28; 161, 31.

b) mit Unterschied:

α) *Ils ont demandé à venir vous voir* (25, 12; siehe auch 90, 34 und M. 82, 22) — gleiches Subjekt.

Il laissa tomber une carte et demanda au militaire de la lui ramasser (74, 5) — verschiedenes Subjekt.

b) *On ne tarda pas à s'apercevoir qu'il n'en était rien* (57, 27; siehe auch 108, 27); *ne pas tarder à* = ‚bald'.

Il me tarde de vous entendre raconter vos voyages (62, 8); *il me tarde* = ‚es verlangt mich'.

c) *Il vint à me voir; venir à* = ‚zufällig';
il venait de me voir; venir de = ‚soeben'.

5) Der Infinitiv mit anderen Präpositionen. 156

a) *Après avoir rassemblé les débris de son armée, il monta sur un vaisseau et fit voile pour la France* (89, 4).

Après mit dem Inf. steht statt des Partizipiums.

b) *Si les vivres nous manquent, nous commencerons par manger nos chevaux* (113, 2). *Nous avons tous commencé par être de petites créatures* (118, 7). — *Ils finirent par découvrir le lion suspendu en l'air sur la balançoire* (74, 27). *Elle finit, de guerre lasse, par ne plus répondre* (105, 33).

Commencer par = ‚anfänglich, zuerst'; *finir par* = ‚endlich, zuletzt'.

Weitere Beispiele M. 84, 7; — M. 26, 17; 31, 22.

c) *Pour arriver jusqu'à eux, il fallait traverser une large rivière* (86, 32). — *Il coupa une petite branche afin de fouetter la petite fille* (52, 31). — *Il a attendu tranquillement son tour au lieu de bavarder* (67, 12).

Avant de se mettre en route, Balthasar dit à Fleuriot (76, 31).

Von den sonstigen Präpositionen und präpositionalen Ausdrücken werden mit dem Infinitiv verbunden:

pour / *afin de* } um zu — *au lieu de* anstatt.

Merke *avant de*. — Hierher können auch die oben (§ 153 c, 3) erwähnten Ausdrücke *de nature à, de façon à, de manière à* und (§ 154 d) *de peur de* gerechnet werden.

Gebrauch des Infinitivs statt eines Nebensatzes. 157

Der Infinitiv steht im Französischen gewöhnlich statt eines Nebensatzes, wenn es der Zusammenhang erlaubt. *Le roitelet promit d'être bien prudent* (38, 3). — *Cette échelle permet de pendre les épis de maïs pour les sicher* (40, 23). — *Je vous serais très reconnaissant de passer mes gens en revue* (M. 49, 20).

Das Subjekt des Nebensatzes mufs je nach dem Verbum im Hauptsatze Subjekt, näheres oder entfernteres Objekt sein.

Zus. 1. Nach *falloir* ist die Infinitivkonstruktion nicht erlaubt, wenn das Subjekt des abhängigen Satzes ein Substantiv ist; vgl. § 113, 6 Zus. 3c S. Bsp.

2. *Le jeune homme répondit qu'il ne se méprenait pas du tout* (67, 33). Nach *répondre, répliquer, repartir* und *dire* steht, wenn sie nicht eine Willensäufserung enthalten, *que*.[1])

3. *C'est un talent que j'ai cultivé dès l'enfance et que je peux dire avoir porté a sa dernière perfection* (69, 34).

Eigentümlich ist der Infinitiv im Relativsatz, abhängig von einem Verbum des Sagens oder Denkens.

2. Das Partizip.

158 Das Partizip ist die adjektivische Form des Verbums; es wird daher wie ein Adjektiv gebraucht und ist in vielen Fällen, wie das Adjektiv, flexibel.

Viele Partizipien stehen auch substantivisch: *les passants* (M. 50, 36), *les assiégeants — les assiégés.*

1. Veränderlichkeit des Partizip Präsens.

159 *Ils furent plus exigeants que jamais* (M. 6, 21). — *les oiseaux émigrants* (62, 25).

Vers le soir, il voit revenir Bembro et ses soldats marchant sans défiance (96, 9).

Das Partizip Präsens ist nur dann veränderlich, wenn es entweder eine dauernde Eigenschaft oder ein gewohnheitsmäfsiges Thun ausdrückt.

Vergl. M. 38, 1 f.; 50, 36; 112, 3; 121, 3 u. 4; — U. 100, 9 f.; M. 13, 26; 17, 23; 117, 27 f.

160 In einer Reihe von Fällen gibt es neben der Partizipialform noch ein Adjektiv des nämlichen Stammes. Meist ist dasselbe nur in der Schrift von dem Partizip verschieden.

---

[1]) Nach *dire* — ‚behaupten' findet sich der Infinitiv: *Il dit l'avoir vu.*

Lautlich verschieden:

valant — *vaillant*
pouvant — *puissant*
sachant — *savant*.

Lautlich übereinstimmend:

différant — *différent*
négligeant — *négligent*
convainquant — *convaincant* etc.

2) Veränderlichkeit des Partizip Perfekt.

Das Partizip Perfekt ist veränderlich je nach seiner 161
Beziehung.

1. *Il nous a vus* — *nous nous sommes défendus.*
2. *Nous sommes allés.*
3. *La semaine passée.*

Nous avons marché. — *J'ai vu les soldats.* — *Nous nous sommes procuré des billets.*

1. Das Partizip Perfekt richtet sich beim transitiven Verb im Aktiv und beim reflexiven Verb nach dem vorangehenden Objekt als seinem Beziehungswort.[1])

2. Sonst bei *être* richtet sich das Partizip Perfekt wie jedes prädikative Adjektiv nach seinem Subjekt.

3. Ohne Hilfsverb richtet es sich wie jedes Adjektiv nach seinem Substantiv.

Sonst ist das Partizip der Vergangenheit beziehungslos und daher unveränderlich.

Reziproke Verba werden wie die Reflexiva behandelt: *nous nous sommes vus.*

Einzeln zu merken: 162

1. *Madame Grand-Manteau couvre tout, excepté l'eau* (145, 20). *Excepté, y compris, passé* sind auch ohne Hilfsverb nur dann

---

[1]) Bei den Reflexiven liegt die Eigentümlichkeit im Gebrauch von *être*. Diese Verba sind eine besondere Art Transitiva; vgl. § 117.

veränderlich, wenn ihr Substantiv vorangeht (ähnlich das Adjektiv *feu;* vergl. § 185); im anderen Fall stehen sie absolut.

2. *On m'a offert des services, mais on ne m'en a pas rendu.*

En ist nicht Objekt, hat daher keinen Einflufs auf ein folgendes Partizip.

3. *Les deux heures que j'ai couru.*

Bei *courir, valoir, coûter* und ähnlichen Verben steht ein Akkusativ des Mafses (Zeit, Raum, Wert), zu welchem das Partizip keine Beziehung hat.

Vous me le jurez par toutes les larmes que vous m'avez coûtées.

Stehen diese Verba figürlich, so werden die Akkusative als wirkliche Objekte angesehen, auf welche das Partizip sich bezieht. (Vgl. jedoch die Anm.)

4. *Les grandes chaleurs qu'il a fait.*

Das Partizip unpersönlicher Verba ist unveränderlich (vorausgehendes *que* gilt stets als logisches Subjekt).

5. *Il nous a vus arriver. — Cette chanson, je l'ai entendu chanter moi-même.*

Folgt auf das Partizip noch ein Infinitiv, so ist darauf zu achten, zu welchem Verb der vorausgehende Akkusativ Objekt ist; nur wenn der Akkusativ Objekt zu dem Partizip ist, wird dasselbe verändert.

6. *Néron a fait tous les maux qu'il a pu.*

Die modalen Hilfsverba sind auch dann unveränderlich, wenn der Infinitiv ausgelassen ist.

7. *On les a fait sortir.*

Wie § 124 Zus. 1 bemerkt, verschmilzt *faire* mit folgendem Infinitiv zu einem Verbalbegriff; in diesem Falle ist daher *fait* unveränderlich.

Anm. Lautlich ist das Partizip Perfekt nur sehr weniger Verba noch veränderlich; s. S. 53. Daraus erklären sich einige Schwankungen, so bei den in Nr. 3 und 5 erwähnten Fällen. Die Akademie behandelt *coûté* als unveränderlich.

Die Partizipialkonstruktion.

163 1. *Une fourmi allait ça et là, cherchant fortune* (21, 6).

2. *La rivière passée, l'habitant de Marseille dit* (17, 4). *La revue terminée, Mandrin conduisit le gouverneur jusqu'à sa voiture* (M. 50, 1).

Man unterscheidet verbundene und absolute Partizipialkonstruktionen.

1. Bei der verbundenen ist das Beziehungswort irgend ein Satzglied; das Partizip steht dann als Attribut oder Apposition.

2. Bei der absoluten steht das Beziehungswort ohne äufseren Zusammenhang mit dem übrigen Satz (absolut); das Partizip steht als Prädikat zum Beziehungswort.

Wie das Partizip steht häufig das Adjektiv.

Die Partizipialkonstruktionen können ausdrücken: 164

1. die Art und Weise (‚indem' 101, 15),
2. die Zeit (‚als' 17, 4; 47, 32 — ‚nachdem' 75, 16; 96, 14),
3. den Grund (‚da' 97, 25),
4. eine Bedingung (‚wenn' 90, 39),
5. ein Zugeständnis,
6. Die verbundene Konstruktion ersetzt sehr häufig einen Relativsatz (12, 27; 75, 27; 76, 8; 102, 6).

Nicht selten wird bei der Übersetzung ins Deutsche der Partizipialsatz dem Satze, in welchem er steht, koordiniert (109, 16).

Zuweilen steht auch im Deutschen das Partizipium (94, 1).

Zus. In absoluter Konstruktion ist das Adjektiv häufig modal (deutsch: mit'). *Les prêtres et les devins sortirent du temple, les cheveux épars, les yeux ardents* (Guizot; s. § 139 Z. 38).

3. Das Gerundium. 165

Le roi voulut marquer sa confiance aux Parisiens en venant les visiter (M. 68, 6).

Dans le Misanthrope, Molière a rendu un très bel hommage à la vertu, tout en montrant qu'il fallait qu'elle fût indulgente (M. 31, 31).

La constitution, tout en maintenant l'autorité royale, en abolissait l'absolutisme (M. 69, 25).

Das Gerundium steht meist mit *en* und ist sonst gleich dem Partizip Präsens. Es drückt abweichend von diesem häufig das Mittel aus (‚dadurch dafs'), kann aber nicht den Grund ausdrücken.

Oft tritt *tout* zur Verstärkung vor das Gerundium, das dann in der Regel konzessiven Sinn hat.

166 Der **unbestimmte Artikel** (eigentlich Zahlwort) führt unbekannte, noch nicht genannte Gegenstände ein.

Der **bestimmte Artikel** (ursprünglich hinweisendes Fürwort) weist im allgemeinen auf schon genannte oder bekannte Gegenstände hin.

Ob der Artikel steht, hängt ab:

1. von der Art des Substantivs,
2. von der Stelle, welche es im Satze einnimmt.

Der Artikel bei Eigennamen.

167 1. *La mort de César.*

Personennamen im Singular und ohne Adjektiv haben keinen Artikel. — Im Deutschen oft abweichend.

Les Bernard avaient loué deux journaliers (M. 103, 33). — *Les Voltaire (un Voltaire).*

Im Plural (mehrere Personen gleichen Namens bezeichnend) haben die Personennamen den Artikel (aber gewöhnlich kein Pluralzeichen). Ähnlich steht emphatisch *les* neben *un.*

Le grand César — Croisade de saint Louis (87, 24).

Ebenso steht der Artikel, wenn die Person durch ein Adjektiv näher bestimmt ist. — Aber kein Artikel bei *saint.*

Bei manchen Personennamen macht der Artikel einen Teil des Namens aus: *Lesage;* daher auch *de Lesage.*

Zusätze 1. Der Gebrauch hat, dem Italienischen folgend, einigen italienischen Dichtern und Malern den Artikel gegeben: *l'Arioste, le Tasse (du Tasse), le Corrège;* unberechtigt auch *le Dante, le Titien,* da Vornamen im Italienischen ohne Artikel stehen. Ähnlich häufig *le Poussin* (franz. Maler). Alle diese Namen stehen auch ohne Artikel (immer in der italienischen Form: *Ariosto).* — Vereinzelt: *le Christ* (lə-krist) wörtlich ‚der Gesalbte'.

3. Personennamen werden oft übertragen und dann behandelt entsprechend der neuen Bezeichnung *le Saint-Bernard* ‚der Sankt Bernhard'. — Die Übertragung bezieht sich auf Schriftwerke, Kunstgegenstände, Schiffe, Berge, Flüsse, Orte, Inseln, Sterne.

2. *Paris — le Paris riche, le Paris du luxe* 168
(M. 121, 32.)

Ortsnamen haben nur dann den Artikel, wenn sie durch Adjektiva oder ein Substantiv mit *de* näher bestimmt sind. Dasselbe gilt von der Übertragung (s. oben).

Le Havre (= der Hafen), *la Haye, le Caire etc.*

Manche Ortsnamen haben den Artikel (sind ursprünglich Gattungsnamen).

Zus. Der Artikel fehlt, wenn der Ortsname durch einen Zusatz von gleichnamigen unterschieden wird: *Châlons-sur-Marne.*

3. *La France, le Portugal.* 169

Ländernamen stehen gewöhnlich mit dem Artikel; auch *le Brandebourg, le Brunswick, le Hanovre, le Luxembourg* und einige andere.

Sonst fehlt der Artikel, wenn der Name des Landes mit dem einer Stadt des Landes übereinstimmt: *Bade, Naples* etc., gewöhnlich *le grand-duché de Bade.* — Ähnlich *Galles* (Wales) und *Albion.*

Zus. *La Sicile — Jersey, l'île de Jersey.*

Gröfsere Inseln werden wie Länder, kleinere wie Orte behandelt (gewöhnlich wird *l'île de* vorgesetzt).

1. *En France, en Allemagne.* 170

2. a) *Le roi, le trône* (M. 10, 26), *la couronne de France, l'ambassadeur d'Espagne* (M. 13, 7).

b) *Les côtes de Bretagne* (86, 29), *les ports de France* (M. 23, 32), *les champs de France* (M. 46, 5), *les villes de France* (M. 120, 5), *les guerres d'Italie* (108, 19) — *les vins de France* (M. 102, 5).

c) *Chasser de France* (104, 1), *de Normandie et de Guyenne* (106, 38), *apporter d'Amérique et de Russie* (M. 46, 7) — *venir du Portugal. L'histoire de France* (M. 120, 19) — *l'histoire du Portugal.*

Ländernamen stehen ohne Artikel:

1. immer nach *en.*

2. häufig nach *de.*

De ohne Artikel steht bei singularischen Ländernamen ohne Attribut:

a) nach Titeln (*empereur, roi, duc* etc.); dahin werden auch gerechnet: ***ambassadeur, ministre, consul, ambassade, trône, couronne*** und ähnliche.

Einzelne Namen entlegener Länder kommen auch mit dem Artikel vor: *l'empereur de la Chine.*

b) zur Bezeichnung einer Eigenschaft (statt des Adjektivs; so besonders nach den Erzeugnissen des Landes.

Les côtes de la Bretagne (M. 164, 9), *de la France* (M. 164, 10), *la seconde guerre de la Pologne* (M. 86, 21 u. 33).

In einzelnen Fällen schwankt der Gebrauch; entlegene Länder stehen nach Erzeugnissen gewöhnlich mit dem Artikel: *la porcelaine du Japon.*

Man vergleiche: *l'armée de l'Angleterre* (Besitz) — *l'armée d'Angleterre* (M. 84, 24; das Heer, welches in England kämpft oder kämpfen soll).

c) Auf die Frage ‚woher?' fällt vor Femininen im Sing. der Artikel weg.

Ähnlich nach ***histoire.***

Vergleiche: *Il descendit de voiture* (M. 49, 26).

171 4. *Les Alpes — le Rhin.*

Die Namen der **Flüsse** und **Gebirge** stehen mit dem Artikel.

Zusatz. Flußnamen stehen ohne Artikel in einzelnen Ausdrücken, so in *Châlons-sur-Marne* und ähnlichen.

Le nord, le sud, l'est, l'ouest. 172

Die Namen der **Himmelsgegenden** stehen mit dem Artikel.

In einzelnen Ausdrücken fehlt der Artikel, so in *vent d'est, vent d'ouest* (M. 213, 18), *brise d'ouest* (M. 166, 37).

Vers la fin de décembre (104, 35); *de juin à octobre* 173
(M. 111, 9); *en mai — le mois de mai* (29, 31).

Die Namen der **Monate** ohne Attribut haben keinen Artikel; gewöhnlich geht *le mois de* vorher.

Zusatz. *Le quatre avril on le lui vola* (6, 27).
Beim Datum gehört der Artikel zur Zahl; es sollte heifsen: *le quatre d'avril.*

Aujourd'hui lundi est la Saint-Jean.
Dimanche dernier — mardi prochain.
Lundi nous sommes arrivés — jeudi nous partirons.

Die Namen der **Wochentage** stehen ohne Artikel, wenn der laufende Tag, der nächst vorhergehende oder nächstfolgende Tag dieses Namens gemeint ist. Sonst steht der Artikel. Vgl. 23, 32—36.

Die **Feste** stehen mit dem Artikel, aufser *Noël* und *Pâques.*

Der Artikel bei Stoffnamen, Abstrakten und bei **Gattungsnamen.** 174

Il ne périt point par le soufre et le feu (M. 172, 10).

Stoffnamen und Abstrakta haben den Artikel nicht nur, wenn der Stoff oder die Eigenschaft näher bestimmt ist, sondern auch, wenn ganz allgemein davon die Rede ist. Im Deutschen fehlt dann gewöhnlich der Artikel. Vgl. M. 112, 36.

Le père de famille n'y était pas (M. 13, 9).

Bei Gattungsnamen nach *de* findet ein ähnlicher Unterschied statt wie bei den Ländernamen: der Artikel drückt den Besitz aus; blofses *de* ist qualitativ (im Deutschen häufig ein zusammengesetztes Subst.) Vgl. *la peau du lion* ‚die Haut des Löwen' mit *la peau de lion* ‚die Löwenhaut'.

Weitere Beispiele: M. 41, 9; 47, 13; 80, 22; 84, 25; 109, 20.

Das Substantiv als Satzglied.

175 1. *Un homme commençait à vieillir* (47, 10).

2. *Il coule des gouttes de sang* (16, 3).

3. *C'était un combat de géants* (112, 16).

4. *Il fallait tromper les Suisses* (111, 31).

5. *Le jour d'une bataille, vous avez besoin les uns des autres* (M. 85, 2).

Pendant sa captivité, le roi fut d'une admirable résignation (88, 28).

6. a) *Le million, on n'en parla point* (M. 90, 13).

b) *La rivière passée, le Marseillais dit* (17, 4).

7. *Le roi Louis XVI* (66, 14); *le général Bonaparte.*

8. *Anecdotes de Henri IV, roi de France* (18, 9).

Das Substantiv kann im Satze stehen:

1. als Subjekt;

2. als logisches Subjekt; dann ist *il* grammatisches Subjekt. Das Verb steht immer im Singular (vgl. § 115 b);

3. als Prädikat;

4. als Objekt;

5. als sonstige Ergänzung eines Satzteils oder zur Angabe des Umstandes (Zeit, Ort, Maſsbestimmung).

So besonders häufig nach Präpositionen;

6. absolut und zwar:

a) allein, dann wird es durch ein Fürwort im Satze wieder aufgenommen;

b) mit einem Partizip oder Adjektiv (vgl. § 163 und 164);

7. als Attribut;

8. als Apposition.

Adjektiv und Partizip können ebenfalls als Prädikat, Attribut und Apposition vorkommen.

Besondere Erörterung erfordern Prädikat, Attribut und Apposition.

Anm. Nach dem deutschen Relativ ‚dessen, deren' fällt der Artikel weg. Das franz. *dont, duquel, de laquelle, desquels, desquelles* hat keinen Einfluſs auf den Gebrauch des Artikels; Beisp. s. §§ 114, 1 u. 229 b.

Das Prädikat.

Das Prädikat kann sich beziehen: 176

1. auf das Subjekt.

a) *Monseigneur, reprit le duc, je suis moi-même votre serviteur* (108, 2).

La joie fut grande parmi les Anglais (104, 29).

Dies ist besonders nach folgenden Verben der Fall:

être	sein	*devenir*	werden
paraître, *sembler*	scheinen	*rester*, *demeurer*	bleiben.

b) *Le bon capitaine fut alors nommé connétable de France* (99, 10; siehe auch M. 13, 16 f. u. 70, 23).

Ebenso nach den Verben unter Nr. 2, wenn sie passivisch stehen.

Zusatz. *Il est Français — c'est un Français.*

Das prädikative Subst. steht ohne Artikel, wenn es Nation, Stand, Beruf und ähnliche allgemeine Bezeichnungen enthält. — Nach *c'est* steht aber der unbestimmte Artikel.

2. auf das Objekt.

Les croisés le nommèrent roi de Jérusalem (85, 6).

Verba: *avoir*	haben	*proclamer*	ausrufen
faire, *rendre*[1])	machen	*croire*, *penser*, *juger*	halten
élire	wählen	*appeler*, *nommer*, *dire*	nennen
couronner	krönen	*se montrer*	sich zeigen etc.
créer, *déclarer*, *nommer*	ernennen		

Zusätze. 1. *La plupart des catholiques refusaient de reconnaître pour roi le chef des protestants* (M. 10, 33). *Il choisit pour parrain le modeste capitaine* (112, 22). *Louvois se considéra comme l'élève du roi* (M. 24, 39).

2. *Il prit pour artillerie quatre canons de ferblanc* (136, 15). *Ils virent une petite rivière qu'ils prirent pour l'Océan* (136, 30).

---

[1]) *Rendre* steht für das deutsche ‚machen', besonders bei prädikativen Adjektiven: *Talbot rendit par son opiniâtreté sa défaite plus sanglante* (103, 5), vgl. M. 48, 29; 82, 2 u. 85, 16

3. *On peut regarder les populations de la Normandie, de la Champagne et de l'ancien comté de Paris comme les populations fondamentales de la France* (M. 97, 19).

1. Nach *reconnaître, choisir* und *considérer* steht gewöhnlich *comme* oder *pour*.

2. Nach *prendre* ‚nehmen als, (irrtümlich) halten' steht *pour*.

3. Nach *regarder* steht *comme*.

Im Deutschen steht vor dem prädikativen Subst. häufig ‚als' oder ‚zu'.

Attribut und Apposition.

177 *Le général Bonaparte — les braves soldats.*

Pierre l'Ermite — Richard Cœur-de-Lion; Louis XIV (quatorze).

Das **Attribut** ist der unselbständige (unbetonte) Zusatz zu einem Substantiv und steht vor oder nach demselben. In einzelnen Fällen fehlt der Artikel beim Attribut.

Zus. 1. *Tout cela constitue un spectacle curieux et qui exerce sur le Parisien un attrait extraordinaire* (M. 125, 18; vgl. M. 103, 26 u. 115, 8).

Auch verschiedenartige, zu demselben Substantiv gehörige Attribute werden gewöhnlich durch *et* verbunden.

2. *Monsieur le comte — madame la comtesse.*

Monsieur, madame, mademoiselle, monseigneur haben keinen Artikel, doch steht derselbe vor dem folgenden Substantiv (Titel oder Verwandtschaftsname).

De nach dem attributiven Subst. s. § 245.

178 *Devenu Premier Consul, maître de faire ce qu'il jugerait convenable, Bonaparte ne pouvait pas hésiter dans sa conduite envers le pape récemment élu* (Thiers).

Enfin les deux frères trouvèrent Marcelin Lubert, ouvrier serrurier (M. 121, 13).

Die **Apposition** ist der selbständige (betonte) Zusatz zum Substantiv.

179 Die substantivische Apposition wird vorausgehend immer ohne Artikel gesetzt. Beisp. s. vorher.

Nachfolgend steht die substantivische Apposition in der Regel ohne Artikel.

a) *Molière, le plus grand poète français.*

b) *Albuquerque prit Ormus, la ville la plus brillante de l'Orient.*

c) *A la tête de la jeunesse accourue pour défendre et venger l'honneur national, on remarqua surtout le prince Louis de Prusse, l'ami de Mme de Staël et le neveu du grand Frédéric, jeune homme ardent et chevaleresque, adoré déjà pour ses nobles qualités* (Lanfrey).

Der Artikel steht bei der Apposition:

a) selbstverständlich vor dem Superlativ;

b) gewöhnlich, wenn der Superlativ nachsteht;

c) sonst, wenn die Apposition einen stärkeren Nachdruck hat.

Anm. 1. Der unbestimmte Artikel steht fast nie bei der Apposition; vgl. indessen M. 161, 24—28.

2. *Anecdotes de Henri IV, roi de France* (18, 9).

Präpositionen werden in der Regel nicht vor der Apposition wiederholt; Beisp. für die Wiederholung s. M. 230, 31.

Im Deutschen wird die Präposition ebenfalls nicht wiederholt, aber die Apposition steht in demselben Kasus wie das vorausgehende Subst. Da es im Franz. keine Deklination mehr gibt, kann auch in diesem Falle keine Übereinstimmung der Kasus stattfinden.

Sonstiger Gebrauch des Artikels.

Der Artikel steht oder fehlt im Französischen, zum Teil abweichend vom Deutschen, in einer großen Zahl von feststehenden Ausdrücken. Einige derselben erklären sich aus den allgemeinen Grundsätzen, die für den Gebrauch des Artikels maßgebend sind. Vgl. z. B. für *aimer le vin* § 174. 180

Der bestimmte Artikel steht unter anderen in folgenden Ausdrücken: 181

aimer le vin gern Wein trinken
avoir le temps Zeit haben, *ne pas avoir le t.* keine Zeit haben
comprendre, savoir, apprendre le français franz. verstehen, können, lernen
être le bienvenu willkommen sein
faire la guerre, la paix Krieg führen, Frieden schließen
garder le silence Stillschweigen beobachten
mettre le feu, le siège in Brand stecken, belagern.

Dans l'occasion bei Gelegenheit
l'année dernière, passée, prochaine letztes, vergangenes, nächstes Jahr
les mots suivants folgende Worte etc.

Der Artikel fehlt in:

avoir besoin de qc etw. nötig haben

avoir chaud	*avoir raison*
— *froid*	— *tort*
— *faim*	— *envie*
— *soif*	— *peur* etc.
— *sommeil*	

faire attention à qc acht geben auf etw.

faire choix	*faire plaisir*
— *crédit*	— *signe*
— *mention*	— *usage* etc.
— *naufrage*	

prendre congé	*il y a moyen*
— *feu*	*il n'y a pas moyen*
— *patience*	*trouver moyen*

lier conversation	*livrer bataille*
nouer conversation	*tenir tête à qn*

mettre fin à qc und in vielen anderen Ausdrücken.

1. *Ils employèrent tous les moyens, prières, menaces, argent* (104, 31).
2. *Les Anglais ne rencontraient rien, ni hommes ni vivres* (99, 19). *On ne trouvait là ni eaux ni vue* (M. 33, 4). *Soit hasard, soit tout autre cause, elle s'arrêta en face d'Euxène* (Guizot).
   Jamais prince ne fut plus cruellement trompé.
3. *Histoire de France.* — *Victoire de Taillebourg* (86, 23).

Ausserdem fehlt der Artikel, meist übereinstimmend mit dem Deutschen, wenn die Substantiva in allgemeinem Sinn stehen,

1. bei Aufzählungen; weitere Beisp. M. 47, 13; 63, 31—37; 64, 21;
2. nach *ni — ni, soit — soit*, sowie am Anfang des Satzes nach *jamais*;
3. in Titeln und Überschriften.

Zusätze 1. *Sous prétexte de liberté* (M. 232, 9). *Il est à bout de ressources — il est au bout de ses ressources.*

Ist ein Subst. mit einem andern durch *de* verbunden, so steht es gewöhnlich nur dann mit dem bestimmten Artikel (oder Possessivum), wenn das erste den bestimmten Artikel hat.

2. *Il n'y avait guère moyen de passer avec un matériel d'artillerie* (Thiers).
Zwei durch *de* verbundene Substantiva haben nicht beide den unbestimmten Artikel.

Wiederholung des Artikels.

1. *Les femmes, les enfants et les vieillards* (M. 82, 10). — *Les père et mère.*

Les arts et métiers („polytechnische Schule").

2. *Les grandes et les petites villes.* — *Le sage et pieux Fénelon.*

3. *Les voies ferrées ou chemins de fer.*

1. Der Artikel wird wiederholt, wenn mehrere Substantiva durch *et* verbunden sind. Bei Zusammenfassungen und in vielen stehenden Verbindungen wird der Artikel nicht wiederholt.

2. Der Artikel wird wiederholt, wenn mehrere Adjektive vor einem Subst. sich auf verschiedene Gegenstände beziehen.

3. Nach *ou* wird der Artikel nur dann nicht wiederholt, wenn beide Subst. sich auf denselben Gegenstand beziehen.

DAS ADJEKTIV.

185 *Les livres sont bons — les plumes sont bonnes.*

Das Adjektiv bezieht sich auf ein Substantiv oder Pronomen und richtet sich nach diesem in Geschlecht und Zahl. Dasselbe gilt häufig vom Partizip (s. §§ 159, 161 u. 162).

Einige Adjektive können, wie *excepté* etc. (§ 162, 1), absolut vor dem Subst. stehen und sind dann unveränderlich, z. B. *feu: Feu la reine*, aber *la feue reine*. *Demi* und *nu* bilden vorstehend mit dem Subst. eine Zusammensetzung und bleiben daher unverändert: *une demi-heure; nu-pieds*. Aber: *une heure et demie; les pieds nus* (83, 4). — Lautlich treten diese Unterschiede nicht hervor.

186 1. *Il a blouse et chemise blanches* (M. 105, 34). — *La noblesse et le clergé réunis* (M. 66, 3).

2. *Le mélange des éléments romain et germanique* (M. 97, 10). *Ces églises datent des XIIIe, XIVe et XVe siècles* (M. 155, 26).

1. Bezieht sich ein Adjektiv auf mehrere Subst., so steht es im Plural, bei verschiedenem Geschlecht der Subst. im Maskulinum; in letzterem Fall steht gewöhnlich das männliche Subst. dem Adjektiv zunächst.

2. Beziehen sich mehrere Adjektive auf ein Substantiv und bezeichnen sie verschiedene Gegenstände, so steht gewöhnlich das Subst. im Plural, während die Adjektive im Sing. stehen. — Der Plural ist unmöglich in: *la haute et la basse Seine.*

187 Wie das Substantiv kann das Adjektiv stehen als Prädikat, Attribut oder Apposition (s. §§ 175—179).

Außerdem steht das Adjektiv wie das Partizip in den Partizipialkonstruktionen; vgl. §§ 163 und 164.

Zusatz. *La vie à la plage est des plus variées* (M. 153, 30). Der Superlativ des Adjektivs kommt öfters mit partitivem *de* in indirekter Beziehung auf ein Subst. vor und ist dann absolut; deutsch: ‚außerordentlich'.

Häufig kommt das Adjektiv substantivisch vor und zwar: 188

1. als Mask. oder Fem. (das zugehörige Subst. ist dann ausgelassen): *les grands*.

Ebenso Partizipien: *les passants*.

2. als Neutrum: *le présent, le passé*.

Vertauschung von Adjektiv und Adverb. 189

1. *La presque totalité*.

2. *Ces fleurs sentent bon. Cela sent bon la galette* (81, 16). *Cela sent meilleur autour d'elle* (M. 246, 30).

3. *Les nouveaux venus, la nouvelle mariée.*

Elle peut bien marcher toute seule (49, 19). — *La ville tout entière* (111, 13).

4. *Le jour se levait rouge et chaud* (M. 59, 11). *Il ouvre toutes grandes les oreilles* (M. 133, 18).

1. Manche Adverbien stehen in bestimmten Ausdrücken wie ein attributives Adjektiv.

2. In einzelnen Ausdrücken steht die Maskulinform des Adjektivs als Adverb; solche sind:

sentir bon	*payer cher*	*chanter juste*
sentir mauvais	*coûter cher* 125, 31	*chanter faux*
acheter cher	*parler haut*	*tenir ferme* 87, 11.
vendre cher 50, 5	*parler bas*	

Die Wörter *bon, mauvais, cher* etc. stehen in diesen Fällen als substantivierte Neutra; *sentir bon* heifst also ‚Gutes riechen'; vgl. § 82.

3. Als nähere Bestimmung zu Adjektiven kommen in manchen Verbindungen Adjektiva statt Adverbien vor.

Tout hat geschwankt: lautlich ist es noch Adjektiv vor Adjektiven im Femininum; in der Schrift wird es nur vor Femininen mit konsonantischem Anlaut als Adjektiv behandelt.

4. Nicht selten steht auch bei anderen Verben als *être, sembler* und *paraître* das Adjektiv, das dann als nähere Bestimmung zum Subjekt oder Objekt aufzufassen ist.

Weitere Beisp. s. M. 71, 4; 76, 13; 88, 15; 136, 10; 162, 17.

Die Stellung des attributiven Adjektivs.

190 Das Adjektiv steht logisch (erst Substanz, dann Eigenschaft) nach dem Substantiv, wenn es wirklich eine Eigenschaft ausdrückt, wodurch der Gegenstand von anderen gleichartigen unterschieden wird:

Un homme savant.

Daher stehen gewöhnlich nach dem Substantiv:

1. Adjektive, welche sinnlich wahrnehmbare Eigenschaften ausdrücken: *blanc, noir. Des centaines de voiles blanches* (M. 159, 36).

2. adjektivische Bezeichnungen der Religion, der Sprache, des Volkes, des Standes: *protestant, allemand, belge, royal. La nation allemande.*

3. die Partizipien. *Une bataille perdue.*

191 Vor dem Substantiv drückt das Adjektiv vorzugsweise den Grad und das Maſs der Eigenschaft (gut, schlecht, Lob, Tadel) aus, es wird schmückendes, schilderndes Beiwort.

Un savant professeur.

Daraus erklären sich die meisten folgenden Einzelheiten.

Merke die vorstehenden Partizipien: *prétendu, feint, signalé, regretté* u. a.

192 Einzelheiten.

1. Einzelne Adjektive stehen immer vor dem Subst.: *grand, petit, long, court, bon, mauvais, beau, joli, vilain, vieux, jeune.*

2. Andere Adjektive haben in gewissen Ausdrücken eine feste Stelle:

le bonhomme der Einfaltspinsel („ein guter Mann' heiſst franz. *un homme de bien)*
d'une commune voix einstimmig
un faux pas ein Fehltritt
une fausse clef ein Nachschlüssel
un château fort eine Burg
une place forte eine Festung
un grand homme ein bedeutender Mann
une grande dame eine vornehme Dame
le moyen âge das Mittelalter etc.

3. a) *Un homme digne de notre confiance — une dame excessivement riche.*

b) *Un très grand nombre de soldats.*

a) Nach dem Subst. stehen alle Adjektiva, denen eine nähere Bestimmung folgt. Ebenso diejenigen Adjektiva, denen ein längeres Adverb vorangeht.

b) Kürzere Adverbien, die mit dem Adjektiv vorstehen, sind: *si, aussi, très, fort, assez, trop, plus, moins.*

4. In einer Reihe von Fällen steht das Adjektiv in bestimmter, besonders uneigentlicher Bedeutung immer an einer bestimmten Stelle.

a) *Les relations maritimes entre les différents peuples* (M. 156, 3). — *Chacun reprend alors un chemin différent* (70, 27). — *Certaines villes sont entourées de murs et de remparts* (132, 21). — *Il se voue à une mort presque certaine* (M. 218, 3).

b) *Saint Denis est remarquable par son ancienne abbaye* (41, 11).

c) *Un certain lièvre que je vis l'année dernière* (16, 27).

a) vor dem Substantiv:	nach dem Substantiv:
divers / *différents* verschiedene = mehrere	verschieden von einander
certain ein gewisser	sicher, bestimmt
honnête ehrlich	höflich
malhonnête unehrlich	unhöflich.

b. vor dem Substantiv:

ancien ehemalig	*pur* rein, blofs
méchant schlecht	*seul* einzig.

c) nach dem Substantiv:

dernier der letztvergangene, vorige	*propre* reinlich
nouveau neu, von neuer Art	(*un habit neuf* ein neues, d. h. noch nicht benutztes Kleid).

Die unter b. und c. aufgeführten Adjektive können in der abweichenden Bedeutung vor und nach dem Subst. stehen.

DAS ADVERBIUM.

Man unterscheidet im allgemeinen Adverbien **des Orts**, **der Zeit** und **der Weise**: *ici* — *hier* — *ainsi*.

Sie bestimmen gewöhnlich das Verbum näher: *Mon ami est parti hier*.

Zu den Adverbien der Weise gehören die von Adjektiven abgeleiteten: *heureux* — *heureusement*.

Zu den Adverbien der Weise gehören auch die des **Grades**; sie bestimmen aufser dem Verbum auch das Adjektiv und Adverb näher.

Dahin gehören: *tant, autant, si, aussi, beaucoup, bien, fort, très, peu, trop, trop peu, plus, moins, assez* u. e. a.

Zusätze. a) *Gustave était très curieux* (14, 20).

b) *Tu es bien curieux André* (35, 14). — *Les jeunes filles aiment bien les fleurs* (30, 12). — *Mayenne était fort gros* (19, 7). — *Gribouille craignait fort d'endommager ses beaux habits de fête* (49, 25).

c) *Le roi avait un cheval qu'il aimait beaucoup* (19, 22).

Dem deutschen ‚sehr' entsprechen: *très, bien, fort* und *beaucoup*.

a) *Très* steht nur beim Adjektiv und Adverb sowie beim adjektivierten Partizip: *très réussi*.

b) *Bien* und *fort* stehen bei Adjektiven, Adverbien und Verben

c) *Beaucoup* kommt nur beim Verbum vor.

Die Vertauschung von Adjektiv und Adverb siehe § 189.

Die Komparativsätze.

1. *Tu es si petit* (37, 26). *Un officier aussi renommé* (M. 49, 22). *Vous ne ririez pas tant* (55, 27).

2. *Les canaux sont aussi utiles à l'agriculture qu'au commerce* (M. 12, 21). *Généreux autant que brave* (M. 80, 25). *Ils aiment autant leur corps que moi le mien* (89, 12).

Il n'est pas aussi riche (si riche) que vous. Il ne travaille pas autant (tant) que vous.

Si, tant, aussi und *autant* finden besonders Verwendung in den Komparativsätzen der Gleichheit.

Si und *aussi* stehen vor Adjektiven und Partizipien, *tant* und *autant* bei Verben; *autant* auch nach Adjektiven und Partizipien.

Si und *tant* als die schwächeren Wörter stehen vorzugsweise, wenn die Vergleichung nicht ausgeführt ist; *aussi* und *autant* kommen auch vor.

Aussi und *autant* stehen besonders bei ausgeführter Vergleichung; ist sie negiert, so kann auch *si* oder *tant* stehen.

Il est plus riche que moi. 196

Plus und *moins* werden in Komparativsätzen der Ungleichheit verwandt.

Dépêchez-vous davantage (36, 24).

Folgt kein ‚als', so kann statt *plus* — *davantage* stehen.

Anm. 1. *Pierre riait de plus en plus fort* (55, 25). Ein verstärkter Komparativ wird durch *de plus en plus* gebildet.

2. *J'ai plus d'une ressource pour faire mon chemin* (13, 10). Nach Zahlbegriffen heifst ‚als' *de*.

La ville était beaucoup plus grande encore qu'il 197
ne l'avait cru (M. 124, 10).

Die nach *que* ‚als' folgende Personalform des Verbums hat *ne*, wenn der 1. Teil der Vergleichung ohne Negation steht.

Dieses *ne* steht auch nach *autre* und *autrement*.

Zusatz. Ist der zweite Teil der Vergleichung wirklich negativ, so steht *ne* nach negiertem Komparativ: *Les ministres* („die Geistlichen') *dirent que les magistrats ne devaient pas plus exercer cette puissance qu'ils ne devaient, eux, se mêler du gouvernement séculier* (Mignet).

Plus un peuple est riche, plus il est puissant (M. 12, 7). 198

Eine besondere Art Komparativsätze sind diejenigen, in welchen Vorder- und Nachsatz Komparative enthalten. Im Deutschen werden dieselben durch ‚je … desto' verbunden. Im Französischen steht *plus (moins, autant)* getrennt vom Adjektiv am Anfang des Vorder- und Nachsatzes.

Zusatz. *Plus un homme est bon, moins il croit les autres mauvais. — Plus vous aimerez Dieu, meilleur vous serez.*

Nur der Nachsatz kann die Komparative *meilleur, pire, moindre* enthalten, die wie *plus* an den Anfang treten.

199 Die Adverbien der Bejahung und Verneinung.

Bejahend sind *oui* ‚ja' und *si* ‚doch'; letzteres ist berichtigend: der Fragende erwartet ‚nein'. *N'avez-vous pas vu mon ami? Si, monsieur.*

Ne nous égare pas surtout! — Oh non, monsieur (24, 8).

Elle parvint, non sans peine, à le calmer (93, 18).

Verneinend sind *non* und *ne*.

Non heifst 1. ‚nein', 2. ‚nicht'. *Ne* heifst ‚nicht'.

Anm. *On place les pauvres enfants abandonnés non pas dans nos vastes orphelinats, mais à la campagne* (122, 14). *Les mariniers sont grossiers parfois, brusques, mais point méchants* (M. 113, 25 f.). *Non* kann durch *pas, point, plus* verstärkt werden; es steht für ‚nicht' besonders um einzelne Satzglieder zu negieren: *non loin, non seulement;* ferner negiert es Substantiva nnd Adjektiva. — Wenn das Verb leicht zu ergänzen ist, wird für ‚nicht' oft *pas* oder *point* gesetzt.

200 Die Negation *ne*.

Ne kommt nur in Verbindung mit dem Verbum vor. Es war ursprünglich allein Negation. Dann diente es zur Negierung von Mafsbestimmungen, Adverbien und indefiniten Fürwörtern. Jetzt werden diese letzteren ebenfalls als Negationen empfunden und allein als solche gebraucht, wenn kein Verbum da ist, zu welchem *ne* treten könnte.

Beisp.: *Plus d'ouvriers et d'enfants à la torture* (M. 91, 18).

Folgende Wörter werden mit *ne* verbunden:

guère viel,	mit *ne:*	nicht sehr, kaum
pas Schritt,	»	nicht
point Punkt,	»	gar nicht.

Ferner: *jamais*	jemals,	mit *ne*:	niemals
plus	mehr,	»	nicht mehr
nullement / *aucunement*	irgendwie,	»	keineswegs
nul / *aucun* / *pas un*	irgend ein,	»	kein
personne	jemand,	»	niemand
rien	etwas,	»	nichts.

Personne ne disait rien (M. 58, 21).

Positiv werden alle diese Wörter nur noch im Sinne ganz unbestimmter Allgemeinheit gebraucht. Gewöhnlich stehen sie in negativen Sätzen. Vgl. das englische *anybody* — *somebody* (franz. *personne* — *quelqu'un*). Weitere Beisp. siehe M. 89, 38; 192, 20.

Zusätze. 1. Andere Verbindungen mit *ne*: *nulle part* ‚nirgends', *en aucune façon* ‚keineswegs', *(pas) du tout* ‚durchaus nicht' etc.

2. *Nul*, selten *pas un* und *aucun*, werden auch substantivisch gebraucht.

3. *Personne* ‚jemand, niemand' ist Maskulinum. — Aber *la personne* ‚die Person'.

4. Für die Stellung der Negation s. § 113.

Ne glissez que sur le bord de l'étang (44, 8). — 201
Elle ne quittait le port que lorsque la Mouette avait déposé sur le quai un joli enfant (M. 162, 3).

Ne wird häufig mit *que* (wörtlich: ‚aufser, als') verbunden; deutsch ‚nur', von der Zeit ‚erst'. *Que* wird vor dasjenige Wort gesetzt, welches eingeschränkt werden soll.

Mit *ne* ... *que* können alle Satzteile eingeschränkt werden aufser dem Subjekt und dem Verb.[1])

Zus. 1. *Il n'y a que nous deux qui ayons notre chapeau sur la tête* (20, 10). — *Il ne fit que rire de cette alarmante nouvelle* (M. 48, 17).

2. *Seulement un vilain oiseau ne voulut rien donner* (38, 13).

1. Beim Subjekt wird die Anwendung von *ne* ... *que* möglich durch die Umschreibung *il n'y a que*, beim Verbum durch *ne faire que*.

---

[1]) Bei umschreibenden Verbalformen wird jetzt auch *ne* ... *que* gebraucht: *Je n'ai que travaillé*. Vergl. *Je ne veux que vous la donner* (58, 36).

2. Für *ne . . . que* steht häufig, besonders statt der Umschreibungen, *seulement*, das sich auf alle Satzteile beziehen kann. — *Seulement* ist allein möglich, wenn kein Verb steht.

202 1. *Il n'avait garde de rien dire* (70, 30).

2. *La maison de Philippe n'est qu'une pauvre chaumière; n'importe! aucune ne semble plus belle à ses yeux* (121, 14).

3. *On ne savait comment s'en procurer* (37, 19). — *Le choix ne saurait être douteux* (M. 86, 30).

4. *Prenez garde qu'il ne vous entende.*

5. *Qui ne voit cela?* — *Que n'avez-vous fait cela?*

6. *Il ne se passa pas un jour qui ne fût marqué par un acte de charité* (69, 3).

7. *Il y avait trois jours qu'il n'avait mangé* (60, 17). — *Depuis que je ne vous ai vu.*

8. *Si vous n'êtes content, nous en trouverons davantage* (111, 7).

Ne ist noch allein Negation in:

1. *n'avoir garde* ‚sich hüten' (eigentlich ‚nicht beachten, nicht daran denken');

2. *(il) n'importe* ‚es liegt nichts daran' ‚einerlei';

3. häufig bei *savoir*, *pouvoir*, *oser*, *cesser*, besonders wenn ein Infinitiv folgt; immer bei *je ne saurais* ‚ich kann nicht';

4. nach *prendre garde;*

5. in Fragen nach *qui* ‚wer?' und *que* ‚warum?'

6. beim Konjunktiv, wenn er durch eine Negation oder einen Zweifel im Hauptsatz bedingt ist;

7. nach *il y a . . . que* ‚es ist . . . her, daſs' und *depuis que* ‚seitdem' mit einem Präteritum;

8. oft in Bedingungssätzen nach *si*.

203 Ein unübersetzbares *ne* steht:

1. immer nach einem bejahenden Verbum des Fürchtens; s. § 145, Zus. 1 S. 108;

2. fakultativ nach *empêcher* und *éviter;* s. § 146 Zus. 3 S. 110;

3. ebenso nach *ne pas douter, ne pas nier* etc. mit dem Konjunktiv (vgl. § 147 c 1 Zus. 2 S. 112 unten); immer nach *il s'en faut de peu* ‚es fehlt wenig' und *il ne s'en faut pas de beaucoup* ‚es fehlt nicht viel';

4. nach *à moins que* ‚wenn nicht'; vgl. § 147 b S. 112;

5. in Komparativsätzen; s. § 197;

6. bei *ni . . . ni, ni;* s. § 258.

DAS PRONOMEN.

Vorbemerkung. 1) Beim **Pronomen** kommen noch vielfach **Neutra** vor. Dieselben deuten auf Gegenstände oder Verhältnisse ganz allgemein hin, ohne sie durch Substantive näher zu bezeichnen (1), oder sie beziehen sich auf andere neutrale Fürwörter (2) oder Infinitive (3) oder ganze Sätze (4). Das Neutrum *il* vor unpersönlichen Verben ist beziehungslos. 204

Beisp. 1. *J'y suis* ‚ich hab's'.
2. *Fais ce qui te plaît.*
3. *Faut-il y aller? Il le faut.*
4. *Ces messieurs, n'en doutez pas, reviendront tout à l'heure.*

2) Die ursprüngliche Akkusativform wird meist auch als Prädikat und logisches Subjekt gebraucht. — In einigen Fällen steht eine Form als Subjekt, eine zweite sonst in direkter Beziehung zum Verb (als logisches Subjekt, Prädikat, Objekt oder nähere Bestimmung von demselben abhängig) und eine dritte nach Präpositionen; z. B. die Neutra *qui* — *que* — *quoi*.

Beisp. 1. *Qui t'amène?*
2. *Que te faut-il? Qu'es-tu devenu? Que faut-il faire?*
3. *De quoi s'agit-il?*

Ia. Das unbetonte Personale und die Adverbien *y* und *en*.

Das unbetonte Personale steht nur beim Verbum, an welches es sich meist mit Verlust des eigenenWorttones anlehnt: *je le donne.* Über die Stellung des unbetonten Personales s. § 113. 205

Statt des Singulars steht der Plural:

1. in der 1. Person als Ausdruck der Bescheidenheit (besonders von Schriftstellern und Rednern gebraucht);

2. in der 2. Person als sog. Höflichkeitsanrede (im Deutschen steht die 3. Person).

Nur die Personalform des Verbums tritt in beiden Fällen in den Plural; andere Wörter bleiben im Singular: *vous êtes allé*.

Anm. 1. *Vous* dient auch als Dativ und Akkusativ zu *on* ‚man' (siehe § 232, 1).

2. In der Anrede findet im Franz. sehr leicht ein Übergang von *tu* zu *vous* statt.

206 *La Prusse était prête, la France ne l'était pas. — Faut-il y aller? — Il le faut.*

Le, la, les und das Neutrum *le* werden auch als Prädikat und logisches Subjekt gebraucht.

Zusatz. *Êtes-vous gouvernante? Oui, monsieur, je le suis. — Êtes-vous la gouvernante de ces enfants? Non, monsieur, je ne la suis pas.*

Als Prädikat steht das Neutrum *le* mit Bezug auf Adjektiva und solche Subst., welche allgemein Stand, Beruf, Konfession (also ein Merkmal) angeben. — Sonst steht persönliches *le, la* oder *les*.

Anm. 1. *Nîmes l'emporte sur Arles et Orange par la perfection des monuments romains qu'elle possède* (M. 198, 23).

Beziehungslos gewordenes *le* steht in einzelnen Ausdrücken, so in *le céder à qn* ‚jemand nachstehen', *l'emporter sur* ‚überlegen sein'. Vgl. deutsch ‚es jemand gleichthun', englisch *to lord it*.

2. *Voltaire ira à la Comédie, comme il l'a promis* (M. 52, 42).

In Vergleichungssätzen nach *que, comme* und *ainsi que* kann neutrales *le* stehen. Im Deutschen erscheint ‚es' überflüssig.

207 Die Adverbien *y* und *en* werden vielfach wie Dativ und Genitiv des persönlichen Fürworts der 3. Person gebraucht und zwar sowohl als Maskulina und Feminina, wie als Neutra.

1. *Y. Boussard parvient enfin au vaisseau, y lie sa corde* (65, 8). — *Vous lui redirez tout; j'y consens.*

Y steht statt eines Nomens oder Infinitivs mit *à* und statt eines Satzes.

Mit Bezug auf Personen wird *y* selten und nur bei bestimmten Verben gebraucht, so bei *penser* und *songer*: *Pensez-vous à votre ami? Oui, monsieur, j'y pense.*

Anm. Jetzt beziehungslos ist *y* unter anderen in *j'y suis* ‚ich hab's'.

2. *En.*

a) *Cette terre me plaît, le sol en est fertile. — Les victoires de Marius arrêtèrent le torrent, mais n'en tarirent pas la source* (Guizot).

b) *Enfin ils trouvèrent une étable. Gustave en ouvrit la porte* (statt: *ouvrit la porte de l'étable.* 14, 35).

Je vous amène mes écoliers. — Je vous en remercie, monsieur (statt: *je vous remercie de cela.* 25, 12 u. 15).

En steht:

a) statt eines nicht reflexiven Possessivums der 3. Person, das beim Subjekt, Prädikat oder Objekt stehen müfste;

b) statt *de* mit einem Subst. oder Pronomen.

Unter b) gehören die Fälle, in denen *en* in partitivem Sinn steht. — Beispiele:

1. *Si nos champs de France ne produisent pas assez de grains, les bateaux à vapeur nous en apportent bien vite d'Amérique* (M. 46, 5).

2. *Il y a bien au moins quelques exceptions? — Je n'en connais pas.*

3. *A un mérite si élevé, il en joignait un autre bien plus grand encore* (M. 25, 18). — *L'Auvergnat de Paris? Il est à craindre qu'il n'en existe plus d'autre bientôt* (M. 140, 6).

En steht in partitivem Sinn:

1. statt des Objekts oder logischen Subjekts;

2. statt eines Subst., das von einem Quantitätsbegriff abhängen müfste; letzterer mufs direkt vom Verb abhängen;

3. statt eines Subst. bei einem Adjektiv ohne bestimmten Artikel (Zahlwörter und indefinite Fürwörter gelten als Adjektiva). Das Subst. müfste, wenn es gesetzt würde, direkt vom Verb abhängen oder nachfolgendes Subjekt sein.

En kann sich auf Personen beziehen, wenn es statt des Possessivums oder in partitivem Sinn steht. Sonst ist die Beziehung auf Personen nur bei bestimmten Verben üblich, so bei *parler, répondre, recevoir* u. e. a.

Anm. Jetzt beziehungsloses *en* steht u. a. in *s'en rapporter à* ‚sich berufen auf', *en vouloir à qn* ‚auf jemand böse sein'.

Zusatz. *Le, y* und *en* dürfen nicht gesetzt werden mit Bezug auf Wörter, welche im folgenden untergeordneten Satze stehen. Anders im Deutschen, wo Hinweisungen auf das Folgende häufig sind: *Personne ne douta qu'il dît exactement la vérité* (82, 27) ‚niemand zweifelte daran etc.' — Bei Einschiebungen dagegen werden sie gesetzt; vgl. § 204, 1, 4. Beisp.

208 *Il me le donne* — *Tous les paysans se joignent à eux* (M. 78, 38).

Nur der Akkusativ des unbetonten Personales kann immer zum Verb treten. — Der Akkusativ der 3. Person, der sich vom Dativ in der Form unterscheidet, nimmt allein Dative zu sich. Sonst wird zur Vermeidung der Undeutlichkeit der deutsche Dativ durch die betonte Form (hinter dem Verb) gegeben.

209 Stehen zwei Verba in gleichem umschriebenen Tempus, so können gleiche Kasus des Fürworts an zweiter Stelle mit dem Hilfsverb wegbleiben.

Il nous a flattés et loués.

Bei einfachen Formen ist die Nichtwiederholung seltener; besonders ist sie üblich in bestimmten Ausdrücken: *il va et vient.*

210 *Je me suis défendu.* — *Il s'est défendu, ils se sont défendus.* — *Nous nous sommes vus.* — *Ils se sont vus.*

Das persönliche Fürwort der 1. und 2. Person wird, wie im Deutschen, auch reflexiv und reziprok gebraucht. In der 3. Person steht *se* als Sing. und Plural.

Ib. Das betonte Personale.

211 Die betonte Form des persönlichen Fürworts steht immer, wenn die Anlehnung an ein Verb unmöglich ist, sei es, dafs kein Verbum vorhanden ist oder dafs das Fürwort selbst einen stärkeren Nachdruck hat.

Die wichtigsten Fälle sind:

1. nach Präpositionen: *avec moi;*

2. als Prädikat nach *c'est* und *ce sont: c'est moi, c'est toi; c'est nous, c'est vous; ce sont eux;*

3. alleinstehend: *Qui a fait cela?* — *Moi;*

4. bei Verben, allein oder neben dem unbetonten Fürwort.

Lui avait à peine de quoi manger (119, 36).

Moi, je n'y ai rien compris (M. 52, 14).

Vous et moi, nous faisons une bonne guerre aux Anglais (66, 21).

Le silence n'est une vertu que quand il épargne à vous de dire, aux autres d'entendre une sottise (M. 247, 31).

Nach mehreren Personen findet gewöhnlich Zusammenfassung statt; s. das Beisp.

Zusätze. 1. *Je reçois votre lettre à l'instant et j'y réponds immédiatement.* — *Qu'est-ce qui fait le tour de la maison sans entrer dedans?* (9, 28).

Lui und *elle* mit Bezug auf Sachen (besonders nach Präpositionen) werden vermieden; man ersetzt sie durch Adverbien (*là, y, en, dedans, dehors*).

2. Nach bejahendem Imperativ steht *moi* und *toi* (vgl. § 113, 2).

3. *Il vint à moi.* — *Il court à lui* (M. 218, 7). — *J'ai le loisir de penser à vous* (M. 257, 24). — *Tout ce qui m'appartient est à vous* (108, 3).

Einige Verba nehmen nur das betonte Personale zu sich. Dahin gehören *aller, venir, courir, penser, songer, accoutumer, renoncer, être* (‚gehören'), *en appeler à* etc. Sonst steht immer die unbetonte Form, wenn sie möglich ist (vgl. § 208); z. B. *il me dit* ‚er sagte zu mir'.

1. *Est-ce qu'on peut mourir quand on a vingt ans, et devant soi* 212
tout un avenir de bonheur! (M. 162, 34). *Ne dites pas: «Chacun pour soi»* (M. 184, 21).

2. *Un bienfait porte sa récompense avec soi.*

C'est la baraque du marinier, qu'il emmène partout avec lui (M. 113, 10).

Die betonte Form des Reflexivums (*soi*) ist wenig gebräuchlich. Sie steht nur noch:

1. immer von Personen in ganz allgemeiner Beziehung, häufig auf ein indefinites Fürwort bezogen.

2. häufig von Sachen im Maskulinum.

Sonst steht statt des betonten Reflexivums das betonte Personale.

II. Das besitzanzeigende Fürwort.

Es drückt meist den Besitz aus (*mon livre*) oder 213
steht übertragen vom Besitze subjektiv; bei einer

Verwandlung des Subst. in ein Verb wird die durch das Possessiv ausgedrückte Person Subjekt: *vos craintes*.

Außerdem kommt es objektiv vor; die Person wird bei der Verwandlung Objekt: *Sa vue seule coupe court aux caquets, et fait taire les méchantes langues* (124, 4).

Wenn das Possessiv sich nicht auf das Subjekt bezieht, wird es bei Sachen gewöhnlich durch *en* ersetzt, sofern dies zulässig ist; vgl. § 207, 2a.

Zusatz. Das Possessiv kann durch vorhergehendes *tout*, folgendes *propre* oder durch *à moi* etc. (nach dem Subst.) verstärkt werden: *tout mon bien* — *mon propre livre* — *son livre à lui*. — *Peut-être aussi eut-elle la vision d'un de ses enfants à elle, perdu tout seul dans la nuit* (Daudet).

214 In vielen Fällen ist der Gebrauch des Possessivs in beiden Sprachen verschieden.

Man merke:

1. *Un de mes amis* ‚ein Freund von mir'; *de vos nouvelles* ‚Neuigkeiten von euch'.

2. *Il s'est jeté à mes pieds* ‚er hat sich mir zu Füßen geworfen,' *je demandais de ses nouvelles* (M. 53, 7) und ähnliche.

3. Häufig steht *mon* in der Anrede: *monsieur, madame*[1]) etc., *mon général* (zum Vorgesetzten).

4. *Mon aîné, mon cadet* ‚mein älterer, jüngerer Bruder; älter, jünger als ich'; *mon pareil, mon égal, mon supérieur*.

5. In vielen anderen Ausdrücken steht das Possessiv, welches häufig durch *tout* verstärkt wird: *de tout mon cœur* (45, 10).

Zusatz. Das Possessiv wird wie der Artikel vor mehreren Subst. wiederholt: *Leur activité et leur industrie* (M. 185, 31).

215 **Das betonte (substantivische) Possessiv** steht immer, wenn das zugehörige Subst. wegbleibt. Es wird zuweilen durch *propre* verstärkt.

La fortune de son frère et la sienne propre.

Zwei adjektivische Possessiva beziehen sich nicht auf dasselbe Substantiv. Das zweite wird substantivisch nachgestellt: *mon livre et le tien*, ‚mein und dein Buch'.

---

[1]) Man sagt nicht *mon monsieur*, aber *mon cher monsieur*; ebenso *le monsieur, ce monsieur*. Aber *la dame, la demoiselle, cette dame, cette demoiselle*.

Merke: *Il gagne son pain et celui de sa famille* ‚sein und seiner Familie Brot'.

Zusatz. Das substantivische Possessiv steht auch als Neutrum: *le mien* ‚das Meinige' = ‚meine Habe'.

III. Determinativ und Demonstrativ.

1. Das Determinativ.

L'infanterie espagnole était alors, avec celle des Suisses, la meilleure de l'Europe (108, 23). 216

Das Determinativ weist auf ein folgendes Relativ oder auf *de* mit einem Nomen hin. — Die unbetonte Form ist selten.

Zu 1. *Il appelle à lui ceux désignés* (M. 88, 27). Manchmal findet sich das Determinativ vor Partizipien, die dann als verkürzte Relativsätze aufzufassen sind.

2. *Qui donne au pauvre, prête à Dieu* (M. 251, 31). — *Qui m'aime me suive!* (24, 22 u. 98, 1).

In manchen, besonders sprichwörtlichen Verbindungen fehlt das Determinativ, weitere Beisp. s. M. 249, 27; 251, 32; 252, 1 u. 12.

3. *Celui-là est heureux qui est content.*

Zur vorläufigen Ergänzung kann dem Determinativ *là* hinzugefügt werden, wenn es von dem Relativ oder *de* getrennt ist. Dieses *là* tritt immer ein, wenn *celui* durch das Prädikat von dem Relativ getrennt ist.

Ce qui a échappé à votre fer s'est noyé dans les lacs (M. 86, 1). 217

On ne savait pas au juste ce que devait le Trésor (M. 42, 25). — *On ne trouvait là rien de ce qui peut frapper l'attention* (M. 33, 4). — *J'ai souvent réfléchi à ce que je ferais quand je serai grand* (M. 107, 26). — *Vous ne connaissez pas Paris, à ce que je devine* (M. 114, 37). — *Mon attention fut attirée par ce qui se passait autour de moi* (M. 162, 21). — *C'est honteux, à ton âge, de ne pas savoir ce que c'est que M. de Voltaire* (M. 52, 2). — *N'achetez pas ce dont vous n'avez pas besoin* (125, 29).

Tout ce que le loup lui jetait par la lucarne, il le mangeait (81, 27).

Sehr häufig ist das determinative Neutrum *ce* in der Verbindung *ce qui, ce que*. — Merke *ce* nach *tout*.

218 Die Hervorhebung mit *c'est.*

C'est son idée qui donne du pain à tant de gens (M. 9. 30). — *C'est en Italie qu'ont été les plus grands artistes* (M. 4. 27).

Als Determinativ ist *ce* in dem hervorhebenden *c'est .... qui, c'est .... que* anzusehen. Das Relativ (Pronomen oder Adverb) bezieht sich aber auf das Prädikat. Im zweiten Beisp. ist *que* relatives Adverb.

Zusatz. *Tout jeune encore, Gribouille se montrait tel qu'il devait être plus tard* (48, 21). Determinativ steht auch *tel* (solcher, mancher, so) mit folgendem *que* oder *quel* oder *de* mit einem Nomen.

2. Das Demonstrativ.

219 Allgemeines.

Aus dem Determinativ wird durch Hinzufügung von ergänzendem *ci* oder *là* das Demonstrativ. Diese Ergänzung fällt jedoch meist beim unbetonten (adjektivischen) Demonstrativ weg.

Das Demonstrativ bezeichnet nicht blofs das räumlich und zeitlich Gegenwärtige, sondern auch übertragen schon Genanntes oder noch zu Nennendes: *ces paroles* ‚folgende Worte'.

Zu merken: *ce soir* ‚heute abend', ebenso *ce matin, cet après-midi; ce dernier* ‚der letztere'.

220 *Ceci est facile, cela est difficile.*

C'est extraordinaire ceci (57, 17). — *Tout cela est bien loin* (121, 32).

Ci bezeichnet das Nähere und zuletzt Genannte, *là* das Entferntere und zuerst Genannte.

Ci bezeichnet zuweilen das Folgende, *là* das Vorhergehende.

221 a. Das unbetonte (adjektivische) Demonstrativ.

J'y vais par ce chemin-ci, et toi par ce chemin-là (59, 35).

Die Ergänzung *(ci* und *là)* tritt mit Bindestrich hinter das Subst. und wird gesetzt, wenn ein Gegensatz vorhanden ist.

Il a demeuré dans des montagnes tout ce temps-là (M. 52, 32).
Auch ohne Gegensatz steht oft *là* zur Hindeutung auf Entferntes. Ähnlich steht *ci* in einzelnen Ausdrucken: *ces jours-ci* ‚die letzten Tage'.

b. **Das betonte (substantivische) Demonstrativ.** 222

La Loire, la Seine prennent leur source au centre du pays qu'elles traversent ensuite pour aboutir à la fin, celle-là à l'océan Atlantique, celle-ci vis-à-vis de l'Angleterre (M. 112, 11).

Das betonte Demonstrativ steht im Maskulinum und Femininum immer mit der Ergänzung.

c. **Die Neutra *ce, ceci, cela.***

Das unbetonte *ce* steht vor *être*, welches die Hilfsverba *devoir* und *pouvoir* bei sich haben kann. — Zuweilen steht es auch vor *sembler*. 223

C'est — ce doit (peut) être — ce me semble.

Ce deutet vorzugsweise auf Gegenwärtiges und schon Genanntes hin, bezieht sich aber auch oft auf ein folgendes Nomen, einen Infinitiv oder einen Satz.

Zur Anschauung:

1. *C'est un Français — Il est Français.*

2. *Vous vous êtes trompé, c'est évident — Il est évident que vous vous êtes trompé.*

C'est honteux, à ton âge, de ne pas savoir ce que c'est que M. de Voltaire (M. 52, 2).

C'est steht:

1. vor einem Substantiv mit dem Artikel; sonst steht *il est*. Aber *c'est dommage* und einige andere Ausdrücke.

2. vor dem Adjektiv im allgemeinen, wenn die syntaktische Verbindung mit dem Beziehungswort zu *ce* fehlt. — Mit dieser Verbindung kann *c'est* stehen vor Adjektiven und Infinitiven des Affekts: *heureux, malheureux, honteux, étonnant, à craindre* etc. — Volkstümlich steht es vor allen Adjektiven.

Zusatz. Hierher gehört der Gebrauch von *ce* als grammatisches Subjekt zur Hindeutung auf ein folgendes logisches Subjekt.

Ce qui charma le plus Savinien, ce fut la contemplation de la rosace qui décorait le dessus des portes (M. 119, 6).

224 *Je ne vous dis que cela.*

Die betonten *ceci* und *cela* stehen in allen übrigen Fällen.

Statt *cela* steht häufig *ça*, besonders in der Umgangssprache: *C'est ça. Pourquoi cries-tu comme ça* (M. 52, 27). — *Ça devait faire du mal* (M. 52, 24). Sonst oft in demselben Stuck.

Zusätze. 1. *Ceci* deutet zuweilen auf das Folgende, *cela* auf das Vorhergehende hin (vgl. § 220).

Ähnlich stehen oft *voici* ‚sieh hier' und *voilà* ‚sieh da!' Vgl. M. 100, 32 f. u. 101, 6.

2. Statt *ce* steht manchmal nachdrucksvoll *ceci* oder *cela* vor *être: Cela est vrai.*

IV. Das Relativ und die Adverbien *que, dont, où.*

225 Allgemeines.

Il rencontra sur son chemin un chevalier anglais qui l'emmena captif (96, 16).

Durch das Relativ wird der Satz, den es einleitet, dem vorhergehenden Satze untergeordnet.

Zusätze. 1. Selten ist das Relativ von seinem Beziehungsworte getrennt. 2. Zuweilen fehlt das Beziehungswort zum Relativ (vgl. § 216, Zus. 2).

1. Maskulinum und Femininum.

226 1. *Aveugles que vous êtes!*

2. *Charles V, qui avait du Guesclin pour bras droit, reprit aux Anglais toutes leurs conquêtes* (99, 13).

Il l'aurait tué sans les instances du duc de Lancastre, à qui il accorda sa vie (97, 3).

1. *Que* steht, wenn das Relativ direkt vom Verb abhängt.

2. *Qui* steht als Subjekt und nach Präpositionen.

Qui steht nach Präpositionen gewöhnlich nur von Personen; sonst ist *lequel* gebräuchlich.

Der Gebrauch von *lequel*. 227

1. *250 000 hommes quittèrent le royaume, parmi lesquels 9000 matelots, 12 000 soldats et un grand nombre d'excellents ouvriers* (M. 36, 10).

2. *Alphand fut l'âme de l'exposition de 1889, par le triomphe éclatant de laquelle fut couronnée sa longue carrière* (M. 129, 30).

3. *Le bateau sur lequel il se trouvait, fut attaqué et pris par des pirates africains* (M. 18, 1).

4. *Il n'y a d'avenir régulier, de développement assuré que pour une France régie par le consentement universel, laquelle, sous peine d'abdiquer, ne peut plus vivre sous une autre forme de gouvernement que la République* (M. 232, 21—25).

Lequel steht:

1. immer nach *parmi* und *entre;*

2. gewöhnlich nach *de*, besonders dann, wenn es von einem Subst. abhängt, das eine Präposition vor sich hat;

3. gewöhnlich nach den anderen Präpositionen mit Bezug auf Sachen;

4. ohne Präposition zuweilen um die Beziehung klarzustellen.

Zusatz. Auch mit *qui* kann die Beziehung klargestellt werden durch Wiederholung des Beziehungswortes oder durch die Konjunktionen *et, ou, mais.* *A cette ouverture le général Bonaparte joignit un acte encore plus hardi et qu'il n'aurait pas osé se permettre à Paris, mais qu'il était charmé de faire arriver de loin en France comme un signe de ses intentions futures* (Thiers).

2. Die Neutra *qui, que, quoi.* 228

1. *Dites-moi ce qui vous tourmente.*

2. *Vous voyez maintenant ce que nous sommes.*

3. *Napoléon Ier a fait détruire six millions d'hommes, c'est-à-dire de quoi peupler un pays comme la Belgique* (M. 236, 5).

1. *Qui* steht als Subjekt.

2. *Que* steht sonst in direkter Beziehung zum Verb.

3. *Quoi* steht nach Präpositionen.

Die relativen Neutra beziehen sich gewöhnlich auf *ce;* vor *quoi* fällt *ce* meist weg.

229 ### 3. Die relativen Adverbien *que*, *dont* und *où*.

a) *Un jour que la chaleur avait été accablante, j'étais allé de bonne heure sur la jetée* (M. 162, 10).

Que steht neben *où* nach einzelnen Zeitbestimmungen, z. B. *au moment, dans le temps;* immer nach *maintenant, aujourd'hui, alors, du temps, un jour.*

Über *que* nach *c'est* s. § 218.

Que in den indefinitiven Ausdrücken *quel que* etc. s. § 232, 8.

b) *On avait résolu d'attaquer l'Égypte, dont les sultans étaient les maîtres de Palestine* (87, 39).

Voici les clefs de la ville dont le roi d'Angleterre m'a confié la défense (100, 17).

Quelle est donc la feuille dont ils se nourrissent si goulument? (M. 109, 41).

Dont steht statt *de qui, duquel, de quoi* immer, wenn das Relativ vom Subjekt, Prädikat oder Objekt des Relativsatzes abhängt. — Häufig hängt es vom Verb des Relativsatzes ab.

Anm. *Dont* hat keinen Einfluſs auf die Stellung im Satze (§ 114) and auf den Gebrauch des Artikels (§ 175 Anm.).

c) *Là où la tête passe, le corps passe* (81, 22). *Plus tard, il revint à Paris où sa réputation grandit très vite* (M. 31, 9).

Où, d'où und *par où* haben als Beziehungswort *là* oder ein Substantiv oder sie beziehen sich auf einen ganzen Satz.

V. Das Interrogativ.

230 Die fragenden Fürwörter und Adverbien leiten direkte und indirekte Fragen ein. Ebenso stehen sie oft am Anfang von Ausrufen, die im allgemeinen wie Fragesätze behandelt werden.

1. *Quel malheur! — Dis-moi de grâce quelle est la chose qui jour et nuit ne se repose?* (145, 9).

Das adjektivische *quel* steht als Attribut und Prädikat.

2. *Lequel de ces marins l'a sauvé? — Je ne veux que vous la donner, à une condition toutefois. — Laquelle?* (58, 36).

Lequel steht, wenn *de* mit einem Substantiv folgt oder ein Substantiv zu ergänzen ist.

3. *Qui diable êtes-vous donc?* — *Qui je suis?* (M. 223, 23 f.). — *A qui est ce livre?*

Qui steht als Maskulinum und Femininum in direkter Beziehung zum Verb und nach Präpositionen.

4. Die Neutra *qui, que* und *quoi.*

a) *Qui vous amène?* — *Qu'est-ce qui vous amène?*

b) *Le cocon que devient-il?* (M. 110, 5).

c) *Grâce à quoi?* (59, 7). — *Avec quoi nourrissez-vous ces bonnes bêtes-là?* (25, 23).

a) *Qui* steht als Subjekt; dafür häufig die Umschreibung.

b) *Que* steht in direkter Beziehung zum Verb, aber selten als Subjekt.

c) *Quoi* steht nach Präpositionen.

Zusätze. 1. *Que d'hirondelles sur le toit!* (40, 25). — *Que tardez-vous?*

Que steht öfters für:

a) *combien* } im Ausruf
b) *comme* }
c) *pourquoi* in der Frage.

2. *Quoi de plus malheureux que sa situation?* — *Quoi! vous ne savez pas votre âge?* (47, 12).

Quoi findet sich ohne Präposition vor partitivem *de* und alleinstehend.[1])

3. *On ne savoit pas au juste ce que devoit le Trésor* (M. 42, 25).

Indirekte Fragen mit dem interrogativen Neutrum werden gewöhnlich durch Einschiebung von *ce* in einen Relativsatz verwandelt.

Qui des deux a été plus grand, de César ou d'Alexandre? 231

Lequel vaut le mieux, d'un gouvernement simple ou d'un gouvernement mixte?

Nach *lequel, quel, qui* steht in alternativen Fragen vor den alternierenden Substantiven oder Fürwörtern häufig ein für das Deutsche überflüssiges *de.*

Dies wird durch Attraktion an das oft fehlende *des deux* erklärt.

[1]) Fragendes *quoi* alleinstehend gilt für unhöflich; man setzt statt dessen: *comment? plaît-il?*

232 VI. Die Indefinita.

1. *On* und *l'on* werden nur als Subjekt gebraucht; *l'on* steht besonders nach vokalisch auslautenden Konjunktionen (*l'* ist ursprünglich der Artikel des Subst. *on*). Als Dat. und Akk. dazu steht *vous*.

Quand on remplit son devoir et qu'on a la certitude de le remplir, rien ne peut vous ébranler, rien, pas même les outrages (M. 227, 5).

2. Für *personne, rien, aucun, nul, pas un* vgl. § 200.

3. *Maint, divers, différents* stehen vor dem Subst.; vgl. § 192, 4a u. § 238.

4. a) *Toute ville* ‚jede Stadt'.

Tout in der Bedeutung ‚jeder' vertritt zugleich den Artikel; es steht nur attributiv.

b. *Toute la ville* *toutes les villes*
‚die ganze Stadt' ‚alle Städte'.

Auf *tout* ‚ganz' Plur. ‚alle' folgt der Artikel, wenn sie attributiv vor Substantiven stehen.

In vielen Ausdrücken fehlt der Artikel. Beisp.: *de toutes parts*.

Das Adverb *tout* ‚ganz' wird vor konsonantisch anlautenden Adjektiven im Femininum selbst als Adjektiv behandelt; vgl. beim Adjektiv § 189, 3.

c. *Tout* ist auch Neutrum und heifst ‚alles'; *le tout* ‚das Ganze'.

Merke: *tout Rome* ‚ganz Rom' (die Einwohnerschaft). — *Tout le monde* ‚jedermann'.

5. a) *Les aspects ne sont plus les mêmes* (M. 189, 19). — *Je vous ai prêté des livres; me les avez-vous rendus?* . . . . ‚haben Sie mir dieselben zurückgegeben?'

b) *Les mâts paraissent surgir des maisons mêmes* (M. 159, 26). *Tâchons de rendre les autres heureux, tous, même les pauvres petits mendiants dans la rue* (46, 1).

a) *Le même* heifst ‚derselbe' im Sinne von ‚der nämliche, (es drückt die Identität aus). — Anderes ‚derselbe' steht im Deutschen für das persönl. Fürwort und wird französisch mit *il* gegeben.

b) Adjektivisches *même* nach dem Subst. heifst ‚selbst'; *même* ist auch Adverb und heifst ‚sogar'. Einen festen Unterschied zwischen beiden gibt es nicht.

Merke: *de même* ‚ebenso', *(ne) pas même* ‚nicht einmal'.

6. *Autre* steht auch ohne Substantiv: *d'autres* ‚andere', *bien d'autres* ‚viele andere'. *L'un l'autre, les uns les autres* heißt ‚einander'; etwaige Präpositionen treten in die Mitte.

Beisp.: *Ils s'arrêtent l'un devant l'autre* (15, 32). *On s'aime les uns les autres encore plus qu'avant* (45, 26).

7. *Quelconque* steht immer nach dem Substantiv: *une mer quelconque* (M. 194, 11) ‚ein beliebiges Meer'.

8. Durch Zufügung des relativen Adverbs *que* entstehen die indefiniten Ausdrücke: *qui que, quel que, quelque (si, tout) ... que, quoi que, où que.* — Dazu die Umschreibungen *qui que ce soit, quoi que ce soit* und *quelque ... que ce soit.*

Quelques services qu'on lui ait demandés, il les a toujours rendus.

Des lamentations, quelque (si) touchantes qu'elles soient, ne guérissent rien.

Qui que ce soit qui vous l'ait dit, il s'est trompé.

Quelque ist adjektivisch und flexibel nur dann, wenn es bei einem Subst. steht; sonst ist es adverbial; siehe die Beispiele. — Statt des adverbialen *quelque* steht auch *si* und *tout.*

Über den Konjunktiv in diesen Sätzen s. § 144 a S. 106; daselbst weitere Beispiele.

VON DEN PRÄPOSITIONEN.

233 *La porte de la maison. — Venez chez moi. — Je viendrai dans deux jours. — Il est sourd à mes prières.*

Die Präpositionen vermitteln die Beziehung eines Substantivs oder Pronomens zu einem Nomen oder Verbum. Die Beziehung kann räumlich, zeitlich oder abstrakt sein.

Pendant la cérémonie, Jeanne était debout, près de l'autel, son étendard à la main (103, 31). — *C'était le vase en question.* — *Ils s'éteignaient dans un ravin, en proie aux angoisses dernières* (M. 308, 5).

Die Substantiva mit Präpositionen drücken meist wie das Adverb eine nähere Bestimmung aus. Sie können aber auch als Prädikat, Attribut oder Apposition stehen.

Die häufigsten Präpositionen sind *de* und *à*; sie entsprechen nicht nur den deutschen Präpositionen ‚von, über, an, zu, nach', sondern vertreten auch den Genitiv und Dativ. *De* drückt außerdem das partitive Verhältnis aus.

Die Präposition *de*.

234 *De* steht statt des deutschen Genitivs nach Substantiven und Fürwörtern.

1. Possessiv: *le livre de mon ami.*

2. Subjektiv: *l'amour de Dieu* ‚die Liebe Gottes' (zu den Menschen).

Der Genitiv kommt vereinzelt im Deutschen auch nach Verben und Adjektiven vor. Gewöhnlich entspricht ihm auch dann im Franz. *de: se souvenir de qc, digne de qc.*

Objektives *de* siehe § 242.

Partitives *de* (der sog. Teilungsartikel).

De mit einem Substantiv bezeichnet eine Masse 285
(Stoff oder Mehrheit von Einzelwesen), von welcher ein Teil genommen wird. Durch den bestimmten Artikel kann diese Masse begrenzt werden.

1. a) *Beaucoup de pain.* 286

Il n'y a point de différence (70, 20). *Il n'y a plus de boue et pas encore de poussière* (29, 5). *Un bon cultivateur n'a jamais de repos* (M. 107, 34). *Rien de plus simple que l'idée de Jean Rouvet* (M. 8, 32). *Le grand bois n'offrait d'autre asile que celui d'une mauvaise auberge* (M. 186, 15).

Un grand nombre de monuments (41, 6). *Une foule de gens* (83, 21). *Il y a par là quelque chose de bon* (21, 16).

b) *Une livre de sucre — un verre d'eau.*

Die Masse ist gewöhnlich unbegrenzt (es steht bloſses *de*).

a) nach unbestimmten Ausdrücken der Quantität.

Ausdrücke der Quantität:

1. Adverbia: *beaucoup, plus, trop, tant, autant, peu, moins, assez;* — ferner (*ne* mit) *pas, point, plus, jamais, rien,* bloſses *ne, sans;*
2. Substantiva: *un grand nombre, une foule;*
3. Pronominale Neutra: *quelque chose, ce qui.*

b) nach bestimmten Maſsangaben: *livre* f. (‚Pfund'), *verre, litre* etc.

Zusätze. 1. Die Masse ist zuweilen durch einen Relativsatz oder sonst begrenzt; dann steht *de* mit dem Artikel: *beaucoup des fables de Lafontaine.*

2. *Bien* hat — obwohl logisch auf das folgende Subst. bezogen — grammatisch keine Beziehung zu demselben; daher: *j'ai vu bien du pays* (M. 259, 34); auch ohne Verb: *après bien des recherches et des expériences* (M. 91, 16).

3. Partitives *de* steht sogar vor einem Singular, der einen unteilbaren Gegenstand bezeichnet: *Je n'ai pas écrit de lettre.*

4. *On n'apprend pas des règles pour les oublier.*

N'avez-vous pas des amis! ‚Sie haben ja doch Freunde!' (Die rhetorische Frage hat den Wert einer Verneinung).

Bezieht sich die Negation bloſs auf das Verb, so hat sie natürlich keinen Einfluſs auf das folgende Substantiv.

Ebenso sind Negationen, die einander aufheben, ohne Einfluſs.

287 2. a) *La plupart des hommes voient les effets sans rechercher les causes* (M. 28, 3).

b) *Le premier, le meilleur, lequel des élèves.*

c) *J'ai vu des soldats.*

Avec de l'avoine, du son, de l'herbe et du foin (25, 25).

Die Masse ist begrenzt oder begrenzt gedacht (es steht *de* mit dem bestimmten Artikel):

a) nach Substantiven der Quantität mit dem bestimmten Artikel (die Begrenzung des Teils überträgt sich auch auf die Masse); so nach *la plupart, la plus grande partie, le reste, la moitié* etc.;

b) nach Grund- und Ordnungszahlen, Superlativen und einigen Fürwörtern (*lequel, chacun, nul, personne*);

c) wenn der genommene Teil unbezeichnet ist.

Zusätze zu c) 1. *De bon pain, de bons soldats* (M. 12, 28) — *La France a tout à la fois de vastes plaines, de magnifiques plateaux, des collines fertiles et la plus haute chaîne de montagnes de l'Europe* (M. 96, 32).

Des jeunes gens, des jeunes filles, des jeunes personnes (M. 135, 37) *Des petits livres* (M. 82, 6). *Des petits nouveau-nés* (M. 169, 17).

Geht dem Subst. ein Adjektiv voraus, so steht bloßes *de* (das Adj. vertritt die Stelle des best. Art.). — Jedoch werden in vielen Ausdrücken Adj. und Subst. als ein Begriff angesehen und dementsprechend behandelt; eine feste Grenze gibt es nicht.

Merke: *d'autres* ‚andere' (das Subst. ist ausgelassen).

2. *Lui et moi, nous sommes des amis.*

Manchmal ist die Zahl schon aus dem Zusammenhang bekannt.

Partitives de beim Superlativ s. § 187. Zusatz.

288 3. a) *Plusieurs années* (82, 25).

Différentes circonstances. Les sœurs appartiennent à diverses congrégations (122, 9). *On citait de lui certains traits* (M. 49, 4).

b) *Le mendiant partit, chargé d'habits et de provisions* (72, 36).

On l'accusa de trahison (M. 71, 19). *Manqueriez-vous de courage et de constance?* (M. 84, 19).

Non sans peine (93, 18).

Sans bagages, sans tentes (M. 81, 9). — *Avec armes et bagages* (18, 29). Aber: *avec des plumes ou des crayons* (22, 33); *avec des garanties* (M. 11, 31).

Pour de l'argent, les rois donnaient à des roturiers la qualité de nobles (M. 43, 10).

Das partitive Verhältnis bleibt unausgedrückt

a) bei einigen adjektivischen Indefiniten, die schon selbst den Begriff der unbestimmten Zahl enthalten; dahin gehören: *plusieurs, différents, divers, certains, maints.*

b) nach einzelnen Präpositionen und zwar
immer nach *de* (des Wohllauts wegen)
gewöhnlich nach *sans* und
häufig nach *avec.*

Sonst wird auch nach Präpositionen stets der volle Teilungsartikel gesetzt.

De bezeichnet räumlich eine Trennung, welche 239

1. sich vollzieht: *Il vient de Paris;*

2. existiert: *Versailles est quatre lieues de Paris.*

Figürlich wird *de* vielfach in diesem Sinne gebraucht. Beisp.: 1) *recevoir de,* 2) *être privé, défendu de* (‚vor, gegen'). — Auch das partitive *de* (§ 235 ff.) gehört hierher.

Anm. *Des deux côtes ce sont des Français qui s'entre-tuent* (M. 81, 32) — Eigentümlich ist das räumliche *de* von der Seite, wo man sich befindet oder wohin man sich bewegt; *de ce côté* ‚von, auf und nach dieser Seite' (vgl. M. 95, 20 und 117, 24); ebenso *de toutes parts* (vgl. 94, 30; M. 95, 36).

De zeitlich ist seltener: *de temps en temps* (124, 12), 240 *d'aujourd'hui à demain* (= *depuis . . . jusqu'à* ‚von . . . bis'), *de 1530 à 1776* (M. 44, 20), *du jour au lendemain.* — *Du temps de Louis XIV* ‚zur Zeit'; *de tout temps* (M. 183, 23), *de tous temps* (M. 140, 10); *de jour* ‚bei Tage', *de nuit* ‚bei Nacht'.

241 *Toutes les maisons de la ville sont couvertes de neige* (43, 7).
De bezeichnet oft das Mittel; deutsch meist ‚mit'.

Munir M. 42, 9; 139, 18
douer 101, 39; M. 37, 19
doter 66, 27; M. 20, 9; 200, 37
remplir 30, 9; 81, 14, M. 38, 10
combler M. 30, 38; 91, 26
entourer 63, 7; 91, 8; M. 176, 15
charger 43, 5; 72, 31 u. 36; M. 67, 30
couvrir 30, 5; 38, 23 etc.; M 83, 6
favoriser M. 112, 2
menacer 105, 30
garnir M. 120, 6, 134, 15
décorer M. 120, 3
orner M. 123, 17.

Zusatz. *De* dient auch zur Angabe des Unterschieds (‚Unterscheidungs-mittel'). *Je me suis trompé de dix francs. Il dépassait l'autre de beaucoup* (17, 25).

242 *Les gens ne se moquaient plus de nous* (M. 60, 6).

De mit dem Substantiv bezeichnet die Person oder Sache, in Bezug auf welche etwas geschieht; deutsch ‚über'.

Juger M. 88, 32; 198, 37; 258, 16
disposer M. 18, 18
se moquer M. 51, 21; 59, 4; 98, 1
(se) rire 125, 16; M. 48, 17.

Les mauvaises actions de Louis XV firent perdre aux Français le respect et l'amour de la royauté (M. 39, 29).

Hierher gehört auch objektives *de* nach Substantiven (deutsch ‚zu'); weitere Beisp. s. M. 41, 25; 161, 21; 183, 28 *(dont)*.

243 *Ils seront tous bientôt morts de faim et de froid, si vous les délaissez* (M. 20, 3).

De bezeichnet die Ursache und den Beweggrund. Deutsch: ‚an, über, vor, von, wegen'.

Souffrir M. 243, 20
mourir 71, 36; 76, 10
charmé 107, 35
surpris
irrité
brûler M. 75, 31
remercier 25, 15; 45, 11
féliciter 68, 22.

244 *De* bezeichnet den Ursprung:

1. *Il est de Paris;* auch von Sachen: *vin de France* (vgl. § 170). *Descendre de* ‚abstammen von'.

2. *Fait de* ‚gemacht von' (Verfertiger), ‚aus' (Stoff); *composé de* ‚bestehend aus' (105, 18).

Accompagné de trois soldats, il vint lever la herse (95, 25).

Beim Passiv bezeichnet *de* mit einem Subst. oder Pron. jetzt nur noch in bestimmten Fällen das Subjekt. Sonst steht *par*.

Man sagt:
Être aimé, adoré, haï, craint, loué, blâmé de
être vu, entendu, connu de
être précédé, accompagné, suivi de.

De steht beim Passiv nach den Verben des Affekts und der Sinnenwahrnehmung sowie nach einigen Verben der Bewegung.

Je fus suivi de mon ami ,mein Freund folgte mir'. Die drei Ausdrücke der Bewegung stehen im Passiv oft auch da, wo wir das Aktiv setzen.

Le mois de décembre (M. 81, 9), *le royaume de Prusse, le* 245
pays de France (M. 95, 24), *la ville de Paris, rue de Rivoli, rue du Caire, rue de la Paix.*

De steht in vielen Fällen zwischen Attribut und dem zugehörigen Substantiv.

De fehlt nach *rue, place, boulevard, église, cap* u. a. m. vor ursprünglichen Personennamen: *rue Racine, boulevard St-Michel* (M. 117, 13), jedoch *rue de Richelieu* (*de* ist Teil des Personennamens). — Ähnlich: *Le code Napoléon, la division Desaix.*

Zusatz. Man sagt: *rue du Poitou, rue du Rhône,* aber *rue d'Allemagne, rue de Seine;* also fehlt der Artikel vor weiblichen Länder- und Flußnamen.

Il est avide de nouveautés (M. 97, 37). *Je suis content d'eux* 246
(25, 13). *Mandrin était très fier de cette approbation* (M. 49, 38).

La tour Eiffel est haute de 300 mètres (41, 7). *La bonne vieille est âgée de 80 ans* (28, 12).

De steht nach den Adjektiven ,begierig, würdig, fähig, zufrieden, stolz': *avide, digne* (66, 19; 123, 14), *capable, content* (M. 85, 33), *fier* (53, 20); — ferner nach *long, large, haut, âgé* (85, 29) vor der Angabe des Maßes.

Die Präposition *à*.

A steht statt des deutschen Dativs und drückt 247
nach Verben und Adjektiven die Person oder Sache aus, welche bei einem Vorgang interessiert oder beteiligt ist (entfernteres Objekt): *J'ai donné le livre à mon ami.*

Das unbetonte persönliche Fürwort hat noch einen Dativ, der statt *à* mit dem betonten Personale steht: *Il m'a donné le livre.*

248 1. *Demeurer à la campagne, à la ville.*

2. *Aller à la campagne, à la ville, à Paris.*

Räumlich antwortet *à*:

1. auf die Frage wo? Deutsch: ‚an, in, auf' mit dem Dativ.

2. auf die Frage wohin? Deutsch: ‚an, in, auf' mit dem Akkusativ; ferner ‚nach'.

In einzelnen Fällen steht *pour* (s. § 252, Zus. 1).

Figürlich steht *à* in diesem Sinne in *se mettre à* ‚sich machen an etwas' u. ähnl. Ausdrücken; vgl. auch den Inf. mit *à* § 153.

249 *Au dix-neuvième siècle — à huit heures, à midi.*

Zeitlich steht *à* neben *dans*, besonders vor *siècle*; ausschliefslich von der Uhr; endlich in *de ... à* ‚von ... bis' (s. § 240).

250 Aufserdem bezeichnet die Präposition *à*:

1. den Zweck: *un pot au lait;* ohne Artikel: *un verre à vin* (zu unterscheiden von *pot de lait; verre de vin;* vgl. § 236b).

2. die Weise: *à grands pas, à haute voix, à basse voix.*

3. die Beschaffenheit: *du café au lait, un bateau à vapeur, les bâtiments à voiles ou à vapeur* (M. 156, 34), *l'homme au képi* (M. 114, 30) ‚mit dem Käppi', *une jolie brunette aux yeux bleus* (M. 161, 24).

En, dans und *à*.

251 *En* hat allgemeineren Sinn und steht meist ohne Artikel: *en été, en automne, en hiver* (aber *au printemps*); *en janvier; en 1870* (selten *en l'an*, unter 100 blofs *l'an*).

Anm. Der Artikel steht nach *en* vor einzelnen Subst., besonders solchen mit vokalischem Anlaut: *en l'air, en l'honneur* (M. 167, 32); vor *ce*: *en cet endroit* (M. 33, 12).

Dans und *à* sind bestimmter; ersteres steht gewöhnlich vor Substantiven mit Adjektiven und Fürwörtern: *au jardin, dans notre jardin.*

252 *En, dans* und *à* vor Orts- und Ländernamen.

Zur Anschauung:

1. *A Paris.*

2. *En Allemagne, en France;* daneben *dans l'Allemagne, dans la France. — Dans la France méridionale;*

dans la Grande-Bretagne. Einzeln: *aux États-Unis, au Canada.*

Vor Ortsnamen steht *à*, vor Ländernamen *en* und *dans*, in einzelnen Fällen auch *à*.

En steht vor Ländernamen immer ohne Artikel; es wird nicht gesetzt vor pluralischen, zusammengesetzten und mit Adjektiven versehenen Ländernamen.

Anmerk. 1 Nach *partir, s'embarquer, se mettre en route* u. ä. steht *pour*: *Il est parti pour Paris.*

2 *A la ville,* Gegensatz: *à la campagne.*
Dans la ville, " *aux environs de la ville.*
En ville, " *chez moi.*

3. *Je rapporterai la toile dans deux heures* (47, 29). *Il se chargeait de terminer le canal en huit ans* (M. 26, 19).

Dans gibt den Zeitpunkt an, während *en* gewöhnlich den Zeitraum bezeichnet.

Devant, avant und *il y a.* 253

Devant la maison. — *Avant la Révolution* (M. 94, 22). — *Il y a huit jours (que) je l'ai vu.* *Voilà huit jours que le patron disait* (M. 52, 37).

Devant ist räumlich. *Avant* steht zeitlich und vom Range. *Il y a* steht, wenn von der wirklichen oder einer angenommenen Gegenwart aus in die Vergangenheit zurückgegangen wird; statt *il y a* steht manchmal *voilà*.

Contre, envers und *vers.* 254

Contre un bel édifice j'ai placé mon comptoir (13, 22). *Contre la grange s'appuie une échelle* (40, 22). — *Le pape prêcha la guerre contre les infidèles* (83, 13).

Bon, juste, doux (78, 9), *poli* (86, 7) — auch *injuste, cruel envers.*

Il vole joyeusement vers la terre (38, 3). *Vers trois heures, le coq se réveilla* (57, 22).

Contre steht räumlich (anlehnen gegen) und im feindlichen Sinn.

Envers steht im freundlichen Sinn und allgemein von der Gesinnung.

Vers steht räumlich und zeitlich bei ungefähren Angaben.

255 *Chez, près de* und *auprès de.*

Il est chez lui, chez son ami (*chez* = ,im Hause'). *Chez les Romains. Chez (dans) Cicéron.*

Le Théâtre français est près du (auprès du) Louvre. (Aber: *La bataille de Leipzig.*) — *Ambassadeur auprès de l'empereur d'Allemagne.*

Sonst ,bei': *Reste ici avec ta mère* (6, 21). — *Je n'ai pas d'argent sur moi.* — *J'avais un parapluie* (,bei' nicht ausgedrückt).

256 *Sous, entre, parmi.*

Sous l'arbre. — *Sous le règne de Louis XIV.*

Un procès entre deux personnes. — *Entre nous; entre amis.*

La joie fut grande parmi les ennemis (104, 29). *Comment pourrai-je reconnaître le roi parmi tous ces officiers?* (20, 4). — *Jeanne d'Arc distingua le roi entre tous ses courtisans* (101, 32). — *Brave entre les plus braves* (M. 162, 28).

Entre findet sich zuweilen wie *parmi.*

257 Wiederholung der Präpositionen.

a) *Les femmes produisaient ces jolies dentelles qui allaient parer les dames en France, en Angleterre, en Allemagne, en Russie, en Espagne, en Italie* (M. 155, 11). — *Une traversée de cinq ou six jours.*

b) *Vous ferez plus que vous n'avez fait pour la prospérité de la patrie, le bonheur des hommes et votre propre gloire* (M. 84, 35). — *Dans la paix et dans la guerre. Sur terre et sur mer.*

c) *Jeanne se retire dans une vigne, loin de la foule et du tumulte* (102, 19).

a) Die Präpositionen *de, à, en* werden fast immer wiederholt.

b) Die übrigen Präpositionen werden in der Regel nur des Nachdrucks wegen wiederholt.

c) Bei präpositionalen Ausdrücken wird gewöhnlich nur die eigentliche Präposition (*de* oder *à*) wiederholt.

DIE KONJUNKTIONEN.

A. Beiordnende.

1. *Ne refusez jamais l'aumône ni l'hospitalité aux pauvres gens* (77, 4). *Ils luttaient sans mettre la dent ni la griffe* (15, 24).

Statt *et* steht *ni* bei vorausgehender Negation.

2. *Ils ne pouvaient y demeurer davantage; ils ne le désiraient pas non plus* (M. 123, 37; vgl. U. 124, 18; 131, 5).

Statt *aussi* steht in negativen Sätzen *non plus*.

3. *Je n'ai ni bois ni terre, ni chevaux ni laquais* (13, 14). — *On ne trouvait là ni eau ni rue* (M. 33, 4).

Bei *ni* . . . *ni* wird *ne* zum Verbum gesetzt.

B. Unterordnende.

1 *Quand*.

a) *Quand j'étais petit, je n'étais pas grand* (22, 18) *La journée est bonne quand je gagne mon pain* (13, 28). *Je te descendrai quand je repasserai par ici* (74, 23).

b) *On apprend vite quand on n'a pas peur de se faire du mal* (43, 27).

c) *Quand même je le voudrais, je ne le pourrais pas.*

Quand ist a) zeitlich (,als, wann' und ,wenn = so oft')
b) konditional (,wenn')
c) konzessiv (,wenn').

2. *Si*.

a) *Si je meurs en chemin, tant pis* (37, 28).
b) *S'il a de l'argent, il le dépense.*
c) *Si Pierre l'Ermite fut le prédicateur populaire de la croisade, Godefroi de Bouillon en fut le héros* (83, 33).

Si ,wenn' ist a) konditional
b) zeitlich
c) konzessiv.

Anm. *Il me demanda si je viendrais.* *Si* ,wenn' steht niemals mit dem Futurum oder Konditional. — *Si* ,ob' leitet einen indirekten Fragesatz ein und steht mit Fut. und Kond.

3. *Comme.*

a) *Je prends comme il arrive l'ivraie et le bon grain* (13, 18).

b) *Comme on arrivait à une rivière, le Gascon crut que c'était la Somme* (17, 1).

c) *Comme le poids est à peu près le même, Merlicoquet ne s'aperçoit de rien* (52, 25).

Comme ist a) modal (‚wie')
b) zeitlich (‚als')
c) kausal (‚da').

4. *Parce que* und *puisque.*

Je les nomme mes petits drôles de la ville, parce que je les y ai achetés (15, 15).

Puisque vous y tenez tant, voici un moyen de tout arranger (58, 6).

Parce que (‚weil') gibt einfach den Grund an.

Puisque (‚da ja') setzt den Grund als bekannt voraus.

5. *Pendant que* und *tandis que.*

Pendant qu'on délibérait, le petit roitelet écoutait (37, 23).

C'est celui qui gardera son chapeau, tandis que tous les autres auront la tête découverte (20, 5).

Pendant que ‚während' drückt eine einfache Gleichzeitigkeit aus.

Tandis que ‚während (hingegen)' verbindet mit der Gleichzeitigkeit einen Gegensatz.

6. *Que* ‚als' steht in Vergleichungssätzen (s. §§ 195—197).

Zus. *Le soir, pendant qu'on le lave et qu'on le couche, il rit aux éclats* (117, 21).

Quand votre père rentrera le soir, et qu'il vous prendra sur ses genoux, embrassez-le bien (119, 6).

Statt eine Konjunktion zu wiederholen, wird gewöhnlich *que* gesetzt; ein Beispiel für die Wiederholung s. M. 165, 34 ff. Über *que* statt *si* vgl. § 147 b.

ANHANG.

I. Kurze Verslehre.

1. Zählung der Silben.

Abweichend von anderen Sprachen werden im französischen Vers die Silben gezählt; die Quantität der Silben bleibt dabei unbeachtet. Sechs- bis zwölfsilbige Verse kommen am häufigsten vor. Im Drama herrscht der zwölfsilbige Vers, der zuerst im *Roman d'Alexandre* (um 1200) angewandt wurde und daher oder von einem der beiden Dichter desselben, Alexandre de Paris, den Namen Alexandriner hat.

Bei der Zählung der Silben werden auch die unbetonten *e* mitgezählt, falls sie nicht vor Vokalen stehen und daher der Elision verfallen.

In manchen Gedichten finden sich Verse von verschiedener Länge (Silbenzahl); Beispiele sind die Fabeln von Lafontaine (s. Leseb. U. S. 137—139, M. S. 267 ff.).

2. Hiatus.

Der Hiatus, d. h. vokalischer Auslaut und darauf folgend vokalischer Anlaut, ist im franz. Vers streng untersagt. Infolgedessen sind manche sonst häufige Wortverbindungen in der franz. Poesie unmöglich, z. B. *il y a* (statt dessen *il est*), *tu as, tu eus, tu avais, il a eu; tu es, il a été* etc.

3. Reim.

Der Reim, d. h. der Gleichlaut der Tonvokale und der darauf folgenden Laute ist männlich, wenn der Tonvokal der letzte Vokal des Wortes ist (*jour — retour*), weiblich, wenn die Reimwörter auf unbetontes *e* endigen (*étrangère — ministère*). Aus den Anforderungen des Reimes erklären sich manche poetische Lizenzen, z. B. *Athène, je voi, je croi;* die beiden letzten Formen sind indes eigentlich regelmäfsig, da die erste Person der Verba meist ursprünglich kein *s* hatte.

Der Reim ist reich *(riche)*, wenn der Gleichlaut sich auch auf den dem Tonvokal vorhergehenden Konsonant erstreckt *(déserteur — persécuteur)*. — Reicher Reim wird verlangt, wenn der Reimvokal geschlossenes *e* ist: *attraper — échapper* (M. 274, 15 f.), *caché — fâché* (M. 274, 22 u. 25); diese Vorschrift wird aber nicht immer beachtet.

Wörter mit verschiedenen stumm gewordenen Endkonsonanten reimen unter sich, falls durch Bindung gleicher Laut entstehen würde; aber sie reimen nicht mit Wörtern, die vokalisch endigen. Also reimen: *corps — efforts* (M. 274, 18 u. 20), *droits — rois*, aber nicht *droit — roi*.

Gewöhnlich (im Drama immer) folgen auf männliche Reimpaare regelmäfsig weibliche. Formel: aa, bb, cc etc. Bezeichnung: Schlagreime *(rimes plates)*. Es kann aber auch auf eine männliche Reimsilbe eine weibliche folgen. Formel ab, ab; Bezeichnung: Wechselreime *(rimes croisées)*. Anders geordnete Reime heifsen Mischreime *(rimes mêlées)*. — Eigentümlich ist der Reim im Sonett: *abba, cddc, eef, ggf* (vergl. M. S. 300 ff. Nr. 42—44, 46).

4. Cäsur.

Beim klassischen Alexandriner ist hinter der sechsten Silbe ein Einschnitt (Cäsur, *césure* f.), welcher den Vers in zwei gleiche Hälften *(hémistiches* m.) zerlegt.

Sowohl die Cäsur als auch das Versende fallen beim klassischen Alexandriner mit einer Satzpause zusammen. Seit Victor Hugo und der romantischen Schule wird diese Vorschrift nicht immer beachtet. Beispiele s. M. 293, 30 u. 31.

5. Rhythmus.

Der Rhythmus beim Lesen und Rezitieren beruht auf dem regelmäfsigen Vorkommen von Silben, welche nach dem Sinn den Ton haben (im Alexandriner gewöhnlich vier, in jeder Vershälfte zwei), ferner auf den regelmäfsigen Pausen (Cäsur und Versende) und auf dem Reim. Durch möglichst sinngemäfses Lesen (wie in Prosa) und kurzes Anhalten an den Ruhepunkten entsteht daher der Rhythmus von selbst.

6. Unbetontes *e*.

Das unbetonte *e* bleibt im Vers ähnlich wie in getragener, feierlicher Rede mehr erhalten, als in gewöhnlicher Prosa; gewöhnlich bleibt es vor Pausen, also vor allem am Versende. Aber auch in Versen, besonders in solchen leichteren Inhalts neigt das unbetonte *e* sehr zum Verstummen, wie die Sprechweise französischer Schauspieler (auch auf der ersten franz. Bühne, dem *Théâtre Français*) beweist.

Ängstliches Sprechen aller unbetonten *e* ist jedenfalls nicht mehr richtig; zudem bringt es im Munde der Nichtfranzosen in den Alexandriner zu viel Eintönigkeit und wird für den Zuhörer unerträglich.

7. Satzbau im Vers.

Die Anforderungen des Verses verursachen manche Abweichungen von der sonst üblichen Wortfolge, wie aus folgender Stelle der *Athalie* (I, 1 Vers 31 ff.) hervorgeht:

Du mérite éclatant cette reine jalouse
Hait surtout Josabet, votre fidèle épouse.
Si du grand prêtre Aaron Joad est successeur,
De notre dernier roi Josabet est la sœur.
Mathan d'ailleurs, Mathan, ce prêtre sacrilège,
Plus méchant qu'Athalie, à toute heure l'assiège,
Mathan, de nos autels infâme déserteur,
Et de toute vertu zélé persécuteur.
C'est peu que, le front ceint d'une mitre étrangère,
Ce lévite à Baal prête son ministère:
Ce temple l'importune, et son impiété
Voudrait anéantir le Dieu qu'il a quitté.

Weitere Beispiele s. M. 270, 15; 271, 16, 24 u. 27; 278, 10.

II. Die wichtigsten Synonyma.

1. *Accepter — recevoir (accueillir) — obtenir.*
annehmen erhalten (aufnehmen) erlangen.

On accepte une offre — on reçoit une lettre — on obtient un poste; on accueille bien un ami (faire un bon accueil à qn).

56, 35 | 16, 1 (94, 1) | 65, 35.

2. *Agé — vieux — ancien — antique.*

Un garçon âgé de trois ans. — Un très vieil homme (un vieillard), un vieux livre. — Une ancienne coutume (lang bestehend, Gegensatz: *moderne*), *histoire ancienne* (alte Geschichte); *l'ancien ministre* (‚ehemalig'); — *antique* = *fort ancien;* auch ‚antik'.

85, 29; 4, 28; 29, 7 | 41, 34; 78, 33 | 103, 30.

Nouveau — neuf — récent — moderne.

Le nouveau monde — le nouvel an — la nouvelle lune — un habit neuf (neugemacht). — *Un événement récent. — Les temps modernes* (Gegensatz: *ancien, antique*).

10, 19; 42, 18 | 4, 7 | M. 217, 15 | M. 66, 29.

3. *An — année jour — journée*
matin — matinée soir — soirée.

Il y a deux ans (‚vor 2 J.'); *un jour* (‚einst'); *ce matin, ce soir.* Die kürzere Form gibt meist die Zeit an sich an.

L'année terrible (für die Franzosen 1870), *une bonne année, une année heureuse, malheureuse; belle journée, grande journée; une belle matinée (soirée), passer la matinée (soirée) à lire; matinée* = Morgenunterhaltung, *soirée* = Abendunterhaltung. Die längere Form gibt gewöhnlich die mit Ereignissen ausgefüllte Zeit an.

28, 13 | 4, 34 4, 12 | 4, 25.
12, 28 | 13, 1 57, 1 | 123, 3.

4. *Apercevoir — s'apercevoir.*
bemerken gewahr werden

Je vous ai aperçu de loin — je me suis aperçu de l'erreur; on le raille et il ne s'en aperçoit pas.

12, 35 | 12, 8.

5. *Blessure — plaie.*

Grande, dangereuse blessure (plaie); guérir une blessure (plaie): plaie ist stärker als *blessure.* Figürlich: *blessure faite à l'honneur. — Les plaies de l'État, le désordre des finances est la plaie de cet empire.*

107, 16 | M. 174, 16.

6. *Bonheur — chance — fortune — prospérité* (Wohlstand, Wohlfahrt, Gedeihen).

Grand, vrai bonheur, b. parfait, goûter le bonheur. — Avoir de la chance. — La fortune des armes. — Être dans la prospérité, la prospérité des affaires, du commerce.

Bonheur gewöhnlich = innere Zufriedenheit.

92, 10 | 80, 1 | 123, 26 | 66, 28.

7. *Bord — rive — rivage — plage — côte.*

Les bords du Rhin, de la mer. — La rive gauche et la rive droite d'un fleuve. — Le rivage d'un lac, de la mer. — La plage, la côte de la mer.

44, 4 | 41, 25 | 88, 5 | M. 153, 30 | 86, 29.

8. *Bourgeois — citoyen.*

Stadtbürger Staatsbürger.

Bourgeois de Paris, un riche, bon bourgeois. — Un grand citoyen, un bon, mauvais citoyen.

106, 31 | M. 82, 2.

9. *Cause — motif.*

Ursache Beweggrund.

Les causes d'un événement, d'une guerre.

Par quel motif a-t-il fait cela? Je devine ses motifs.

98, 34 | M. 227, 29.

10. *Chair — viande.*

Chair ist allgemein das Fleisch (von Menschen, Tieren und Pflanzen).

Viande ist im besonderen das Fleisch der Schlachttiere, insofern es den Menschen zur Nahrung dient; *la viande coûte cher.*

M. 144, 10; 189, 28 | U. 26, 25.

11. *Chaque — tout.*

jeder einzelne — (allgemeiner).

Chaque fois, à chaque instant, chaque jour.

Tout homme est sujet à la mort.

30, 7 | 35, 9.

12. *Chose — cause.*

(die Sache, welche man verteidigt).

Dieu a créé toutes choses; l'état des choses.

Cause célèbre (Rechtsstreit), *la cause de Dieu, de la religion, de la patrie.*

10, 25 | 106, 25.

13. *Collège — lycée — athénée — gymnase.*

Collège = städtisches Gymnasium (*collégien* = Gymnasiast) — *lycée* = staatliches Gymnasium.

Athénée (f.) ist die in Belgien übliche Bezeichnung für Gymnasien.

Gymnase bezeichnet deutsche und schweizerische Gymnasien; außerdem = Turnanstalt.

14. *Combat — lutte.*

Combat singulier, c. d'une armée contre une autre, c. naval, c. judiciaire. — Lutte sanglante; lutte entre les partis, la lutte du pouvoir arbitraire et de la liberté.

Combat ist jede Art Kampf; *lutte* druckt die Anstrengungen aus, welche man macht um zu siegen und steht oft im figürlichen Sinn.

85, 23 | M. 163, 27.

15. *Conduire — mener — guider.*

Guider un homme qui ne sait pas le chemin.

Sonst ‚führen' im eigentlichen und figurlichen Sinne ist *conduire* und *mener*.

26, 18 | 48, 26 | 64, 33.

16. *Conseiller — consulter.*

einem raten um Rat fragen.

Il a consulté un avocat qui l'a bien conseillé.

89, 9 | M. 30, 9.

17. *Décider, déterminer — destiner.*

Décider, déterminer qn à faire une chose.

Destiner son fils au barreau; savons-nous à quoi le ciel nous a destinés? cette flotte est destinée pour l'Amérique.

101, 24 | 76, 9.

18. *Demander — questionner — interroger.*

Die beiden letzteren = ausfragen.

Il m'a demandé où j'allais.

Il m'a questionné sur plusieurs choses.

Le juge a interrogé beaucoup de témoins; les examinateurs l'ont interrogé sur telle matière. Interroger sagt man gewöhnlich von dem, welcher ein Recht zum Fragen hat.

80, 4 | M. 114, 29 | U. 57, 28.

19. *Discours — harangue — oraison — sermon.*

Cet orateur a fait un beau discours.

Napoléon est célèbre par les harangues qu'il a adressées à ses soldats.

Les oraisons de Démosthène, de Cicéron; les oraisons funèbres de Bossuet, de Fléchier.

Les sermons du carême.

Discours ist der allgemeine Ausdruck; *harangue* (‚Ansprache') richtet sich an eine Versammlung, an ein Heer; *oraison* wird nur von Reden der Alten und Grabreden gebraucht; *sermon* = Predigt.

M. 225, 8 | U. 113, 3; M. 84, 8.

20. *Élire — choisir.*

Élire un pape, un roi, un empereur, un député.

Je l'ai choisi entre mille; il fut choisi pour chef de l'expédition.

Élire ist der allgemeine Ausdruck, *choisir* = auswählen.

M. 43, 35 | M. 189, 5.

21. *Entendre — écouter.*

J'ai écouté mais je n'ai rien entendu. Écoutez, j'ai quelque chose à vous dire; il n'écoute que d'une oreille.

Entendre une voix, le son des cloches.

61, 8 | 61, 22.

22. *Enterrer — ensevelir.*

Enterrer steht im eigentlichen Sinn — *ensevelir* (eig. ‚in ein Leichentuch einhüllen') figürlich.

Être enseveli dans l'oubli, le commandant s'est enseveli sous les ruines de la place.

100, 26 | M. 195, 4.

23. *Envoyé — ambassadeur.*

Gesandter Botschafter.

Un envoyé a un rang inférieur à celui de l'ambassadeur qui représente son souverain. Il n'y a point d'ambassadeur de tel prince à cette cour, il n'y a qu'un envoyé.

Une grande puissance est ordinairement représentée par des ambassadeurs auprès des souverains des autres grandes puissances.

83, 5 | 19, 17.

24. *Estimer — respecter.*

schätzen hochachten; nicht verletzen.

On estime fort cet homme-là, il se fait estimer partout.

Je l'ai toujours fort respecté; — respecter les droits de qn.

107, 27 | M. 256, 26; U. 30, 31.

25. *Expliquer — déclarer.*

Comment expliquez-vous ce passage, ce phénomène? — Je ne puis m'expliquer sa conduite.

Déclarer sa volonté, ses intentions; déclarer des marchandises à la douane; déclarer la guerre.

Expliquer une chose c'est la rendre intelligible à ceux qui ne la comprennent pas; déclarer = faire connaître.

M. 215, 20 | U. 36, 20.

26. *Fameux — célèbre — illustre.*

Fameux écrivain, orateur; fameux siège, fameuse bataille; auch *un fameux voleur, brigand.*

Un auteur célèbre, un lieu célèbre, une fête célèbre.

Un homme illustre, une famille, une société illustre, des faits illustres.

Illustre = sehr berühmt, hervorragend, ausgezeichnet.

10, 15 | 41, 2 | 84, 4.

27. *Faute — défaut.*

Faire, commettre une faute.

Avoir un défaut, chacun a ses défauts, défaut du corps.

Faute ist eine Handlung, *défaut* eine Eigenschaft.

115, 3 | 10, 26.

28. *Fermer — conclure — résoudre.*

Fermer une porte (à la clef, au loquet), une chambre, une maison, un théâtre, les yeux; auch *fermer une discussion, son nom ferme la liste.*

Conclure un traité, la paix, une alliance; conclure un discours; qu'en concluez-vous? j'en conclue la nécessité de partir.

J'ai résolu de partir; résoudre = beschliefsen.

14, 34 | 31, 17; M. 149, 14 | U. 91, 34.

29. *Finir — achever — terminer.*

Finir un discours, une affaire, un ouvrage; finissez donc de bavarder; ce mot finit par une voyelle.

Achever une entreprise, un portrait; il achève de se perdre (= vollends).

Ce bois termine agréablement la vue, la mort termina les conquêtes d'Alexandre (= abschliefsen); *terminer un procès par un accommodement, terminer un ouvrage, une lecture.*

Finir ist allgemein und schliefst die meisten Bedeutungen von *achever* und *terminer* in sich.

28, 20 | 19, 21 | 68, 39.

30. *Frontière — limite.*

La frontière sépare un pays d'un autre pays, les limites enferment un pays.

Passer la frontière. — Les montagnes sont les limites naturelles des pays.

M. 95, 8 u. 10.

31. *Gagner — mériter.*

Gagner son pain, gagner tant par jour.

Mériter une récompense, des louanges, de la peine, le prix.

13, 18 | 35, 9.

32. *Général — capitaine.*

Bon, grand, illustre général, général expérimenté.

Napoléon était un grand capitaine, ce général était plus soldat que capitaine.

68, 28 | 99, 10.

33. *Genre — sexe — race.*

Le genre des substantifs, le genre masculin, féminin; le genre humain.

Des personnes des deux sexes, cette femme a du courage au-dessus de son sexe.

Une race illustre, la race des Carlovingiens, les races futures.

— — | 83, 21 | M. 2, 2.

34. *Gouverner — régner.*

Dieu gouverne l'univers, ce prince gouverne bien ses États, les ministres gouvernent sous l'autorité du roi, gouverner bien ses passions.

Régner longtemps, heureusement, faire régner la justice, cette doctrine a régné longtemps; le roi règne, mais il ne gouverne pas (Thiers).

Das Intransitivum *régner* steht im eigentlichen Sinne nur von den Königen oder Herrschern selbst.

M. 98, 6 | U. 62, 4.

Gouvernement — règne — régime.

Le gouvernement d'un État, gouvernement doux, g. dur, tyrannique; un g. monarchique, républicain, aristocratique, démocratique.

Sous le règne de Louis XIV, règne doux, orageux, plein de troubles.

Régime dur, arbitraire, doux; régime féodal, ancien régime, nouveau régime.

Außer den gemeinschaftlichen Bedeutungen bezeichnet *règne* vorzugsweise die Regierungszeit, *régime* die gesamte Ordnung der Dinge.

67, 22 | 85, 28 | M. 42, 20.

35. *Heure — lieue — leçon.*

Ce matin j'ai travaillé, marché deux heures. — La distance de Paris (Louvre) à Versailles est de quatre lieues. — Une leçon d'écriture, d'histoire, de français.

15, 5 | 69, 11 | — —.

36. *Langue — langage.*

La langue française, allemande, étudier une langue, professeur en langue anglaise.

Origine du langage; langage des bêtes, des yeux; langage figuré, poétique, la pureté du langage; le langage de l'Écriture sainte, du barreau, de la passion.

71, 4 | 68, 16.

37. *Léger — facile.*

Un corps léger (Gewicht, Gegensatz: *lourd), l'infanterie légère, marcher d'un pied léger, un vin léger* (Gegensatz: *vin capiteux, vin qui donne à la tête); un homme léger* (‚leichtsinnig').

Calcul facile, opération facile, il est facile de vous contenter; un style naturel et facile.

21, 20; M. 97, 37 | U. 68, 17.

Lourd — difficile — grave.

Un corps, fardeau lourd; cet homme qui était autrefois fort agile, est devenu bien lourd; esprit lourd, style lourd, conversation lourde.

Travail difficile; opération, entreprise difficile, passage difficile, une situation difficile; un critique très difficile, un homme difficile sur les aliments (difficile = schwer zu befriedigen).

Faute grave, circonstances graves; matière grave, sujet grave.

49, 15 | 76, 24 | 87, 32.

38. *Liberté — franchise.*

Liberté entière, civile, politique, l. des cultes, de la presse.

Jouir de certaines franchises, les franchises d'une ville, d'une province.

Franchise = Freiheit im Sinne von Recht, Vorrecht, Privileg.

56, 17 | M. 183, 22.

39 *Monsieur — maître — seigneur.*

‚Monsieur' est le titre qu'on donne par civilité aux personnes à qui on parle ou à qui on écrit. — Le maître donne des ordres à ses

domestiques ou à ses inférieurs. — *Le seigneur est le possesseur d'une terre ou d'un pays; vivre en grand seigneur. Notre seigneur Jésus-Christ.*

6, 26 | 18, 33 | 16, 9.

40. *Miracle — merveille — prodige.*

Le don des miracles, opérer un miracle, c'est un miracle qu'il ne soit pas tombé dans cette bataille.

Les merveilles de la nature, il raconte des merveilles de ce pays, les sept merveilles du monde; il a fait des merveilles dans la bataille.

Prodige étonnant, ce prodige leur sembla présager quelque grand malheur.

Miracle ist besonders das Wunder im biblischen Sinn; *merveille est ce qui cause de l'admiration; prodige* ist das stärkere Wort zu *miracle* und *merveille.*

101, 3 | 9, 23 | 52, 35.

41. *Morceau — pièce.*

Un morceau de pain, de viande; il y a de beaux morceaux dans ce poème, un recueil de morceaux choisis.

Une pièce de viande; cet appartement est composé de six pièces, ces chevaux coûtent 500 francs la pièce; des pièces de canon, p. de trente-six (livres de balle); une pièce de monnaie, p. de dix sous; une pièce de théâtre, jouer une pièce nouvelle.

Beide drücken einen Teil von einem Ganzen aus; *pièce* im besonderen bezeichnet ein selbständiges Ganze.

43, 6 | 111, 2; 113, 16.

42. *Mot — parole.*

Mot latin, français, allemand, de deux syllabes, deux mots synonymes, un mot expressif, mot propre; dites-lui un mot de ma part, en ma faveur; bon mot (,Witz'); *mot d'ordre* (,Parole').

C'est une belle parole, p. mémorable; parole de Dieu, paroles claires, obscures, obligeantes, dures; demander, prendre la parole; donner sa parole (d'honneur).

23, 15 | 100, 1.

43. *Objet — sujet.*

Les plus beaux objets du monde, cet objet a frappé mes yeux; les corps naturels sont l'objet de la physique; la poésie a pour objet de plaire.

Quel est le sujet de votre conversation? Un sujet de comédie, de tragédie, on a déjà beaucoup écrit sur ce sujet.

35, 22; 85, 16 | M. 127, 8.

44. *Ouvrage — œuvre.*

Grand, bel ouvrage, commencer, faire, achever un ouvrage, ouvrage de tapisserie, l'univers est l'ouvrage de Dieu; publier un ouvrage.

Les œuvres de Dieu, de la nature, l'homme est l'œuvre des mains de Dieu; les œuvres de Voltaire; mettre en œuvre, se mettre à l'œuvre, à l'œuvre on connaît l'ouvrier, la fin couronne l'œuvre.

Ouvrage ist das gewöhnliche Wort, der Gebrauch von *œuvre* ist beschrankt.

10, 14 | 129, 19.

45. *Paraître — sembler.*

Paraître drückt einen gröſseren Grad von Wahrscheinlichkeit aus als *sembler*, daher folgt auf ersteres *que* mit dem Ind., auf letzteres gewöhnlich *que* mit dem Konj; vgl. § 147 c S. 118 f.

M. 61, 19 | M. 111, 1.

46. *Partie — part — (parti).*

Petite, grande partie, le tout est plus grand que sa partie, ce livre a quatre parties; une partie d'échecs, de chasse.

Voilà votre part et voici la mienne, quand il y a tant d'héritiers les parts sont petites, demander, prendre sa part.

Le parti de la Ligue, des Guelfes, des Gibelins; cette fille-là est un bon parti.

29, 12 | 79, 13 | 95, 11.

Diviser — partager — distribuer.

La France est divisée en 87 départements.

Il a partagé également son bien entre les enfants, partager le butin, les profits; partager l'opinion de qn, les opinions sont partagées.

Distribuer des aumônes aux pauvres, des récompenses, des honneurs.

93, 29 | 55, 1 | 111, 24.

47. *Personne — personnage.*

Une personne de mérite, d'esprit, la personne en question.

Les plus grands personnages de l'antiquité, il se croit un personnage, un grand personnage; auch herabsetzend: *un fort sot, ridicule personnage; les personnages d'un drame, jouer un personnage, elle joue bien le personnage d'Andromaque.*

45, 36 | M. 32, 19; M 29, 34.

48. *Quitter — abandonner — délaisser.*

Je vous quitte pour un moment, quitter la maison, la ville, le pays; quitter un métier, le commerce, des habits.

Abandonner une place, une ville conquise, un soldat ne doit jamais abandonner son drapeau; abandonner une ville au pillage des soldats.

Il est délaissé de tous ses parents (hilflos, in der Not verlassen).

6, 18 | 87, 20 | 105, 17.

49. *Récit — conte.*

Un long récit, le récit d'un événement, de ce qui s'est passé.

Contes de fées, les contes arabes; un conte plaisant, embellir un conte.

Récit ist das allgemeine Wort. *Conte* ist = Märchen und jede ans Wunderbare streifende Erzählung; außerdem steht es oft = unterhaltende, belustigende Geschichte.

70, 39 | 61, 14.

50. *Repos — tranquillité — calme.*

Le repos succède au travail; le repos de la bonne conscience; laissez-moi donc en repos, troubler le repos public.

La tranquillité de la mer; tranquillité d'esprit, d'âme.

Le plus grand calme règne dans les airs, région des calmes; rétablir le calme dans un État, l'assemblée l'écouta dans le plus grand calme.

Repos ist Ruhe im Gegensatz zur Arbeit, *tranquillité* besonders innere Ruhe, *calme* ist meist Ruhe im Gegensatz zur Bewegung.

112, 33 | M. 81, 27 | M. 240, 27.

51. *Rivière — fleuve.*

La Marne est une rivière, la Seine et la Somme sont des fleuves.

Rivière bezeichnet gewöhnlich einen Nebenfluſs, während unter *fleuve* immer ein (groſser oder kleiner) Fluſs verstanden wird, der direkt in das Meer mündet.

97, 32 | 40, 37; 109, 24.

52. *Royaume — royauté.*

Un royaume est un État gouverné par un roi. — Royauté désigne la dignité de roi.

Le royaume de France — usurper la royauté.

19, 14 | M. 10, 39.

53. *Rue — route.*

Les rues de Paris, de Neuilly. — La route de Paris à Bordeaux, grand'route, route nationale, départementale.

Rue ist die Strafse in der Stadt, im Dorf, *route* die Landstrafse, welche Städte und Dörfer mit einander verbindet.

7, 5 | 91, 23.

54. *Sacrifice — victime.*

L'autel des sacrifices, offrir un sacrifice, le sacrifice d'Abraham, le saint sacrifice (de la messe); abolir les sacrifices humains; je fais ce sacrifice à notre ancienne amitié, un sacrifice d'argent, il a fait de grands sacrifices pour l'éducation de ses enfants.

Le sang des victimes (Opfertiere); *il est la victime de la calomnie, de son imprudence, d'un accident.*

119, 16 | M. 163, 18.

55. *Sévère — rigoureux.*

Un juge, jugement sévère, une loi sévère, une critique sévère, parler d'un ton sévère, une vertu sévère.

Un juge, jugement rigoureux; hiver, climat rigoureux; examen rigoureux, conduite rigoureuse, maxime rigoureuse.

90, 37; 115, 6 | 95, 19; M. 24, 25.

56. *Suivre — succéder.*

Je l'ai suivi de ville en ville, qui m'aime me suive (im eigentlichen und bildlichen Sinne); *la nuit suit le jour, les jours se suivent et ne se ressemblent pas.*

La nuit succède au jour, les saisons, les événements se succèdent; il lui a succédé dans la charge de président, succéder à la couronne.

Suivre steht räumlich und auch zeitlich; *succéder* wird nur zeitlich gebraucht und steht vorzugsweise von der Nachfolge im Amt, in der Regierung.

14, 9; 103, 23 | 92, 9.

57. *Thème — version (traduction).*

Thème latin, grec — version latine, grecque.

Thème und *version* sind Übersetzungsaufgaben, welche Schülern oder beim Examen gegeben werden; *thème* ist die Übersetzung in die fremde Sprache und *version* die Übersetzung in die Muttersprache.

Sonst wird allgemein ‚Übersetzung' französisch durch *version* oder *traduction* wiedergegeben; *version* ist die wörtliche und *traduction* die freiere Übersetzung.

M. 248, 37 u. 38.

58. *Train — cortège — expédition — trait — courant.*

Train omnibus, express, rapide (auf der Eisenbahn), *être en train.* — *Grand cortège, c. de carrosses, de voitures* (‚Festzug'). — *Expédition d'Égypte.* — *Boire à longs traits. Trait de plume. Traits du visage. Un trait de courage.* — *Il y a un courant d'air.*

36, 9; 75, 31 | 100, 10; M. 302, 24 | M. 3, 17 | U. 18, 27; 109, 22.

59. *Voyager — aller.*

Il a beaucoup voyagé, il a voyagé en Suisse (in der Schweiz). — *Il est allé en Suisse* (in die Schweiz).

Voyager ist das Reisen an sich, ohne Angabe des Ziels; bei *aller* steht immer das Ziel.

III. Übersicht

der gebräuchlichen grammatischen Bezeichnungen

Deutsch:	Französisch:	Deutsch:	Französisch:
Lautlehre	*phonétique* f.	Ton	*accent* m.
Laut	*son* m.	Wortton	*accent tonique*
Stimmlaut Vokal	*voyelle* f.	Satzton Rhetorischer Ton	*a. phraséologique* *a. oratoire*
Diphthong	*diphthongue* f.	Bindung	*liaison* f.
Quantität	*quantité* f.	Interpunktion	*ponctuation* f.
Geräuschlaut Konsonant	*consonne* f.	Punkt Semikolon	*point* m. *point virgule* m.
Buchstabe	*lettre* f.	Doppelpunkt Kolon	*les deux points*
Orthographie	*orthographe* f.		
Betonung	*accentuation* f.	Komma	*virgule* f.

Deutsch:	Französisch:
Accent	*accent* m.
Akut	*accent aigu*
Gravis	*a. grave*
Cirkumflex	*a. circonflexe*
Bindestrich	*trait d'union* m.
Trema	*tréma* m.
Apostroph	*apostrophe* f.
Elision	*élision* f.
Formenlehre	*théorie* (f) *des formes grammaticales*
Stamm	*radical* m.
Endung	*terminaison* f.
Zeitwort Verbum	*verbe* m.
Genus	*voix* f.
Aktiv	*actif* m., *voix active*
Passiv	*passif* m., *v. passive*
Modus	*mode* m.
Indikativ	*indicatif* m.
Konjunktiv	*subjonctif* m.
Imperativ	*impératif* m.
Infinitiv	*infinitif* m.
Partizip	*participe* m.
Gerundium	*gérondif* m.
Zeit Tempus	*temps* m.
einfache Zeit	*t. simple*
zusammenges. Zeit	*t. composé*
Präsens	*présent* m.
Imperfekt	*imparfait* m.
Historisches Perfekt	*passé défini* m.
Perfekt	*passé indéfini*
Plusquamperfekt	*plus-que-parfait* m.
"	*passé antérieur*
1 Futurum	*futur simple* m.
2. "	*futur passé*
1. Konditional	*conditionnel simple* m.
2. "	" *passé*
Person	*personne* f.
Zahl Numerus	*nombre* m.
Singular	*singulier* m.
Plural	*pluriel* m.
konjugieren	*conjuguer*
persönlich. Zeitwort	*verbe personnel*
unpersönl. "	*v. impersonnel*
Transitivum	*v. transitif, v. actif*

Deutsch:	Französisch:
Intransitivum	*v. intransitif* *v. neutre*
Reflexivum	*v. réfléchi* *v. pronominal*
reziprokes Verb	*v. réciproque*
Hilfszeitwort	*v. auxiliaire*
Dingwort Substantivum	*substantif* m., *nom* m.
Konkretum	*nom concret*
Abstraktum	*nom abstrait*
Eigenname	*nom propre*
Gattungsname Appellativum	*nom appellatif*
Stoffname	*nom matériel*
Deklination	*déclinaison* f.
Nominativ	*nominatif* m.
Genitiv	*génitif* m.
Dativ	*datif* m.
Akkusativ	*accusatif* m.
Genus	*genre* m.
Maskulinum	*g. masculin*
Femininum	*g. féminin*
Neutrum	*g. neutre*
Eigenschaftsw Adjektivum	*adjectif* m.
Steigerung Komparation	*comparaison* f.
Grad	*degré* m.
Positiv	*positif* m.
Komparativ	*comparatif* m.
Superlativ	*superlatif* m.
Umstandswort Adverbium	*adverbe* m.
Bejahung	*affirmation* f.
bejahend	*affirmatif*
Verneinung	*négation* f.
verneinend	*négatif*
Zahlwort	*nom de nombre*
Numerale (-lia)	*adjectif numéral*
Grundzahl	*nombre cardinal*
Ordnungszahl	*n. ordinal*
Fürwort Pronomen (-mina)	*pronom* m.
persönliches Fürwort	*pr. personnel*
unbet. pers. Fürwort	*pr. (pers.) conjoint*
betontes " "	*pr. (pers.) absolu* (*disjoint*)

Deutsch	Französisch
Possessivum	*possessif* m.
substant. Possessivum	*pronom possessif*
adjektiv. "	*adjectif* "
Demonstrativum	*démonstratif (adjectif d., pronom d.)*
Determinativum	*déterminatif (adjectif d., pronom d.)*
Interrogativum	*pronom interrogatif*
Relativum	*pr. relatif*
Indefinitum	*pr. indéfini*
Präposition	*préposition* f.
Konjunktion, Bindewort	*conjonction* f.
koordinieren	*coordonner*
beiordnend. Bindew.	*c. copulative*
subordinieren	*subordonner*
unterordn. Bindew.	*c. subordonnante*
temporal	*du temps*
konditional	*conditionnel*
konzessiv	*concessif*
final	*final*

Deutsch	Französisch
Ausruf, Interjektion	*interjection* f.
Satzlehre, Syntax	*syntaxe* f.
Stellung, Konstruktion	*construction* f.
Subjekt	*sujet* m.
Prädikat	*attribut* m., *verbe* m.
Objekt	*régime (direct, indirect)* m.; *complément (direct, indirect)* m.
nähere Bestimmung	*circonstanciel* m.
Attribut	*attribut* m.
Apposition	*apposition* f.
Satz	*phrase* f.; *proposition* f.
Hauptsatz	*proposit. principale*
Nebensatz	*pr. subordonnée*
Fragesatz	*pr. interrogative.*

Das Deutsche hat oft zwei Bezeichnungen, eine ursprünglich deutsche und eine entlehnte. Beide werden unterschiedslos gebraucht.

Die Endung ‚um' wird häufig weggelassen. Die Flexion der entlehnten Wörter ist verschieden. Beisp.: Das Adjektivum — das Adjektiv, die Adjektiva — die Adjektive; die Adverbia — die Adverbien.

REGISTER.

Die Zahlen weisen, wo nicht anders angegeben, auf Paragraphen hin.

- bedeutet die Wiederholung des Stichwortes.

A. = Anmerkung, Ausdr. = Ausdruck, b. = bei(m), das. = daselbst, f. (ff.) = u. folgend(e), Gebr. = Gebrauch, Geschl. = Geschlecht, m. = mit, S. = Seite, st. = statt, Syn. = Synonym.

Die unpersönlichen Verba und Ausdrücke stehen unter I (*il*).

A.

à st. des Dat. 247; räuml. 248; zeitlich 249; Zweck 250, 1; Weise 250, 2; Beschaffenheit 250, 3; *à, en* u. *dans* 251; vor Orts- u. Ländernamen 252.

abandonner Syn. S. 183 Nr. 48.

abbé Fem. dazu 72 a.

Ableitung der Verbalformen S. 54.

aborder m. *avoir* u. *être* 127, 1.

Absolute Konstruktion zur Hervorhebung 109; im Fragesatz 111 c.

absoudre Formen S. 44.

Abstrakta m. Artikel 174.

Accente 21, 1.

accent tonique 11, 1; - *phraséologique* 11, 2; - *oratoire* 11, 3.

accepter Syn. S. 173 Nr. 1.

accompagner m. *de* b. Passiv 244.

accoutumer m. betont. Personale 211 Zus. 3.

accueillir Syn. S. 173 Nr. 1.

acheter Formen S. 31.

achever de ‚vollends' 129; — Syn. S. 178 Nr. 29.

acquérir Formen S. 34

acteur Fem. dazu 71, 4.

Adjektiv Pluralbildung 68 u. 63; Femininbildung 69—72; Steigerung 74 bis 77; Bildung der Adj. 73, 1; Gebr. 185—188; als Adverb 189; Stellung 190—192.

Adverb Bildung 78—80; Steigerung 82, Pronominaladverbien 81; Arten 193; Vertauschung m. Adj. 189; Adv. des Grades 194; der Bejahung u. Verneinung 199—203.

Affekt, Verba des A. m. Konj. 145; m. Ind. oder Konj. 145 Zus. 2.

affirmer m. Ind. od. Konj. 147 c 2; m. blofsem Inf. 152 b 1.

s'affliger m. d. Konj. 145, 2.

afin que m. d. Konj. 146 b.

âge mit folg. *de* 246; — Syn. S. 173 Nr. 2.

aider transitiv 119; m. folg. Inf. 153 a.

aïeul Plural 65.

aimer m. Konj. 146 c 1; m. Inf. 153 a, m. *de* b. Passiv 244; - *mieux* m. Konj 146 c 1; m. Inf. 152 b 3 u. Zus. 3; *bel* st. Adv. 129.

Akkusativ des Mafses beim Partizip 162, 3.

Aktiv st. des Passivs 118 Zus. 2.

aller Formen S. 31; m. *être* 126; m. Futur 129 A. 1; pleonastisch das.; m. blofsem Inf. 152, 4 a; m. betont. Personale 211 Zus. 3; — Syn. S. 185 Nr. 59.

alors que 229 a.

Alternative Fragen 231.
ambassadeur Syn. S. 177 Nr. 23.
amener m. folg. Inf. 153 a.
à moins que m. Konj. u. *ne* 147 b.
s'amuser m. folg. Inf. 153 a.
an Syn. S. 172 Nr. 5.
ancien Stellung b. Subst. 192, 4 b; — Syn. S. 173 Nr. 2.
Anfangsbuchstaben, grofse, 20.
Angleichen der Konson. bezügl. des Stimmtons 17 a.
année Syn. S. 174 Nr. 3.
antique Syn. S. 173 Nr. 2.
à peine m. Fragekonstr. 112, 2; m. d. 2. Plusqupf. 135, 1.
apercevoir Formen S. 46; — Syn. S. 174 Nr. 4.
Apostroph 21, 4.
appelé m. folg. Inf. 153 b.
appeler Formen S. 30; m. Prädikatsnomen 176, 2; *en* - m. betont. Personale 211 Zus. 3.
applaudir versch. Rektion 123.
Apposition 178 f.
apprendre m. folg. Inf. 153 a.
approcher Konstruktion 120 A 2.
approuver m. d. Konj. 146 c 4.
appuyer Formen S. 30.
après que m. d. 2. Plusquperf. 135, 2.
arrêter m. d. Ind. 146 c Zus. 1 S. 110; *s'*- m. folg. Inf. 153 a.
arriver intrans. 121; m. *être* 126.
Artikel bei Eigennamen 167—173; bei Stoff- u. Gattungsn. u. Abstrakten 174; b. Prädikat 176, 1 Zus.; b. Attribut 177; b. d. Apposition 179; in stehenden Ausdr. 181; Wiederholung des A. 184.
asseoir Formen S. 46.
assez m. *de* 236 a.
assister transitiv 119; versch. Rektion 122.
assurément Stellung b. Verb 113, 6 Zus. 1.
assurer m. Ind. od. Konj. 147 c 2; m. blofs. Inf. 152 b 1.
athénée Syn. S. 175 Nr. 13.
atteindre Formen S. 39.
attendre que 146 b Zus. 2 b.
Attribut 177; m. *de* 245, verschiedenartige -e durch *et* verbunden 177 Zus. 1.
au cas que m. Ind. od. Konj. 147 b.
aujourd'hui que 229 a.
au moins m. Fragekonstr. 112, 2
auprès de Gebr. 255.
aussi m. Fragekonstr. 112, 2; im Komparativsatz 195.
aussitôt que m. d. 2. Plusqupf. 135, 2.
autant im Komparativsatz 195; m. *de* 236 a.
d'autant plus m. Fragekonstr. 112, 2.
autoriser m. folg. Inf. 153 a.
autre m. folg. *ne* 197; sonst. Gebr. 232, 6.
avancer m. *avoir* u. *être* 127, 1.
avant 253; - *que* m. d. Konj. 146 b u. Zus. 1.
avant-garde Plural 66, 3.
aveuglément Adverb 80, 2.
avide m. folg. *de* 246.
avoir Formen S. 12 f. u. 23 ff.; Gebr. 125—127; modal 128; m. Prädikatsnomen 176, 2; *avoir à* 153 a.
avoir beau ‚vergebens' 129.
avoir intérêt m. folg. Inf. 153 a; - *à ce que* m. Konj. 146 c 3.
avoir peine m. folg. Inf. 153 a.
avoir peur m. d. Konj. 145, 4; u. *ne* das. Zus. 1.
avouer m. blofs. Inf. 152, 4 b.

B.

bal Plur. 65 A. 1.
bas adverbial 189, 2.
basse-cour Plural 66, 1.
battre Formen S. 36.
beau Formen 70 c.
beaucoup Steigerung 82; m. d. Plur. 130, 2; - *de* 236 a 1.
Bedingungssatz 138; in Frageform 112, 1.
‚bei' 255.
bénin Fem. dazu 70 c.
Betontes Personale Gebr. 211.
Betonung 11.
Betonungsgesetz 16.

bien Steigerung 82; Stellung b. Inf. 113, 6 Zus. 2; m. folg. *de* u. Art. 236 Zus. 2.
bien que m. folg. Konj. 144 b.
bientôt m. d. 2. Plusquperf. 135, 1.
Bindestrich 21, 2; 84, 1.
Bindung 13 u. 14.
bismarckiser Neubildung 30.
blâmer m. *de* b. Passiv 244.
blanc Fem. dazu 70 b.
blessure Syn. S. 174 Nr. 5.
bœuf Plur. 65 A. 3.
boire Formen S. 42.
bon Steigerung 75; adverbial 189, 2; m. folg. Inf. 153 b.
bonheur Syn. S. 174 Nr. 6.
bord Syn. S. 174 Nr. 7.
se borner m. folg. Inf. 153 a.
bouillir Formen S. 33.
bourgeois Syn. S. 175 Nr. 8.
braver transitiv 119.
briguer transitiv 119.
Brüche 84, 5.
brûler m. *de* 243.
Buchstaben, ihre Namen im Franz. 10 A.

C.

c Lautwert dess. 8 A. 3 u. 4.
calme Syn. S. 183 Nr. 50.
capable m. folg. *de* 246.
capitaine Syn. S. 179 Nr. 32.
Cäsur im Vers S. 172 Nr. 4.
cause Syn. S. 175 Nr. 9 u. 12.
ce (Neutr.) determinativ 217 f.; nach *tout* das.; m. Sing. u. Plur. 130, 1 Zus.
ce (Mask.) demonstrativ = folgend, heute 219.
ce (Neutr.) demonstrativ 223; vor *être*, *pouvoir* u. *sembler* das.; grammat. Subj. 223 Zus.
ceci u. *cela* Gebr. 224.
Cedille 21, 5; S. 5 A. 4.
ceindre Formen S. 39.
célèbre Syn. S. 178 Nr. 26.
celui-là determinativ 216 Zus. 3.
ce n'est pas que m. d. Konj. 147 b.
cent m. *s* 84, 2.
cependant Stellung b. Verb 113, 6 Zus. 1.
ce qui, *ce que* 217, *ce qui de* 236 a.
certain Stellung b. Subst. 192, 4 a; ohne Teilungsartikel 238 a.
certainement Stellung b. Verb 113, 6 Zus. 1.
c'est hervorhebend 218; Folge der Zeiten danach 149 Zus. 2.
c'est dommage m. d. Konj. 145, 5.
c'est honteux m. d. Konj. 145, 5.
chacun m. d. Teilungsart. 237 b.
chair Syn. S. 175 Nr. 10.
chance Syn. S. 174 Nr. 6.
changer m. *avoir* u. *être* 127, 1.
chanteur Fem. dazu 71, 4.
chaque Syn. S. 175 Nr. 11.
charger m. *de* 241.
charmé m. *de* 243.
chef-lieu Plur. 66, 1.
chemin de fer Plur. 66, 2.
cher adverbial 189, 2.
chercher m. folg. Inf. 153 a.
chez Gebr. 255.
choisir m. *comme* u. *pour* 176, 2 Zus. 1; — Syn. S. 177 Nr. 20.
chose Syn. S. 175 Nr. 12.
Christ m. Art. 167 Zus. 1.
ci u. *là* 219 f.; 224 Zus. 1.
ciel Plural 65.
cinq Lautform 84, 3.
citoyen Syn. S. 175 Nr. 8.
collège Syn. S. 175 Nr. 13.
combat Syn. S. 175 Nr. 14.
combler m. *de* 241.
commander m. d. Konj. u. Inf. 146 c 2 u. Zus. 1.
comme Gebr. 259, 3.
commencer Formen S. 29; — *par* 129, — *de* u. *à* 155 a.
communément Adverb 80, 2.
compris y — unveränderlich 162, 1.
compter m. bloss. Inf. 152, 4 b.
comte Fem. dazu 72 a.
conclure Formen S. 44; — Syn. S. 178 Nr. 28.
conduire Formen S. 38; — Syn. S. 176 Nr. 15.
confire Formen S. 41.
conformément Adv. 80, 2.

connaître Formen S. 43; m. d. Ind. od. Konj. 147 c 2; m. *de* b. Passiv 244.
conquérir Formen S. 34.
conseiller versch. Rektion 123. — Syn. S. 176 Nr. 16.
consentir m. folg. Inf. 153 a.
considérer m. *comme* u. *pour* 176, 2 Zus. 1.
constant Adverbialform dazu 80, 1.
construire Formen S. 38.
consulter Syn. S. 176 Nr. 16.
content Syn. S. 183 Nr. 49.
content m. folg. *de* 246.
continuer m. d. Inf. 155 a.
contraindre Formen S. 39; m. Inf. 155 a.
contre Gebr. 254.
contribuer m. folg. Inf. 153 a.
convaincre Intransit. 121; passivisches Part. Perf. 118 Zus. 1; m. *être* 126; u. *avoir* 127, 2; versch. Rektion 122.
corriger Syn. S. 185 Nr. 56.
côté Syn. S. 174 Nr. 7.
coudre Formen S. 45.
courant Syn. S. 185 Nr. 58.
courir Formen S. 35; m. bloss. Inf. 152, 4 a.
couronner m. Prädikatsnomen 176, 2.
couvrir Formen S. 33; — mit *de* 241.
craindre Formen S. 39; m. Konj. 145, 4; u. *ne* das. Zus. 1; m. *de* b. Passiv 244.
créer Formen S. 30; m. Prädikatsnomen 176, 2.
croire Formen S. 48; Rektion 128; m. Ind. od. Konj. 147 c 2; m. bloss. Inf. 152, 4 b; m. Prädikatsnomen 176, 2
croître Formen S. 48.
cruel envers 254.
cueillir Formen S. 33.
cuire Formen S. 38.

D.

d wird eingeschoben 17 d; 56, 4 S. 51.
daigner m. bloss. Inf. 152, 4 b.
dans 251; vor Orts- u. Ländernamen 252.
Dativ Geschlecht 61 b.
Datum 84, 3 u. 7.
davantage st. *plus* 196.
de kontrahiert m. d. Art. 67; vor Ländernamen 170; in alternativen Fragen 231; st. des Genitivs 234; possessiv u. subjektiv 234, partitiv 235—238; räumlich 239; zeitlich 240; Mittel 241, wo in Bezug auf 242; adjektiv 242; Ursache, Beweggrund 243; Ursprung 244, b. Passiv 244; b. Attribut 245; b. Adjektiven 246.
décevoir Formen S. 46.
décider m. d. Ind. 146 c Zus. 1 S. 110; m. d. Inf. 153 Zus. 1 b S. 119; — Syn. S. 176 Nr. 17.
déclarer m. Prädikatsnomen 176, 2; — Syn. S. 177 Nr. 25.
décorer m. *de* 241.
de crainte que m. d. Konj. 145, 4; u. *ne* das. Zus. 1.
décréter m. folg. Ind. 146 c Zus. 1 S. 110.
de façon m. *à* 153 c 3.
de façon que m. folg. Konj. 146 b u. Zus. 3.
défaut Syn. S. 178 Nr. 27
défendre m. folg. Konj. 146 c 2.
délaisser Syn. S. 183 Nr. 48.
demander Konstruktion 121; m. folg. Konj. 146 c 2; m. d. Inf. 155 b; — Syn. S. 176 Nr. 18.
de manière m. *à* 153 c 3.
de manière que m. folg. Konj. 146 b u. Zus. 3.
demeurer m. *avoir* u. *être* 127, 2.
demi unveränderlich 185.
Demonstrativ Formen 90, 91; Gebr. 219—224.
démontrer m. folg. Ind. u. Konj. 147 c 2.
de nature m. *à* 153 c 3.
de peur que m. folg. Konj. 145, 4; u. *ne* das. Zus. 1.
déplorer m. folg. Konj. 145, 3.
dernier m. folg. Konj. 147 a; *le* — m. folg. Inf. 153 b; Stellung b. Subst. 192, 4 c.
désapprouver m. folg. Konj. 146 c 4
descendre m. *avoir* u. *être* 127, 1
désespérer m. folg. Ind. od. Konj. u. *ne* 147 c 1 u. Zus. 2 b.
désirer m. folg. Konj. 146 c 1; m. bloss. Inf. 152, 4 b.

de sorte que m. folg. Konj. 146 b u. Zus. 3.
dès que m. d. 2. Plusquperf. 135, 2.
destiner m. folg. Inf. 153 a; — Syn. S. 176 Nr. 17.
Determinativ Formen 90, 91; Gebr. 216—218; ausgelassen 216 Zus. 2.
déterminer m. folg. Inf. 153 Zus. 1 b; — Syn. S. 176 Nr. 17.
devant räumlich 253.
devenir m. *être* 126.
devoir Formen S. 46.
différent Stellung b. Subst. 192, 4 a; ohne Teilungsart. 238 a.
difficile m. folg. Inf. 153 b u. Zus. 2; 154 a; — Syn. S. 180 Nr. 37.
digne m. folg. *de* 246.
Diphthonge steigend, fallend 4 A.
dire Formen S. 40; m. d. Ind. u. Konj. 147 c 2 u. Zus. 2 S. 113; m. d. Inf. 154 b Zus.; m. *que* od. Inf. 157 Zus. 2 m. Prädikatsnomen 176, 2.
directeur Fem. dazu 71, 4.
disconvenir intrans. 121.
discours Syn. S. 176 Nr. 19.
disparaître m. *avoir* u. *être* 127, 1.
disposé m. folg. Inf. 153 b.
disposer m. *de* 242; *se* - m. folg. Inf. 153 a.
dissimuler m. d. Konj. 147 c 1; m. *ne* das. Zus. 2 b.
dissoudre Formen S. 44.
distribuer Syn. S. 182 Nr. 46.
divers Stellung b. Subst. 192, 4 a; ohne Teilungsart. 238 a.
diviser Syn. S. 182 Nr. 46.
dix Lautform 84, 3.
donc Lautform 99 d; Stellung b. Verb 113, 6 Zus. 1.
donner m. folg. Inf. 153 a.
dont Gebr. 229 b u. 175 A.
Doppelkonsonant vermieden 9, 1.
dormir Formen S. 32.
doter m. *de* 241.
douer m. *de* 241.
douter m. d. Ind. od. Konj. u. *ne* 147 c 1 u. Zus. 2 b; *se* - m. d. Ind. od. Konj. 147 c 2.
doux Fem. dazu 70 b.
duc Fem. dazu 72 a.
du moins m. d. Fragekonstruktion 112, 2.
dur m. folg. Inf. 153 b.
du temps que 229 a.

E.

e wird *è*, *oi*, *ie* 16; unbetontes *e* im Vers S. 172 Nr. 6.
échapper m. *avoir* u. *être* 127, 2.
écouter Syn. S. 177 Nr. 21.
écrire Formen S. 37; m. folg. Konj. 146 c Zus. 2.
écrivain Mask. „Schriftstellerin“ 72 Zus. 2.
s'efforcer m. folg. Inf. 153 Zus. 1 a.
égaler transitiv 119.
Eigennamen m. Artikel 167—173; Adj. von E. klein geschrieben 20.
einschränkende Ausdrücke m. folg. Konj. 147 a 2.
élire m. Prädikatsnomen 176, 2; — Syn. S. 177 Nr. 20.
empêcher m. folg. Konj. 146 c 1; u. *ne* das. Zus. 3.
empereur Fem. dazu 71, 4.
employer Formen S. 29.
en Präp. Gebr. 251 u. 252; 170.
en Pron.-Adv. Stellung b. Verb 113, 5; Bestandteil des Verbs 120 A. 1; ohne Einfluſs auf d. Part. 162, 2; Gebr. 207, 2; nicht gesetzt das. Zus. (S. 148).
en cas que m. d. Ind. od. Konj. 147 b.
encore m. folg. Fragekonstr. 112, 2.
encore que m. folg. Konj. 144 b.
encourager m. folg. Inf. 153 a.
Endungen stumme 29.
enfant Mask. u. Fem. 78 Zus. 1.
engager m. folg. Inf. 153 a.
enrager m. folg. Konj. 145, 2.
enseigner versch. Rektion 123; m. folg. Inf. 153 a.
ensevelir Syn. S. 177 Nr. 22.
en sorte que m. folg. Konj. 146 b u. Zus. 3.
entendre Stellung des Pron. dabei 113, 6 Zus. 3 b; verschmilzt m. folg. Inf. 124 Zus. 2; m. folg. Ind. od. Konj. 147 c 2 u. 146 c Zus. 2; m. *de* bei Passiv 244; — Syn. S. 177 Nr. 21.

enterrer Syn. S. 177 Nr. 22.
entourer mit *de* 241.
entre Gebr. 250.
entrer m. *être* 108.
en vain m. folg. Fragestellung 112, 2.
envers Gebr. 252.
envier verschiedene Rektion 123.
envoyé Syn. S. 177 Nr. 23.
envoyer Formen S. 31; m. bloſs. Inf. 152, 4 a.
épais Fem. dazu 70 b.
[illegible] 201.
espérer m. folg. Futur 136 Zus. 2; m. d. Ind. od. Konj. 147 c 2; m. bloſs. Inf. 152, 4 b.
essayer m. folg. Inf. 153 Zus. 1 a.
estimer Syn. S. 177 Nr. 24.
et in der Bindung 14, 1.
éteindre Formen S. 39.
s'étonner m. folg. Konj. 145, 3.
être Formen 37, 39, 46; Gebr. 125 bis 127; modal 128 u. 153 a.
être affligé m. folg. Konj. 145, 2.
être bien aise m. folg. Konj. 145, 1.
être charmé m. folg. Konj. 145, 1.
être content m. folg. Konj. 145, 1.
être étonné m. folg. Konj. 145, 3.
être heureux m. folg. Konj. 145, 1.
être indigné m. folg. Konj. 145, 2.
être mécontent m. folg. Konj. 145, 2.
être ravi m. folg. Konj. 145, 1.
être surpris m. folg. Konj. 145, 3.
être triste m. folg. Konj. 145, 2.
éviter m. folg. Konj. 146 c 1, u. *ne* das. Zus. 3.
excepté unveränderlich 162, 1.
s'excuser m. folg. Inf. 153 a.
exiger m. folg. Konj. 146 c 2.
expédition Syn. S. 185 Nr. 58.
expliquer Syn. S. 177 Nr. 25.
Explosivlaute 6.

F.

se fâcher m. folg. Konj. 145, 2.
facile m. folg. Inf. 153 b u. Zus. 2; — Syn. S. 180 Nr. 37.
faillir m. bloſs. Inf. 152, 4 b Zus. 1; 129.
faire Formen S. 41, = ‚lassen' 128 A., Stellung des Pron. dabei 113, 6 Zus. 3 b; verschmilzt m. d. folg. Verb 104 Zus. 1; m. bloſs. Inf. 152, 4 a; im Part. Perf. unveränderlich 162, 7; m. Prädikatsnomen 176, 2.
falloir Formen S. 47. Stellung des Pron. dabei 113, 6 Zus. 3 c; unpersönlich 115; m. folg. Inf. 152, 2 u. 157 Zus. 1.
fameux Syn. S. 178 Nr. 26.
fatal ohne Plur. des Mask. 65 A. 2.
faute Syn. S. 178 Nr. 27.
faux Fem. dazu 70 b; adverbial 189, 2.
favori Fem. dazu 70 b.
favoriser mit *de* 241.
feindre Formen S. 39; intrans. 121.
féliciter mit *de* 243.
ferme Adverb 189, 2.
fermer Syn. S. 178 Nr. 28.
Feste Namen ders. m. d. Art. 173.
feu unveränderlich 185.
fier Fem. dazu 70 a; m. folg. *de* 246.
se figurer m. folg. Ind. od. Konj. 147 c 2.
finir Syn. S. 178 Nr. 29; — — *par* 129 u. 156 b.
flatter transitiv 119.
fleurir Formen S. 32.
fleuve Syn. S. 183 Nr. 51.
Fluſsnamen m. d. Art. 171.
Folge der Zeiten 148 f.
forcer m. folg. Inf. 155 a u. 153 Zus. 1 a.
fortune Syn. S. 174 Nr. 6.
fou Formen 70 e.
foule, une — de 236 a.
Fragestellung 111; auſserhalb der Frage 112.
frais Fem. dazu 70 b.
franc Fem. dazu 70 b.
franchise Syn. S. 180 Nr. 38.
frontière Syn. S. 178 Nr. 30.
fuir Formen S. 33.
Futur Formen 38 u. 39; m. *aller, venir* u. *devoir* umschrieben 129 A. 1; Gebr. 136 u. 138.

G.

g Lautwert dess. S. 5 A. 3 u. 4.
gagner Syn. S. 179 Nr. 31.

gai Adverb dazu 80, 2.
garnir m. *de* 241.
Gattungsnamen m. d. Art. 174.
Gebirgsnamen m. d. Art. 171.
général Syn. S. 179 Nr. 32.
genre Syn. S. 179 Nr. 33.
gens Geschlecht 62, 3
gentilhomme Plural 66, 1.
Gerundium 165.
Geschlecht der Subst. 60—61; der mit Verben verwandten Subst. 59.
gewünschte Qualität, Konj. ders. 146a.
glacial ohne Plur. des Mask. 65 A. 2.
gouvernement, *gouverner* Syn. S. 179 Nr. 34.
gouverneur Fem. dazu 72 b.
grave Syn. S. 180 Nr. 37.
Grundzahlen 83; st. der Ordnungszahlen 84, 7 u. 11; m. folg. Teilungsartikel 237 b.
guère Stellung b. Verb 113, 1; Gebr. 200.
guider Syn. S. 176 Nr. 15.
gymnase Syn. S. 175 Nr. 13.

H.

h als Laut 2; Form des Art. vor *h* 60.
habituer m. folg. Inf. 153 a.
haïr Formen S. 32; m. *de* b. Passiv 244.
Halbvokale 6.
harangue Syn. S. 176 Nr. 19.
Hauptsatz, Konj. im - 142.
haut adverbial 189, 2; m. folg. *de* 246.
hériter verschiedene Rektion 124.
héros Fem. dazu 72 b.
Hervorhebung 109; m. *c'est* 218.
hésiter m folg. Inf. 153 a.
heure Syn. S 180 Nr. 35.
Hiatus im Vers verboten S. 171 Nr. 2.
Hilfsverba 125—129; für Adverbia 129; im Futur 136 Zus. 1; im Part. Perf. unveränderlich 162, 6.
Himmelsgegenden Namen ders. m. Art. 172.
histoire de 170 c.
historisches Perfekt Formen 33; Verwandtschaft dess. m. d. Impf. Konj 47 Zus. 1; Gebr. 133 u. 134, 2; im Kond.-Satz 138 A. 2.
Höflichkeitsanrede 205, 2.
honnête Stellung b. Subst. 192, 4 a.
honneur Geschlecht 61 c.
Hôtel-Dieu Plural 66, 2.

I.

i immer geschlossen 4.
ignorer m. folg. Konj. 147 c 1 u. Zus. 2 a.
il arrive m. folg. Ind. od. Konj. 147 c 2.
il convient m. folg. Konj. 146 c 4.
il est m. folg. Ind. od. Konj. 147 c 2.
il est curieux, étonnant, fâcheux, heureux, regrettable, surprenant m. folg. Konj. 145, 5.
il est bon, juste, naturel, nécessaire m. folg. Konj. 146 c 4.
il est difficile, impossible, possible, rare m. folg. Konj. 147 c 1.
il est certain, évident, probable, sûr, vrai m. folg. Ind. od Konj. 147 c 2.
il faut m. folg. Konj. 146 c 4.
il importe m. folg. Konj. 146 c 4.
illustre Syn. S. 178 Nr. 26.
il paraît m. folg. Ind. od. Konj. 147 c 2.
il se fait m. folg. Ind. od. Konj. 147 c 2.
il semble m. folg. Konj. 147 c 1; m. folg. Ind. dass. Zus. 1.
il se trouve m folg. Ind. od. Konj. 147 c 2.
il suffit m. folg. Konj. 146 c 4.
il y a m. folg. Inf. 153 a; = ‚vor' 253.
s'imaginer mit folg. Ind. oder Konj 147 c 2; m. bloss. Inf. 152, 4 b.
imiter transitiv 119.
Imperativ Formen 35; dem Konj. entlehnt S. 51 Nr. 7; Gebr. 150.
Imperfekt Formen 32; Gebr. 133 f; - Konj. der 1. Konjug. vermieden 149 A.
impuissant m. folg. Inf. 153 b.
impunément 80, 2.
Indefinita 96; Gebr. 232.
Indikativ Gebr. 140; n. d. Verben des Affekts 145 Zus. 2; n. *de sorte que* etc. 146 b Zus. 3; n. Verben d. Willensäufserung 146 c Zus. 1; n. Verben der Gewifsheit etc. 147 c 2 u. Zus. 1 u. 2.

Indirekte Frage im Ind. 140; in Relativsatz verwandelt 230 Zus. 3.
Indirekte Rede im Ind. 140.
Infinitiv ohne Präp. 152; m. *à* 153; m. *de* 154; m. *à* od. *de* 155; m. *après* usw. 156; st. eines Nebensatzes 157; in Relativsätzen 157 Zus. 3; in Fragen, Anzeigen u. Verweisungen 150, 4 b Zus. 4 S. 117.
infinitif amovrs 254.
Inseln, Namen ders. m. Art. 169 Zus.
Interjektionen 101.
Interpunktion 18.
Interrogativ Formen 94 f.; Gebr. 230 f.
interroger Syn. S. 176 Nr. 18.
Intransitiva 116; werden transitiv das. Zus.; im Passiv 118 u. Zus. 1; m. *être* 126; m. *avoir* u. *être* 127.
inviter mit folg. Inf. 153 a.
irrité mit *de* 243.
ie Stammverstärkung b. Verb 31; b. Subst. S. 58 1. Spalte.

J.

j eingeschoben 17 e; 56, 5 S. 51.
jamais Stellung b. Verb 113, 1; Gebr. 200; — *de* 236 a.
‚je .. desto' 198.
jeter Formen S. 30.
joindre Formen S. 39.
joli Adv. dazu 80, 2; m. folg. Inf. 153 b.
jour, journée Syn. S. 174 Nr. 3.
juger m. Prädikatsnomen 176, 2; m. *de* 242.
jurer m. folg. Inf. 152, 4 b u. Zus. 2.
jusqu'à ce que m. folg. Konj. od. Ind. 146 b u. Zus. 2 a.
juste adverbial 189, 2

K.

Kennvokal des hist. Perf. 33.
Komma Gebr. 18.
Komparativ Formen 74—77; 82.
Komparativsätze 195—198.
Konditional Formen 38 u. 39; 2. Konditional ersetzt durch Plusqupf. Konj. 44 Zus.; — mit *aller, venir* u. *devoir* umschrieben 129 A. 1; Gebr. 137 u. 138.
Konditionalsätze 138.
Konfessionen, ihre Bezeichnung klein geschrieben 20.
Konjugationen Einteilung 30; lebende u. erstarrte das.; Übergang aus einer in eine andere S. 51 Nr. 6.
Konjunktionen 99 u. 100; *et* ausgefallen 100; synt. Gebr. 258 f.
Konjunktiv Endungen 45; Formen 46—50; Übereinstimmung m. Indikativformen 46; Gebr. in Hauptsätzen 142; in Nebensätzen 144—147.
Konkordanz 130.
Konsonanten Definition 3; Arten 6; -tafel 7; Schreibung der - 8; Verstummen ders. 8 A 1; Angleichen ders. bezügl. des Stimmtons 17 a; - werden vokalisch 17 b.
Konstruktion der Verba geändert 123 f.
Konzessivsätze 112, 1; im Konj. 144.

L.

l wird *u* 17 b; j 17 c; vgl. S. 50 Nr. 3.
là u. *ci* 219 f.
là où 229 c.
laisser Stellung des Pron. dabei 113, 6 Zus. 3 b; verschmilzt m. d. folg. Inf. 124 Zus. 2; = lassen 128 A.; m. folg. Konj. 146 c 2; m. folg. Inf. 152, 4 a.
Ländernamen m. d. Artikel 169 f.
langue, langage Syn. S. 180 Nr. 36.
large mit folg. *de* 246.
Lautgesetze 15—17; ihre Anwendung auf das Verb S. 49 ff.
le Neutrum gibt ein Merkmal an 206, beziehungslos das. A. 1.
leçon Syn. S. 180 Nr. 35.
léger Syn. S. 180 Nr. 37.
lent Adv. dazu 80, 1.
lequel Formen 93; Gebr. relativ 227, fragend 230, 2; m. d. Teilungsartikel 237 b.
Lesage 167.
leur Stellung b. Verb 113, 4.

liberté Syn. S. 180 Nr. 38.
lieue Syn. S. 180 Nr. 35.
limite Syn. S. 178 Nr. 30.
Liquida 6.
lire Formen S. 44.
livre Geschl. 62, 2; *une l.* m. *de* 236 b.
loin que m. folg. Konj. 147 b.
long Fem. dazu 70 b; m. folg. *de* 246.
longtemps m. folg. Inf. 153 b.
lorsque m. d. 2. Plusquperf. 135, 2.
louer m. *de* b. Passiv 244.
lourd Syn. S. 180 Nr. 37.
lui Stellung b. Verb 113, 4.
luire Formen S. 39.
lutte Syn. S. 175 Nr. 14.
lycée Syn. S. 175 Nr. 13.

M.

maintenant que 229 a.
maints ohne Teilungsart. 238 a.
maître Fem. dazu 72 a; — Syn. S. 180 Nr. 39.
mal Steigerung 82.
malhonnête Stellung b. Subst. 192, 4 a.
malin Fem. dazu 70 c.
manger Formen S. 29.
manquer de ‚beinahe' 129.
matin, matinée Syn. S. 174 Nr. 3.
maudire Formen S. 40.
mauvais Steigerung 75; adverbial 189, 2.
méchant Stellung b. Subst. 192, 4 b.
même Gebr. 232, 5.
mémoire Geschl. 62, 1.
menacer transitiv 119; mit *de* 241.
mener Formen S. 30; — Syn. S. 176 Nr. 15.
mentir Formen S. 32.
mériter m. folg. Konj. 146 c 4; — Syn. S. 179 Nr. 31.
Merkformen der unregelm. Verba S. 54 ff.
merveille Syn. S. 181 Nr. 40.
mettre Formen S. 37; — *se* - m. folg. Inf. 153, a.
mieux Subst. 82.
mil 84, 4.
miracle Syn. S. 181 Nr. 40.
modale Hilfsverba 128 f.; im Part. Perf. unveränderl. 162, 6.
moderne Syn. S. 174 Nr. 2.
Modi S. 105—114.
moi statt *me* 113, 2.
moins im Komparativ-Satz 196—198; m. folg. *de* 236 a.
mon st. *ma* 88 u. Anm.
Monatsnamen klein geschrieben 20; ohne Art. 173.
Monsieur m. Art., Poss. u. Demonstr. S. 150 Fußnote; — Syn. S. 180 Nr. 39.
monter m. *avoir* u. *être* 127, 1; transitiv 116 Zus.
se montrer m. Prädikatsnomen 176, 2.
se moquer mit *de* 242.
morceau Syn. S. 181 Nr. 41.
mot Syn. S. 181 Nr. 42.
motif Syn. S. 175 Nr. 9.
mou Formen 70 e.
moudre Formen S. 45.
mourir Formen S. 35; m. *être* 126; m. *de* (‚an') 243; m. *faire* transitiv 116 Zus.
mouvoir Formen S. 48.
muet Fem. dazu 70 b.
munir mit *de* 241.

N.

naître Formen S. 43; m. *être* 126.
nasale Vokale 4; Vorkommen ders. S. 3 A. 2 u. 3; in der Bindung 14, 2.
ne m. Ergänzung 200; allein Negation 202; unübersetzbar 203; nach dem Komparativ 197.
Nebensatz, Stellung in dems. 103 c.
ne (pas) cesser de ‚unaufhörlich' 129.
ne faire que ‚unaufhörlich' 129.
Negation 200 ff.; m. folg. Konj. 147 a 2.
ne .. jamais de 236 a.
ne .. pas Stellung b. Verb. 113, 1; - *de* 236 a.
ne pas laisser de ‚doch' 129.
ne .. pas plus tôt que m. d. 2. Plusquperf. 135, 1.
ne .. plus de 236 a.
ne .. que Gebr. 201.
ne .. rien de 236 a.

neuf in d. Bindung 14, 1; Lautform 84, 3. — Syn. S. 174 Nr. 2.
Neutra b. Pronomen 204, 1.
ni st. *et* 258; *ni* .. *ni* m. *ne* 258; d. folg. Subst. ohne Art. 183, 2.
nier m. Konj. 147 c 1; m. Ind. od. Konj. u. *ne* das. Zus. 2.
nombre, un grand - *de* 236 a; m. folg. Plur. 130, 2.
Nominalformen des Verbums S. 115 bis 185.
nommer m. Prädikatsnomen 176, 2.
non Gebr. 199; *non plus* st. *aussi* 258.
non que m. folg. Konj. 147 b.
nord-est in d. Bindung 14, 1.
nous Ausdruck d. Bescheidenheit 205, 1.
nouveau Formen 70 c; st. des Adverbs 189, 3; Stellung b. Subst. 190, 4 c; — Syn. S. 174 Nr. 2.
nuire Formen S. 39.
nul m. folg. Teilungsart. 237 b.
‚nur' 201.

O.

o offen S. 3 A. 1.
obéir hat persönl. Passiv 118 Zus. 1.
Objekt Stellung 103; 106 f.; 113.
objektives *de* 242; obj. Possessiv 213.
objet Syn. S. 161 Nr. 43.
obtenir Syn. S. 173 Nr. 1.
oeil Plural 65.
oeuf Plural 65 A. 3
oeuvre Syn. S. 182 Nr. 44.
offrir Formen S. 33.
on, l'on Gebr. 232, 1.
oraison Syn. S. 176 Nr. 19.
Ordnungszahlen 83; m. folg. Teilungsartikel 237 b
ordonner m. folg. Konj. 146 c 2 u. Zus. 1.
orner mit *de* 241.
Orthographie u. gesprochene Laute 10.
Ortsnamen ohne u. mit d. Art. 168.
oser m. bloss. Inf. 152, 4 a.
ou wird *eu* 16; 56, 2.
où relatives Adverb 229 c.
où que m. folg. Konj. 144 a.
outrage Syn. S. 182 Nr. 44.
ouvrir Formen S. 33.

P

paraître Formen S. 43. — Syn. S. 162 Nr. 45.
parce que Gebr. 259, 4.
pardonner im Passiv 118 Zus. 1.
parler intransitiv 121.
parmi Gebr. 256.
parole Syn. S. 181 Nr. 42.
part Syn. S. 182 Nr. 46.
partager Syn. S. 182 Nr. 46.
parti Syn. S. 182 Nr. 46.
partie Syn. S. 182 Nr. 46.
partir Formen S. 22 u. 32; m. *être* 126; — *pour* 252 Zus. 1.
partitives *de* 236—238; vor einem Sing. 236 Zus. 3.
Partizip Formen 36, an d. Konj. angelehnt S. 52 Nr. 8; P. Präs. veränderl. 159; P. Perf. veränderl. 161 f.; Lautform dess. meist unverändert 162 A.
Partizipialkonstruktion 163 f.
parvenir m. *être* 126; m. folg. Inf. 153 a.
pas Stellung 113; Gebr. 200; ausgelassen 202; m. *de* 236 a u. Zus. 4.
passé unveränderl. 162, 1.
passe-partout Plur. 66, 3.
passer m. *avoir* u. *être* 127, 1; *se* — m. folg. Inf. 153 a.
Passiv Formen S. 18 f.; Gebr. 118.
patient mit folg. Inf. 153 b.
payer Formen S. 30
peindre Formen S. 39.
à peine m. folg. Fragekonstr. 112, 2.
pendant que Gebr. 259, 5.
pendule Geschl. 62, 1.
pénible mit folg. Inf. 153 b.
penser ‚beinahe' 129; m. d. Ind. od. Konj. 147 c 2; m. folg. Inf. 152, 4 b und Zus. 1; m. Prädikatsnomen 176, 2; m. betontem Personale 211 Zus 3.
perdre son temps mit folg. Inf. 153 a.
Perfekt Gebr. 132.
permettre m. folg. Konj. 146 c 2
persister m. folg. Inf. 153 a.
Person im Relativsatz 130, 1.
Personalpronomen Formen 85 f.; Stellung 113; sonst Gebr. 205—212.

Personennamen ohne u. m. Art. 167.
personnage, personne Syn. S. 182 Nr. 47.
personne Negation 200; Geschl. das. Zus. 3; m. Teilungsart. 237 b.
petit Steigerung 75.
peu Steigerung 82; m. Teilungsart. 236 a.
peut-être m. Fragekonstr. 112, 2; ursprüngl. verbal 129 A. 2.
pièce Syn. S. 181 Nr. 41.
plage Syn. S. 174 Nr. 7.
plaie Syn. S. 174 Nr. 5.
plaindre Formen S. 39; *se* – m. folg. Konj. 145, 2.
plaire Formen S. 43; *se* – m. folg. Inf. 153 a.
pleuvoir Formen S. 49.
la plupart m. Teilungsart. 237 a; m. d. Plur. des Verbs 130, 2.
Plural nach Quantitätsbegriffen 130, 2.
plus im Komparativsatze 196—198; *plus de* 236 a.
la plus grande partie m. folg. Teilungsart. 237 a.
plusieurs Form 96; ohne Teilungsart. 238.
Plusquamperfekt 1. u. 2. Gebr. 135; im Kond. Satz 138; P. Konj. statt des 2. Kond. 44 Zus.; u. statt des 1. P. Ind. 138.
point Sellung b. Verb 113, 1; Gebr. 200; *p. de* 236 a.
porte-monnaie Plural 66, 3.
Possessiv Formen 88 f.; Gebr. 213 bis 215.
pour statt *à* u. *en* 252 Zus. 1.
pour peu que m. folg. Konj. 147 b.
pour que m. folg. Konj. 146 b.
pourquoi m. absol. Fragekonstr. 111 Zus. 1.
pourtant Stellung b. Verb 113, 6 Zus. 1.
pourvoir Formen S. 45.
pourvu que m. folg. Konj. 147 b.
pouvoir Formen S. 48; m folg. Inf. 152, 4 a.
Prädikat 176; m. Art. das. Zus.
Präpositionen Verzeichnis 97 u. 98; Gebr. einzelner Pr. 233—256; Wiederholung ders. 257.
Präsens Formen 34; Gebr. 131; im Kond.-Satz 138.
précéder transitiv 119; m. *de* b. Passiv 244.
préférer m folg. Konj. 146 c 1; m. folg. Inf. 152, 4 b u. Zus. 3.
premier b. Datum 84, 7; b. Regentennamen 84, 11; m. folg. Konj. 147 a. *le p.* m. folg. Inf. 153 b.
prendre Formen S. 37; – *la liberté* 121, – *plaisir* m. folg. Inf. 153 a; – *pour* 176, 2 Zus. 2.
se préparer m. folg. Inf. 153 a.
près de Präp. 255.
présent Adverb dazu 80, 1.
presque Stellung b. Verb 113, 6 Zus. 1, als Adj. gebr. 189, 1.
prêt m. folg. Inf. 153 b.
prétendre m. bloss. Inf. 152, 4 b.
prévenir transitiv 119.
prévoir Formen S. 45.
prier m. folg. Konj. 146 c 2.
prince Fem. dazu 72 a.
prochain Gebr. 77.
proclamer m. Prädikatsnomen 176, 2.
prodige Syn. S. 181 Nr. 40.
propre m. folg. Inf. 153 b; Stellung b. Subst. 192, 4 c.
prospérité Syn. S. 174 Nr. 6.
protéger Formen S. 30.
prouver m. folg. Ind. od. Konj. 147 c 2.
prudent Adverb dazu 80, 1.
public Fem. dazu 70 a.
puisque Gebr. 259, 4.
pur Stellung b. Subst. 192, 4 b.

Q.

quand m. d. 2. Plusqupf. 135, 2; Gebr. 259, 1.
Quantität der Vokale S. 3 A. 4.
quart Gebr. 84, 5—7.
quatre-vingt mit *s* 84, a.
que ‚bis' 146 b Zus. 2 b; st. *si* m. folg Konj. 147 b; relat. Adv. 209; fragend 230, 4; st. *combien, comme* und *pourquoi* das. Zus. 1; st. der vollen Konjunktion 259 Zus.
quel Gebr. 230, 1.
quelconque Gebr. 232, 7.
quelque 232, 8; m. folg. Konj. 144 a.
quelque chose m. Teilungsart. 236 a.

quelque que 232, 8; m. folg. Konj. 144 a.
questionner Syn. S. 178 Nr. 18.
qui relativ 226 u. 228; fragend 230, 3 u. 4
quinze S. 73 Nr. 11.
qui que 232, 8; m. folg. Konj. 144 a.
quitter Syn. S. 183 Nr. 48.
quoi relativ 228; fragend 230, 4.
quoique m. folg. Konj. 144 b.
quoi que 232, 8, m. folg. Konj. 144 a.

R.

rang Syn. S. 179 Nr. 33.
raconter m. Ind. oder Konj. 147 c 2; m. bloss. Inf. 152, 4 b.
se rappeler m. bloss. Inf. 152, 4 b.
récent Syn. S. 174 Nr. 8.
recevoir Formen S. 46; — Syn. S. 173 Nr. 1.
réel Syn. S. 183 Nr. 49.
reconnaître comme od. *pour* 176, 2 Zus 1.
reflexives Pronomen Formen 87; Gebr. 210 u. 212.
reflexive Verba 117; abweichend vom Deutschen 120; m. *être* 125.
refuser m. folg. Inf. 153 Zus. 1 b.
regarder comme 176, 2 Zus 3.
régime Syn. S. 179 Nr. 34.
règne Syn. S. 179 Nr. 34.
régner Formen S. 30; — Syn. S. 179 Nr. 34.
regretter m. folg. Konj. 145, 3.
Reibelaute 6.
Reim S. 171 Nr. 3.
se réjouir m. folg. Konj. 145, 1.
Rektion abweichende 119—124.
Relativ Formen 92 f.; Gebr. 225—229.
remarquer m. folg. Ind. oder Konj. 147 c 2.
remercier transitiv 119; m. *de* 243.
remplir m. *de* 241.
rencontrer transitiv 119.
rendre ‚machen' m. Prädikatsnom. 176, 2.
renoncer mit betontem Personale 211 Zus. 3.
répartir Formen S. 32.
repartir m. *que* st. dem Inf. 157 Zus 2.
repentir, se - Formen S. 32.
répéter Formen S. 30.
répliquer m. *que* st. dem Inf. 157 Zus. 2
répondre m. Ind. oder Konj. 147 c 2, m. *que* st. dem Inf. 157 Zus. 2.
repos Syn. S. 183 Nr. 50.
résoudre Formen S. 44; m. folg. Ind. 156 c Zus. 1; m. Inf. 153 Zus. 1; — Syn. S. 178 Nr. 26.
respecter Syn. S. 177 Nr. 24.
reste, le r. m. Teilungsart. 237 a
restreindre Formen S. 39
retourner mit *être* 126.
réussir mit folg. Inf. 153 a.
revenir mit *être* 126.
reziprokes Pron. Gebr. 210
reziproke Verba 117 Zus. 3.
rhetorische Fragen m. folg. Ind. oder Konj. 147 c 2 Zus. 1.
rhetorischer Ton 11, 3.
Rhône Geschl. 61 b.
Rhythmus im Vers S. 172 Nr. 5.
rien Stellung b. Verb 113, 1; Gebr. 200; mit *de* 236 a.
rigoureux Syn. S. 184 Nr 55.
rire Formen S 44; mit *de* 242.
rivage, rive Syn. S. 174 Nr. 7.
rivière Syn. S. 183 Nr. 51.
royaume, royauté Syn. S. 184 Nr. 52.
rue, route Syn. S. 184 Nr. 53.

S.

s Lautwert dess. S. 5 A. 2; fällt ab im Imperativ 35 S. 22 unten.
sacrifice Syn. S. 184 Nr. 54.
sans mit *de* 236 a; ohne Teilungsartikel 238.
sans que m. folg. Konj. 147 b.
Satzbau im Vers S. 173 Nr. 7.
Satzton 11, 2.
savoir Formen S. 48; m. folg. Ind. od. Konj. 147 c 2; m. bloss. Inf. 152, 4 a; *je ne saurais* in d. Folge der Zeiten 149.
Schreibregeln 9.
seconder transitiv 119.
secourir transitiv 119.
secret Fem. dazu 70 b.
‚sehr' 194 Zus.
seigneur Syn. S. 180 Nr. 39.
séjourner intrans. 121.

sembler m. blofs. Inf. 152, 2; — Syn. S. 182 Nr. 45.
sentir Formen S. 32; Stellung des Pron. dabei 113, 6 Zus. 3 b.
sept Lautform 84, 3
sermon Syn. S. 176 Nr. 19.
servir Formen S. 32; transitiv 119; verschiedene Rektion 122; mit folg. Inf. 153 a.
serviteur Fem. dazu 72 b.
seul m. folg. Konj. 147 a; m. folg. Inf. 153 b; Stellung b. Subst. 192, 4 b.
sévère Syn. S. 184 Nr. 55.
sexe Syn. S. 179 Nr. 33.
si ‚doch' 199; *si* ‚so' 195; *si* . . *que* 232, 8; m. folg. Konj. 144 a, *si* ‚wenn' im Kond.-Satz 138; sonst Gebr. 259, 2; *si* ‚ob' das. A.
Silbenteilung 19.
Silbenzählung im Vers S. 171 Nr. 1.
Sinnton 11, 3.
six Lautform 84, 3.
soir, *soirée* Syn. S. 174 Nr. 3.
soit . . *soit* m. folg. Subst. ohne Art. 183, 2.
songer m. betontem Personale 211 Zus. 3.
sortir Formen S. 32; m. *être* 126; transitiv 116 Zus.
souffrir Formen S. 33; m. folg. Konj. 146 c 2; m. *de* ‚an' 243.
souhaiter m. folg. Konj. 146 c 1; m. blofs. Inf. 152, 4 b.
soupirer m. folg. Konj. 145, 2.
sous Gebr. 256.
Sprachtakte 12.
Stamm des Verbs 29.
Stammauslaut fällt ab 56, 1.
Stammverstärkung *iss* u. *i* 31.
Stellung im einfachen Satz u. Nebensatz 103; — der näheren Bestimmungen 104; des Prädikatsnomens 107 Zus. 1; des Objekts vor d. Verb 106—108; 110; des Obj hinter der präpos. Ergänzung 105, 1; im Fragesatz 111; der persönl. Fürw. u. sonstigen Partikeln 113.
stimmhafte Laute 6.
stimmlose Laute 6.
Stoffnamen m Art. 174.
Subjektives Possessiv 213, subjektives *de* 234.
Substantiv Geschl. 60—62; Plural 63—66; Ersatz der Deklination 67, als Satzglied 175—179.
succéder Syn. S. 184 Nr. 56.
sud-est in der Bindung 14, 1.
suffire Formen S. 41.
suivre Formen S. 36; transitiv 119; m. *de* b. Passiv 244; — Syn S. 184 Nr. 56.
sujet Syn. S. 181 Nr. 43.
Superlativ m. folg. Konj. 147 a, m. Teilungsart. 237 b.
supposé que m. folg. Konj. 147 b.
supposer m. folg. Konj. 147 c 1 u. 2.
sûrement Stellung b. Verb 113, 6 Zus 1
surpris m. *de* 243.

T.

t nach *d* fällt ab 9, 2; wird eingeschoben 17 d u. S. 51 Nr. 4; in der Frageform 33 Zus. 1; 34 Zus. 1; 37 Zus.; 38 Anm. 1.
tâcher m. folg. Inf. 153 Zus. 1 a
taire Formen S. 43.
tandis que Gebr. 259, 5.
tant im Komparativsatz 195; m. folg. Teilungsart. 236 a.
tarder m. folg. Inf. 155 b; *ne pas* - *à* ‚bald' 129.
Teilungsartikel 235—238.
teindre Formen S. 39.
tel determinativ 218 Zus.
témoin Mask. ‚Zeugin' 72 Zus. 2.
Tempora Gebr. 131—139.
tenir Formen S. 34; - *à ce que* m. folg Konj. 146 c 3.
terminer Syn. S. 178 Nr. 29.
thème Syn. S. 185 Nr. 57.
tiers Gebr. 84, 5
timbre-poste Plural 66, 2.
toi st. *te* 113, 2
tomber mit *être* 126.
Tonstellen im Satze 104.
toujours mit Fragekonstr. 112, 2

tous Lautform 98 A. 1.
tout Stellung b. Verb 113, 1 u. 6 Zus. 2; adverbial 190, 3; unver. Gebr. 232, 4; *tout* .. *que* 230, B; m. folg. Ind. 144 a. — *tout* Syn. S. 175 Nr. 11.
traduction Syn. S. 185 Nr. 57.
train, trait Syn. S. 185 Nr. 58.
tranquillité Syn. S. 183 Nr. 50.
Transitiva 116; im Passiv 118; abweichend vom Deutsch 119; m. d. Hilfsverb *avoir* 125.
travailler m. folg. Inf. 153 a.
Trema 21, 3.
trembler m. folg. Konj. 145, 4; u. *ne* das. Zus. 1.
trop m. d. Teilungsartikel 236 a.
trouver m. folg. Inf. 153 a.; — *bon, mauvais, simple* m. folg. Konj. 146 c 4; — *étrange* m. folg. Konj. 145, 5.

U.

Übereinstimmung des Präs. Konj. m. anderen Formen 46; des Präs. u. Impf. Konj. v. *finir* 47 Zus. 3.
Übergang in andere Konjugationen S. 51, Nr. 6.
Uhr 84, 6.
umschreibende Formen 40—44; 48—50.
Umstellung von Subj. u. Präd. 106.
Unpersönliche Verba 115; ohne Einfluss in d. Folge der Zeiten 149 Zus. 1; im Part. Perf. unveränderl. 162, 4.

V.

v wird vokalisch 17 b u. S. 50 Nr. 3.
vaincre Formen S. 36.
vainement m. Fragekonstr. 112, 2.
valoir Formen S. 47; m. folg. Konj. 146 c 4.
vapeur Geschl. 62, 1.
veiller à ce que m. folg. Konj. 146 c 3.
vendre Formen S. 36.
venger verschiedene Rektion 124.
vengeur Fem. dazu 71, 3.
venir Formen S. 34; m. *être* 126; m. *à* u. *de* 129 u. 155 b; st. des Futurs u. pleonastisch 129 A 1; m. bloss. Inf. 152, 4 a; m. betont. Personale 231 Zus. 3.
Verb st. des Adverbs 189.
verre, un v. de 236 b; *un v. à* 250.
vers (Präp.) Gebr. 254.
version Syn. S. 185 Nr. 57.
Verslehre S. 171.
Verstummungsgesetz 15.
Vervielfältigungszahlen S. 73, Nr. 9.
vêtir Formen S. 33.
viande Syn. S. 175 Nr. 10.
victime Syn. S. 184 Nr. 54.
vieux Formen S. 70 c, — Syn. S. 173 Nr. 2.
vivre Formen S. 36.
voici u. *voilà* Stellung des Pron. dabei 113, 2 Zus.; Gebr. 224 Zus. 1.
voir Formen S. 45; Stellung des Pron. dabei 113, 6 Zus. 3 b; verschmilzt m. folg. Inf. 124 Zus. 2; m. folg. Ind. od. Konj. 147 c 2; m. *de* b. Passiv 244.
Vokale S. 1—3; Vokal der Tonsilbe geändert 56, 2.
Voranstellung d. präpos. Ergänzung 105, 2.
vouloir Formen S. 47; m. folg. Konj. 146 c 1; m. folg. Inf. 152, 4; *je voudrais* in der Folge der Zeiten 149.
vous Höflichkeitsanrede 205; Dat. und Akk. zu *on* 232, 1.
voyager Syn. S. 185 Nr. 59.

W.

Wochentage Namen ders. klein geschr. 20; m. u. ohne Artikel 173.
Wortbildung b. Verb 58, b. Adj. 73.
Wortton 11, 1; Einfluss dess. auf den Vokal 16 u. 57, 2.

X.

x statt *s* geschrieben 9, 3.

Y.

y (Laut) immer geschlossen 4.
y = ij 17 e.

z. Adv. Stellung b. Verb 115, 5; Stelle 107, 1; nicht gemäß der Ton- [illegible] 116.

Z.

Zahl (Sing. od. Plur.) b. Verb 130.
Zahladverbien S. 73 N. 9.
Zahlsubstantive S. 73 No. 10.
Zahlwort S. 71–73.
Zugestandenes im Nachsatze 118, 1; durch einen Hauptsatz ausgedrückt 138 Zus. 2.
zusammengesetzte Subst. im Plur. 60.